Zu diesem Buch

«Ein reizvolles, aufreizendes Tagebuch, so spontan, wie es die Gattung verlangt, durchsetzt mit Übermut und Koketterie, doch zugleich von unmißverständlichem Ernst.»
(Süddeutsche Zeitung)

Helmut Krausser, geboren 1964 in Esslingen, lebt in München. Er war u. a. Spieler, Nachtwächter, Zeitungswerber, Opernstatist, Sänger in einer Rock 'n' Roll-Band und Journalist. (Halb)freiwillig verbrachte er ein Jahr als Berber. Nebenbei studierte er provinzialrömische Archäologie. Im Rowohlt Taschenbuch Verlag liegen vor seine Romane «Fette Welt» (rororo Nr. 13344) und «Könige über dem Ozean» (rororo Nr. 13435) sowie «Spielgeld. Erzählungen & andere Prosa» (rororo Nr. 13526).

Helmut Krausser

MAI
Tagebuch des Mai 1992

JUNI
Tagebuch des Juni 1993

 Rowohlt

Veröffentlicht im Rowohlt Taschenbuch Verlag GmbH,
Reinbek bei Hamburg, Mai 1995
Copyright © 1995 by Rowohlt Taschenbuch Verlag GmbH,
Reinbek bei Hamburg
Diese Ausgabe enthält die bei der edition belleville
erschienenen Titel:
«Mai», Copyright © 1993 by edition belleville, München
«Juni», Copyright © 1994 by edition belleville, München
Umschlaggestaltung: Walter Hellmann
Illustration: Gaby Bonn
Satz Meridien (Linotronic 500)
Gesamtherstellung Clausen & Bosse, Leck
Alle Rechte vorbehalten
Printed in Germany
1490-ISBN 3 499 13716 X

MAI
Tagebuch des Mai 1992

Vorwort

Üblicherweise führe ich kein Tagebuch. Warum ich ausgerechnet im Mai 92 dazu Lust bekam, als ich dabei war, ein tausendseitiges Manuskript zu beenden, weiß ich nicht. Im Zeitraum zwischen dem 1. und 30. Mai entstanden zirka 900 Notizen, teilweise auf fliegenden Zetteln, teilweise auf Diktaphon, zum kleinsten Teil in einem Schreibheft. Von jenen 900 Notizen ist hier ein gutes Drittel wiedergegeben. Weggelassen habe ich einige allzu intime Stellen, einige tagespolitische Kommentare, literarische Einfälle, die den Weg in die Melodien oder ein anderes Werk gefunden haben, sowie Stellen, die den strafrechtlichen Bestand der Beleidigung erfüllt hätten. Auch wurde das Material erst viel später geordnet, mitunter war nicht mehr hundertprozentig rekonstruierbar, an welchem Tag genau welche Notiz entstanden ist. Von daher sind kleine kalendarische Differenzen möglich. Manchmal habe ich erklärende Sätze hinzugefügt, ohne die das Gesagte für den Leser zu hermetisch geblieben wäre. Soweit zur Frage der Authentizität.

H. Krausser

1. Mai, Freitag

‹1›

Der Mai begann fürchterlich. In einem heroisch zu nennenden Anfall von Aktionismus war ich um 11 Uhr 30 aufgestanden und hatte, seit sieben Jahren zum ersten Mal, die beiden Fenster geputzt und deren Vorhänge gewaschen. Es kostete mich einige Überwindung, aber danach war ich vom Ergebnis begeistert, legte eine Platte auf und staunte, wieviel Licht nun in mein Zimmerchen drang; ich entfernte auch einige Spinnweben, die offensichtlich schon lange nicht mehr zum Fliegenfang benutzt wurden.

Plötzlich tat es einen lauten, dumpfen Schlag, der mich zusammenzucken ließ, dessen Ursache ich nicht sofort begriff. Ich trat vor die Tür. Unter dem blitzblank in der Sonne glänzenden Fenster lag eine junge Amsel, kaum ausgewachsen, gerade mal flügge geworden, rücklings auf dem Boden. Sie war gegen das Fenster geflogen, war aus vollem Flug gegen das Glas geschmettert. Sie lag da, öffnete im Takt eines langsamen Pulses den Schnabel, wie um zu schreien, brachte jedoch keinen Laut hervor; wie ein Erstickender nach Atem ringt, mit weit geöffneten Augen, bewegte das Tierchen nichts als den Schnabel, auf und zu, auf und zu, immer wieder, minutenlang. Es war kein Tropfen Blut zu sehen, auch schienen die Flügel nicht gebrochen.

Ich empfand zuerst eine starke Scheu, den Vogel zu berühren, stand erstarrt und tölpelhaft daneben und wartete, ob sie (ich denke, es war ein weibliches Tier) sich wieder erholen würde. Es ging aber zu Ende; ich bettete die Amsel in meine Hand und trug sie aus dem Schatten in die Sonne, legte sie in der obersten Schale des alten, trockengelegten Springbrunnens ab, so daß keine Katze sie erreichen konnte. Ich hatte nie zuvor etwas Sterbendes *in der Hand gehalten*; es war entsetzlich. Schuldgefühle, Hilflosigkeit, stummes Alleinsein mit der verendenden Amsel. Später begrub ich sie und zog sofort neue

Vorhänge auf, damit sich ein Unglück dieser Art ja nicht wiederhole.

Meine Vermieterin hatte auf die Säuberungsaktion gedrängt, hatte vehement das Purgatorio gefordert, hatte mir sogar unterschwellig mit Rausschmiß gedroht. Sie kam vorbei und sah mich mit der Amsel in der Hand, hatte kein Verständnis für meine Trauer, sah mich sogar ein wenig schief an und wollte die noch Lebende auf den Komposthaufen werfen. Ihr bäuerisches Benehmen machte mich rasend. Scheißfenster! Wieder bekam ich Lust auf die Straße. Sauberkeit und Tod sind so nahe verwandt.

‹2›

Gegen 15 Uhr kam M. Ich war froh um die Ablenkung. Allerdings brachte er ungefragt C. F. mit, was mich ärgerte. Das Gespräch verlief jedoch weitenteils angenehm; zwischendurch wurde Skat gespielt.

C. F.: In Science-Fiction-Filmen der Siebziger bestand eine Raumschiffbesatzung aus zwei weißen Männern, einer weißen Frau und einem Neger. In den Achtzigern dann bestand sie aus drei weißen Männern und einer Negerin. Das ist rationelle Emanzipation!

Ich: Immerhin starb die Negerin erst als Vorletzte.

M.: Heutzutage baut man größere Raumschiffe.

‹3›

C. F. ist der lauwärmste aller Sonntagsstaatsfeinde, neulich, auf der P.-Party, prahlte er, vom Ägyptenurlaub heimgekehrt, ein mit Haschisch gefülltes Kondom im Enddarm geschmuggelt zu haben. Wie peinlich, ich fühlte mich um zwanzig Jahre zurückversetzt. Dann konsumierte er ein Stück Schmuggelgut im Kreise der herbeieilenden Schnorrer und erzählte noch einmal, ellenlang und detailverliebt, von der Pikanterie des Transports. Daraufhin nahmen die einen mit noch gesteigertem Genuß an der «Verbotenheit» teil (die nicht mal mehr in Bayern eine ist), andere wendeten sich pikiert ab – doch alle zogen, auf ihre Weise, Kitzel aus der «Ruchlosigkeit», wie die ungelutschtesten Schulbuben.

Ich rauche sehr selten Hasch, weil es sich nicht mit Wein verträgt. Und ich war bös an diesem Abend, ich sagte C. F. (der sich köstlich amüsierte), vielleicht hätten die Zöllner mit voller Absicht über eine derart lächerliche Gesetzesüberschreitung hinweggesehen, wollten, einer solchen Sonntäglichkeit wegen, nicht zu Proktologen werden. Ich rechnete vor, wieviel die geschmuggelte Menge in München mehr kosten würde – zirka 100 Mark –, und fragte, ob das die Qual des Transports wert gewesen sei – oder hätte die Ladung ihn etwa sexuell dauererregt? Ich war wie wild zu Konflikt und Demontage aufgelegt und steuerte direkten Kollisionskurs, ich war abscheulich. Hab dann die Geschichte vom Paraguayaner erzählt, der in seinem Magen 90 Plastiktütchen Heroin mit sich herumtrug und, als die Zöllner ihn zum Röntgen führten, immer wieder rief: «MEIN BAUCH GEHÖRT MIR! MEIN BAUCH GEHÖRT MIR!»

‹4›

M. mokierte sich in nahezu unverschämter Weise über mein Weinsortiment – als wäre dessen Auswahl eine Frage des Geschmacks und nicht der Armut. M. meint, hier gelte es eben Schulden zu machen, das sei ein Gebot des Stils. Pah... Als ob man sich durch teureren Wein erhabenere Ekstasen kaufen könnte! Der Preis regelt höchstens den Grad der üblen Nachwirkung. Außerdem – wer so lange in den Billigregalen geforscht hat wie ich, stößt irgendwann auf Schmackhaftes, Unterbewertetes. Extrembeispiel Retsina: Der Billigste (Tsantali) ist der Beste und umgekehrt.

M. rümpfte die Nase und blieb nüchtern. C. F. war nicht so wählerisch, war bald betrunken und gewährte uns Einblicke in sein politisches Denken, ein schwarzrotes Gebräu aus Bonmots und Halbgegorenem, wie so oft. Wo er sich zurechnet? Er gab an, völlig unzurechnungsfähig zu sein (für ein Wortspiel täte der alles), dann nannte er sich stolz einer Geheimschublade zugehörig, absolut nicht katalogisierbar.

Jeder, der Leichen schon einmal mit dem Thermometer anging, weiß:

Der Tod ist nicht unbedingt kalt. Er hat Zimmertemperatur.

‹5›

Kurz bevor er ganz ins Land des Lallens abdriftete, erzählte C. F. doch noch eine bemerkenswerte Geschichte aus seiner Wehrdienstzeit.

«Als wir frühmorgens zum Appell antraten, zu unserem letzten vor der Entlassung, fanden wir den Hund erhängt am Fahnenmast. Einige brutale Seelen der Kompanie hatten sich an dem Pudel vergangen, weil sie keine andere Möglichkeit entdeckten, am Feldwebel Rache zu nehmen. Der Feldwebel hatte seinen Pudel sehr geliebt, jetzt traten ihm Tränen in die Augen, und er sagte nichts, er konnte nichts mehr tun, nicht einmal der Kasernenkommandant hätte noch etwas tun können. Die Übeltäter waren sicher; in den verbleibenden vier Stunden Wehrdienst war ihre Entlarvung so gut wie unmöglich. Ich sah den weinenden Feldwebel, der wirklich das ganze Jahr über ein Arschloch gewesen war, und ich verfluchte die Täter, weil sie mir meinen Haß auf den Feldwebel verleidet hatten. Alles lag in Trümmern.»

Dies gab er nicht in diesen, sondern in eigenen Worten wieder – deren Färbung ich nicht rekonstruieren kann. Zu viele alkoholische Störsender beeinträchtigten seinen Vortrag, steigerten aber an manchen Stellen die Wirkung. Ich habe vergessen, nach dem Alter des Hundes zu fragen. Und wie sah der Feldwebel aus? Irgendwas muß er doch gesagt haben. Was? Na, egal. Ich war ziemlich froh, als die beiden gegen halb sieben abzogen. Zur Reinigung zweimal «Troppo ben Puo», in der Vertonung von Monteverdi gehört. Der magischste, purifizierendste, tröstlichste und entrückendste Beginn, den je ein Madrigal gehabt hat (– wenigstens wenn die Arts Florissants es singen).

‹6›

In alten Illustrierten geblättert. Gute Funde, z. B.:

«Alle maßgeblichen Instanzen in der ganzen Welt sind sich darüber klar, daß der Tonfilm zwar die Weltherrschaft des belichteten Zelluloids beeinflussen kann, daß aber der stumme Bildstreifen nie ganz verdrängt werden wird. Man sollte nicht vergessen, daß die stumme Sprache der Leinwand in der ganzen Welt verständlich ist und daß die rein pantomimische Wirkung des Flimmerspiels seine spezifischen und speziellen Wirkungen hat, die immer Auge und Geist packen und beschäftigen.»

(ein gewisser AROS, in Scherl's Magazin,

Berlin, Februar 1929)

Soweit zu den «maßgeblichen Instanzen», unter denen jede Zeit in gleichem Maße leidet. Exemplarisch hier die Unfähigkeit, zu einer so großen Erfindung wie dem Tonfilm eine so kleine, stringente Erfindung wie die Synchronisation hinzuzuimaginieren. Phantasielosigkeit – das Merkmal des Experten, er weiß alles über das Ding selbst, aber nichts über dessen Potential. Deshalb liegen die Experten mit ihren Voraussagen auch so oft falsch – und die Künstler so oft richtig.

‹7›

Mitternacht, Fernseher abschalten, Schreibmaschine aufbauen. Allein mit dem Wort. Pflichtarbeit, danach Skizze zu einem etwas unzeitgemäßen Gedicht ORGELROT; an meinen Vater, der nur vom Rang her Offizier war, im Wesen immer einfacher Soldat blieb. Durch die *Strahlungen* habe ich so vieles neu verstanden, habe Einblicke gewonnen, so faszinierend wie abstoßend, bin endlich über das Plump-Peripher-Plakative hinausgelangt, was den Wesenskern des Soldatischen betrifft. Keine unnütze Beschäftigung; die Denkrituale des alten Preußentums treiben zur Zeit frische Blüten. Bleibt abzuwarten, wie gefährlich das wird. Alle Fronten sind zersprengt, das überwunden Geglaubte sprießt an Stellen, wo niemand es für möglich gehalten hätte, in der allgemeinen Verwirrung gibt es kaum noch Instanzen, die automatisch für ein Kontra zuständig wären.

‹8›

Konstrukte flechten; Nervenfasern zu Teppichen knüpfen, worauf sich ruhen läßt. Tour de Force, zur Gegenwelt, zur Brutzone des Nichtgesagten. Und zurück.

‹9›

Pachelbels «Kanon» ist, glaube ich (einige Datierungen sind noch zu überprüfen), von Giovanni Batista Vitali (1632–1692) geklaut; «Capritio sopra otto figure» heißt das Original. El Conde, dem ich am Telefon frühmorgens darüber Bericht erstatte, meint trocken, so etwas habe er schon immer vermutet, habe noch nie geglaubt, daß einem Menschen wie Pachelbel derart Geniales einfallen kann.

Der Kanon wird meist zu ätherisch, leicht, grazil, transparent aufgeführt. Bei dieser Musik sah ich stets eine weite, leere Ebene, auf der halbnackte Menschen bewußtlos taumeln, einem unbekannten, bedrohlichen Ziel entgegen – und drüber, im dunstigen Himmel, schwingt das Poe'sche Pendel. Ich sah die Völker marschieren, hörte die Liebenden singen und die Sterbenden beichten. Baßlastig, wuchtig, schwer, dabei doch sanft gleitend – das scheint mir dem Gehalt der Komposition am ehesten angemessen; vortrefflich in der Münchinger-Aufnahme mit dem Stuttgarter Kammerorchester. Das «Capritio» Vitalis findet sich auf der neuen CD des Ensemble Tragicomedia, für nur drei Spieler gesetzt, äußerst melancholisch. Die fast gleichen Noten erreichen eine völlig verschiedene Wirkung – punktuell statt linear, zerfasert, den Einzelton auskostend, akustisches Dreieck im Raum, das nie zum Terzett wird. Rückblick statt Vorausahnung. Erinnerung, Vergebung. Dort wird genau erreicht, was viele Dirigenten bei Pachelbel falsch intendieren.

‹10›
Versuch, mich noch tiefer in Pasqualini hineinzudenken. Habe die Stelle korrigiert, da er sagt: «Die Lust ist eine untere Spielart des Außer-sich-Seins; dies Außen zieht einen hinter sich her wie am Strick, verfettete Luftgeister reiten im Nacken; man wird dann zum Wolf, der schnüffelnd, geduckt durch die weichen Straßen trabt. Weiblichkeit witternd, kneift man das Auge zu schärferer Sicht, bebt der Nasenrücken vom Duft der Begierde; man leckt auch die trockenen Lippen, bevor sie zu brennen beginnen. Jede Körpersehne trägt einen Pfeil, im Bauch wütet der Alb auf seiner Trommel. (...) Da spaziert man nicht mehr – da schleicht man und sucht, folgt ausgestreuten Fährten, nimmt Witterung auf. Jede Muße ist erstickendes Phlegma. Unrast und Zwang heißen die Treiber des Wolfes; nichts auf der Welt gleicht dem Hunger seiner Augen.»

Warum gelangt mir diese Passage so gut, gleich beim ersten Mal?

Ich erinnerte mich eines Spiels, das die Bochumer Petra mit mir anstellte vor einem Jahr – sie forderte mich auf, mein Lieblingstier zu nennen. Elefant. Und dein Zweitlieblingstier? Hmm, machte ich, Delphin. Und dein Drittlieblingstier? Ich nannte, nach ein paar Sekunden, den Wolf. Nun legte Petra mir die angebliche tiefenpsychologische Bedeutung des Spielchens dar: «Das erste Tier entspricht in seiner Symbolik dem Bild, von dem du *hoffst*, deine Mitmenschen sehen dich so. Das zweite Tier entspricht dem Bild, von dem du insgeheim *glaubst*, so würdest du gesehen werden. Und das dritte Tier – das entspricht deinem tatsächlichen Ich.»

Soso. Damals lachte ich drüber, wenngleich ich mit den ersten beiden Punkten doch ziemlich einverstanden war. Vielleicht hatte ich mal etwas Wölfisches an mir, doch das hat Beatrices sanfte Hand längst ins Hündische «verkrault». Jäger-Posen sind mir ganz fremd geworden, auch das Nomadische ist mir inzwischen suspekt. Jetzt aber, wenn ich nachts über die Hügel streife, stelle ich an mir wieder dieses Nebeneinander von konzentriertem Spähen und dem Gefühl der Gehetztheit fest. Muß mit Pasqualini zu tun haben, bin vielleicht zu tief in die Abgründe des ONTU gerutscht. Ich muß endlich die Melodien abschließen, auf schnelle Veröffentlichung drängen, können ruhig ein paar kleine Schwächen unentdeckt bleiben, meine Gesundheit ist wichtiger. Ich fange schon an, barocksprachlich zu *denken*.

‹11›
Musik: Die phantastische Dramatik Leinsdorfs – erster (Geschlechts-) Akt Walküre. Ich schreie und tobe. (Beim Finale des zweiten Akts übertrieb der Erich allerdings, meine Mauern zitterten, wahr, nur kam die Aufnahmetechnik des Jahres 61 da nicht mit, es klirrte und schepperte in den Boxen.)

Nach fast zwei Jahren Beschäftigung mit Musik der Renaissance, des Barock und der Gegenwart, jetzt wieder Wagnerrausch, keine Minderung des Erlebnisses spürbar, im Gegenteil. Alles nutzt sich ab, nur er nicht. Glaube, ich könnte ihn nicht ertragen, ohne zu wissen, daß es neben der Walküre, dem Tristan, der Götterdämmerung – auch die Meistersinger gibt, Geldarbeit, in der mit der Ouvertüre fast alles gesagt ist, aber fünf Stunden öder Scheiße nachfolgen fürs deutsche Philistertum. Ohne diesen gewaltigen Kackebatzen, ohne diesen seligen Geruch von Menschlichkeit – würde er mich dauerlähmen. Natürlich wirkt das Holzschnittartige der Meistersingermusik manchmal rührend, anheimelnd – tümelnd eben.

Walküre – ich habe fünfzehnmal Jeannine Altmeyer als Sieglinde in Chéreaus Jahrhundertring gesehn und manches

Mal onaniert dabei – sie war die Verkörperung des reinen, jubelnden Sexus, der tiefsten archaischen Leidenschaft und Inbrunst, äußerste Ekstase der Körperlichkeit, Rhythmus der Begierde und der Sehnsucht – staccato hin zur Zerstörung. Passion und Dämonie. Jetzt höre ich sie wieder, in Janowskis langweiliger Götterdämmerung. Steht ihr nicht, die Brünnhilde. Mische mir eine schlagkräftige Drogenmixtur – aus Wein, Tabak und Musik. ORGELROT fertig.

‹12›

Die Walküre war das erste Werk Wagners, mit dem ich bekannt wurde. Ich war sechzehn Jahre alt und wollte meinem Freund W. W. beweisen, wie schlecht diese Musik sei. Immerhin wollte ich sachlich bleiben und anhand von ausgesuchten Beispielstellen vorgehen, wollte, man denke sich, was ich zu verreißen gedachte, vorher *anhören*...

Echter Jünglingsidealismus. Na gut, so hörte ich das Werk dreimal verständnislos – beim vierten Mal dann durchzuckte mich etwas, es war um mich geschehen. Amüsant dabei, daß ich wirklich nur aus brutaler Ignoranz und aus albernen Vorurteilen heraus die Energieleistung aufbrachte, die nötig ist, um unbeleckt in große Musik einzudringen und nicht irreparabel abzuprallen.

‹13›

Lektüre des Tages: American Psycho, von B. E. Ellis, ein Geschenk von Mäd. Recht sprödes Buch, obwohl ich es fertiglas. Ein paar gute Fickszenen, ja, doch die beschriebene Welt ging mich auf keiner Seite etwas an, ließ mich völlig kalt. Die Grausamkeiten, die so heftige öffentliche Diskussionen hervorriefen, fand ich ziemlich lasch; rührt wohl daher, daß ich sie vom technisch-literarhistorischen Standpunkt aus betrachte. So ist z. B. die Rattenfolter dreist aus Mirabeaus «Jardin des supplices» geklaut (zitiert?), meinem Lieblingsbuch des letzten Jahres. Beatrice aber, die nun auch schon einiges von De Sade hinter sich hat, wurde es bei einer Leseprobe beinah übel. Ich halte die Vita Pasqualini für das grausamere Buch, wenn es auch mit einer völlig anderen, subtileren Methode des Entsetzens arbeitet.

Weiter in «Reise nach Petuschki» von Jerofejew (Wenedikt, nicht Viktor). Sehr witzig und stilistisch bemerkenswert für die Zeit seiner Entstehung, ein großes Buch, da hat El Conde recht, zweifellos – aber immer nach dreißig Seiten muß ich eine längere Lesepause einlegen; die Überdrehtheit macht schwindlig, man wird zu lange auf Höchstgeschwindigkeit herumkutschiert, dem Buch fehlen die ruhigen Momente, die muß der Leser setzen, durch Lesepausen.

2. Mai, Samstag

‹1›

Anderes Problem der Sauberkeit: Heute mittag ging ein Mann an meinem Fenster vorbei und sah frech hinein.

‹2›

Nachmittags traf Beatrice ein, wir gingen spazieren am Weßlinger See – und welches Schauspiel bot sich!

Auf einer Uferwiese wurde eine Ente von fünf Erpeln verfolgt, eingeholt und vergewaltigt. Das Erstaunliche: Die Erpel machten gemeinsame Sache, halfen einander. Jeweils zwei hielten die Ente fest (klingt komisch, aber so war es), zwei standen unbeteiligt links und rechts herum, und einer sprang auf. Wenn er fertig war, nahm er den Platz eines der beiden Unbeteiligten ein, dann kam der nächste an die Reihe; das Ganze ging äußerst diszipliniert vor sich wie in einer britischen Busqueue. Kein Gerangel, kein Streit, ein absolut koordiniertes Vorgehen, perfekter Teamgeist. Nach jeder Vergewaltigung schaffte es die Ente, ein paar Meter zu flüchten, bevor sich die Prozedur wiederholte – und erst als alle fünf befriedigt waren, zerstreuten sich die Erpel in verschiedene Richtungen, ließen ihr zerzaustes Opfer einfach stehen. Es war phantastisch, unglaublich, besser als jedes Kino und vom Zoologischen her doch überraschend. Ich hätte natürlich vermutet, die brünftigen Erpel wären von striktem Konkurrenzdenken geleitet, nur daran interessiert, die eigenen Gene weiterzugeben und auf Nebenbuhler einzuhacken. Ganz falsch. Vor allem war es verblüffend, daß jene Erpel, die schon abgespritzt hatten, nicht desinteressiert von dannen zogen, sondern den «Gesellschaftsvertrag» einhielten, und, nach einer postkoitalen Pause, ihrer «Pflicht des Festhaltens» nachkamen. Die Ente übrigens drehte sich am Ende der Orgie zweimal im Kreis und rannte danach einem der Erpel hinterher, folgte ihm auf Schritt und Tritt. Das muß der gewesen sein, der es ihr am besten besorgt hat.

‹3›
Pfaffenhütchen, Hundsveilchen, Taubnesseln. Drei der Namen, die mir Beatrice heute beigebracht hat. Für die floristische Nomenklatur habe ich einfach kein Gedächtnis. Irgendwann in diesem Sommer will ich mir ein ganz besonderes Gericht zubereiten: Einen Salat aus eingelegten Rosenblättern, dazu einen kalten Braten aus Schwanenfleisch. ‹Swan Rot› von Michael Nyman hat mich dazu angeregt sowie einige wunderbare flämische Stilleben.

‹4›
Im Fernsehen der achtzigjährige Professor – letzter Lebender, der Goethe gesehen hat. (Er öffnete anno 45 dessen Grab und sagte ihm Grüß Gott.) Man fragt ihn, wie der Alte ausgesehen habe. Schwammige Antwort: «Er war in beklagenswertem Zustand...»

‹5›
Abends im Kino: ‹Night on Earth›, von Jarmusch. Kommt nicht an seine Anfänge heran, aber immer noch treffsicher und amüsant, besonders die Episoden mit Winona Ryder, Roberto Benigni und Mika Pallonpää. Wir waren zu früh in den Saal gegangen, ich erzählte Beatrice von ORGELROT und fragte, welche Färbung sie dazu assoziiere. Zu meinem großen Erstaunen sah sie ein helles, leuchtendes, ins Orange übergehendes Rot, während ich an ein sehr dunkles, beinah schwarzes Rot dachte – mit Orgel verbinde ich finstere Emporen, gotische Düsternis usw. Hier zeigte sich die Verschiedenheit unsrer Wesen. Während ich *am* Wort denke, denkt Beatrice *im*

Wort. Wir diskutierten darüber und über die Vokalfarben bei Rimbaud und Jünger, die wir, aus differenten Gründen, für sehr willkürlich halten. Ich sagte: «Du kommst auf Orange, weil vier der fünf Buchstaben aus ‹Orgel› auch in ‹Orange› vorkommen, ganz einfach. Und ich habe mich automatisch nach lautähnlichen Wörtern umgesehen – Orgie, Orge (Held eines Bänkelgesangs in Brechts Baal), Orkus, Morgue, Rue Morgue, Mord...»

Sie: «Na bitte – wer war in ‹The Murders in the Rue Morgue› der Mörder? Ein Oranksch Utan!»

Ich gab auf.

‹6›

Th. rief an, nein, ich rief an. Wir redeten über die Jelineksche Heideggerverarsche, die uns bevorsteht. Die AZ hat schon jetzt, und völlig grundlos, der Sache eine Dreiviertelseite gewidmet. Wir verabredeten, jeder von uns solle einen boshaften Leserbrief an das AZ-Feuilleton schicken und sich über die völlig unproportionierte Kulturberichterstattung beschweren, über den hemmungslosen, unverschämten Hype. Jelinek – und Andre Heller, der andere Spezi – werden gepuscht wie wahnsinnig, es ist klar, daß die beiden wieder für irgendeinen Scheißdreck den Stern des Jahres kriegen werden.

Ich sagte: «Die werden unsere Leserbriefe niemals drucken.»

Th.: «Ist doch egal. Wir beide wissen, daß wir sie geschrieben haben.»

Ich weiß, alles, was ich jetzt an Gift versprühe, wird mir die AZ in der nächsten Rezension zurückgeben. Zwischen uns herrscht offener Krieg. Th. erzählte mir ein paar Einzelheiten aus einem Vorabdruck von Totenauberg. Unglaublich. Wenn Dummheit sich in Breite niederschlagen würde – das wäre an einem Tag nicht zu umwandern.

‹7›

Strahlungen. Das beste Gefühl, das mir ein Buch geben kann, ist das der Demütigung. Man kommt sich vor wie der letzte Depp und beugt das Haupt – wie es Läufer tun am Startloch, des Schusses harrend. Das Projektil dringt in den Kopf ein, im selben Moment schnellen die gespannten Muskeln los.

Der geköpfte Störtebeker soll noch an 16 (13?) seiner Kameraden vorübergerannt sein.

‹8›

Melodien: zum Begriff des ‹Zeitentaumlers›.

Der labile Wissenstaumel auf der Schneide (Scheide) der Welt- und Schicksalszeit. Gewaltige Bilder tun sich auf, werden aber nicht *faßbar*. Dem Sehen folgt keine Speicherung hintnach. In der Speicherung vollzöge sich das Deuten des Gesichteten zum Seienden, des Gesichtes zum Porträt. Was sich im Taumel *entäußert*, verschließt sich durch eben denselben Taumel des *Erinnerns*. Die Netzhaut bleibt ein venezianischer Spiegel. Mit der Mantik des Schauens erhöht sich kein Wissen, nur eine Verletzbarkeit, die Verfügbarkeit im Walten jener Mächte, die auf der Zeitschneide (Zeitmauer) ihre Lichtspiele betreiben. Der stumpfe Stein der Mauer wird zur reflektierenden Schneide des Messers. Was vordem wie eine Leinwand Bilder auffing und hielt, blinkt und strahlt nun, ohne Gefäß zu sein.

‹9›

Ein Geschäftsmann, der mit dem Aufstellen von Kaffeeautomaten sein Geld verdiente, regte in den sechziger Jahren an, daß die Plastikbecher in seinen Geräten um ein geringes verkleinert würden, die Füllmenge Kaffee aber gleich bleibe. So ergab es sich, daß die Automatenbenutzer, jedesmal wenn sie den gefüllten Becher der Halterung entnahmen, beim Zusammendrücken des Becherrandes von ein paar Tropfen heißen

Gebräus verbrüht wurden. Die Angestellten des Geschäftsmannes schüttelten den Kopf, verstanden die Verkleinerung des Plastikbechers als skurrile und völlig uneffektive Sparmaßnahme, konnten sich keinen anderen Sinn der Aktion denken, als drei Quadratzentimeter Plastik zu sparen. Doch der Geschäftsmann hatte nichts beabsichtigt als eben jene kleine Verbrühung. Größere Becher gleichen Inhalts, so führte er aus, würden die Kunden glauben machen, ihnen würde schlecht eingeschenkt. Nein, sagte er, die Becher müssen randvoll sein, man muß den ÜBERFLUSS SPÜREN! Der geringe Schmerz muß dem Kunden Signal werden, hier preiswert und gut gekauft zu haben!

Tatsächlich verdrängte er bald alle anderen Getränkeautomatenaufsteller aus dem Geschäft.

‹10›
Können wir noch vor uns hin – oder können wir uns nur noch hinterherträumen?

‹11›
Endfassung:

Orgelrot

Ummooste Augen, leer, tiefer somit als tiefste Schau,
luden mich ein zu gehen. In der Schädelkathedrale wuschen
                                                             Kerzen
die nächtige Aura zu ständigem Glanz. An Leuchtkraft
                                                                  eingebüßt
hatten aber Purpurschreine, Glasaltar, das Madrigal.

Hier standen die Wälder, aus denen mein Vater sich
                                                            Streichhölzer
schnitzte, er warf sie auf Städte aus Stroh und johlte dazu.

Heut stehn hier Maschinen und bauen Maschinchen. Rost
                            steht als
Gedenktafel der Gedenktafeln. Hier standest du auch.
                                                Wohin?
Im abgetragenen Gebälk, neben den Rosettensplittern, dort
                            keimte
die seltene Frage zuerst. Wohin standest du? Und woher
                        standest du so?

Ich habe dich verstanden, was nichts half. Die Kathedrale
                                birst von
Verständnis. Millionenfach nickt es unter mir.

Von keinem Morgen kräht das Orgelrot. Im Streichholzwald.

‹12›
Nachtrag, fünf Uhr morgens: Man kann nicht allen Vokalen Farben zuordnen, jedenfalls nicht stringent und sinnvoll. E und A sind Helligkeits- bzw. Dunkelheitsvokale. U, O und I sind dagegen hauptsächlich Temperaturvokale: U steht für Kälte, O für behagliche Wärme und I für drückende Hitze. «Steht für» ist natürlich nicht der richtige Ausdruck. «Zeigt an», «Steigert die Empfindung von», «Ruft Gedanken an… herbei» oder ähnliches. Bei Gelegenheit genauer ausführen und Beispiele sammeln.

Erste Probe anhand einiger Kapitel aus Ransmayers ‹Letzter Welt› verlief äußerst bestätigend: A-Häufungen bei Nacht und E-Häufungen im hellen Rom, die gesamte Atmosphärik konstituiert sich daraus, ein simples und sehr wirkungsvolles Verfahren, was das Buch leider nicht rettet. Überladen, verschenkt. Verliert sich, wie die Spur Nasos, im Nichts.

Lektüre: Strahlungen, Petrarca-Gedichte, Ovid.

Musik: Habe den ganzen Tag Gustav Holst gewidmet, von dessen Werk ich mir seit Jahren einen Verbreitungsschub erhoffe. Aber nein – immer nur die ‹Planets› besetzen die Regale, in unzähligen Aufnahmen. Nicht grad einer seiner Geniestreiche, dieser Gassenhauer. Dagegen: Egdon Heath, Choral Fantasy, die Oper Savitri...

3. Mai, Sonntag
Abbazia Pomposa

‹1›

Widerlicher Traum: Ich lag auf einer Luftmatratze im Hinterhof einer Mietskaserne und hatte plötzlich Lust, von einer der streunenden, verlausten Katzen zu kosten. Zu diesem Zweck stellte ich Fallen auf. Als endlich eine Katze gefangen war, eine scheckige, genügte sie mir nicht; ich fing weitere fünf und schlachtete sie nacheinander ab, mit Hammerschlägen auf den Kopf. Die Felle warf ich fort, das Fleisch, in einer riesigen Pfanne gehäuft, trug ich hinauf in meine Wohnstatt – ein ausgebauter Speicher, oder ähnliches. Ich begann die Katzen zu braten; drauf von weit drunten die Stimme meiner Mutter: «Brätste wieder Katzen?» Ich: «Jaja...» – und mir drehte sich der Magen um.

‹2›

Ich erwachte mit starker Übelkeit, schluckte ein Aspirin, dann lud mich Beatrice ins Auto. Die sechs Stunden bis Mantua verliefen problemlos, danach einige Staus, besonders auf den letzten zehn Kilometern vor Pomposa.

‹3›

Zu Fette Welt: Die meisten Rezensenten haben tatsächlich nicht verstanden, daß Hagen = Herodes. Nicht einmal, daß er identisch mit dem Jungen ist, haben alle kapiert. Unglaublich. Viele Leser stoßen sich am Verständnis der Hagenerodes, obwohl ich dachte, mit dem Titel schon einen Hinweis zuviel gegeben zu haben. Allerdings auch verständlich, da den Ich-Erzähler immer Sympathie umwebt und ihm im ersten Teil eines Buches ein Kindermörder (noch) nicht zugetraut werden will. (Zugetraut – verheiratet, ja. Identifikation ist Hochzeit.) Die Hagenerodes ist in mancher Hinsicht das kunstvollste Kapitel – und prompt das unverstandenste und ungeliebteste. Während der Fahrt skizzierte ich zwei Journaillen-Briefe, einen an I., den anderen an L. H. Beide baten um Aufklärung. (Kopie geht an Ch. P.)

Es geht um einen aus Zivilisationsklaustrophobie zur schizoiden Persönlichkeit mutierten Menschen, dessen zwei Hälften voneinander nichts wissen, abgesehen von Situationen gesteigerter Hilflosigkeit, getrübten Bewußtseins, in denen es möglich wird, daß beide Hälften sich unterhalten in einer Art Selbstgespräch. (Das war das Schwierige in der Hagenerodes, dem längsten jener Selbstgespräche: Die beiden sagen im Grunde dasselbe, modulieren nur ihre Wortwahl so, daß der Dialog sich einen kontradiktorischen Anschein verleiht.)

Der eine (Hagen) glaubt, die Welt im Griff zu haben, indem er sie metaphorisiert, fiktionalisiert, zur Oper erklärt und sich selbst zum hintertriebenen Hofpoeten voll Raffinesse und Vorsicht, der jeder plumpen weltlichen Bedrohung auszuweichen vermag. Der andere (Herodes) bricht aus, wenn die unterdrückte Wut und Angst zu stark werden; er ist der scharfmesserne Killer, der für den von seinem aufgesetzten Pazifismus überzeugten Poeten sozusagen die ‹Drecksarbeit› erledigt.

Das komische Moment an der Situation ist, daß der Poet sich bald von ‹seinem› Killer leiblich verfolgt fühlt und ihm zu entfliehen sucht, ihm, den er für eine reale Person außerhalb des Ichs hält. Natürlich kann *diese* Flucht nicht gelingen, entspricht Igel und Hase. Und so sucht der Poet, vielleicht unterbewußt, aber die Grenzen der Wahrnehmung sind durch dreifache Brechung schon verschwommen – sein Heil in einer Heilsillusion, die den Killer auch tatsächlich vertreiben kann –, die Liebe zu einer sechzehnjährigen Ausreißergöre. Daß diese Liebe vorerst nicht scheitert, bzw. ein eventuelles Scheitern nicht geschildert wird, ist wohl ein Tribut an meine eigene Geschichte, meine eigene Erlösung durch Beatrice. (Ich schreibe nicht gegen meine Erfahrung, und wäre sie noch so exzeptionell.) Als Interlinearversion wird die Kindheit des Kindermörders / Poeten gezeigt – der Täter als Opfer, der vom Beginn seines Denkens an zu lügen lernt, um überleben zu können; der in der intelligenten Selbstbewußtheit seines Lügengebäudes aber doch wahrhaftiger ist als alle Scheinheiligen der fetten Welt.

‹4›

Als wir an der Abbazia eintrafen, lief ich sofort zum Abbild Castiglios in der Fassade der Kirchenvorhalle. Wir machten Fotos vom alten Magier, ein ganzes Dutzend, soll ein wirklich gutes darunter sein. Noch habe ich die Absicht nicht aufgegeben, Castiglio auf dem Melodienumschlag zu sehen, obgleich Portaferrum schon abgewinkt hat. Ich verstehe seine Einstellung nicht. Das einzig erhaltene Porträt des Magiers soll zu unscheinbar sein? Im Roman ist von jenem Gipsabbild mehrmals die Rede; ich halte es für sehr unklug, es dem Leser nicht zu präsentieren. Aber bitte – ich habe nurmehr wenig Macht über das Buch; ich hab das gewußt, als ich den hohen Vorschuß annahm. Nie wieder. Immerhin haben jene 20 Mille uns vor dem totalen Bankrott bewahrt. Das gegen die kunstmoralischen Gewissensbisse.

‹5›

Musik, die mich nicht erhört; Verse, die unverlesen bleiben.

Bilder, die nicht Ausschau halten nach mir; Spiele, deren Regelwerk abgedunkelt beiseite steht.

Nichts führt mich, nichts berührt mich.

Der Architekt des Labyrinths wurde getötet, als ich ihn zu sprechen begehrte.

Eine Meditation Castiglios aus «Die Aura des Atoms». Hab sie gestrichen; warum genau, weiß ich nicht mehr. Wird schon einen Sinn gehabt haben; nachträglich ummodeln, dazu ist es zu spät. Ich bin froh, mich entschlossen zu haben, dieses Tagebuch zu führen. Ein Obdachlosenheim für verwaiste Textstellen.

‹Melodien› wird 1000 Manuskriptseiten umfassen, und jeder wird gequält aufschreien – dabei sind diese 1000 Seiten nur ein Siebtel des ursprünglichen Materials. Ich hätte wieder eine Trilogie schreiben können, ja, aber die Erfahrungen mit der Hagen-Trilogie haben mir ein für allemal gereicht. Über diese Farce könnte ich eigentlich mal eine Story schreiben, eventuell als Nachwort, wenn «Schweine und Elefanten» doch noch herauskommt.

‹6›

Ich überstieg das Seil und ging in die Krypta, in der heute eine Heldengedenktafel steht. Die Krypta ist nur noch eine flache Aushebung und machte den Eindruck einer dunklen Bauernstube – in der aber alle Möbel aus Marmor sind. Ich setzte mich auf einen Schemel und träumte vor mich hin. Höhle voller Fratzen. Nachttiere. Aus dem Fels gähnen Schlünde, feucht und gerillt, Röhren im Gestein, klaffend wie Blüten der Fleischfresserflora. Tropfsteinhöhle voller Gaumenzäpfchen. Der Rachen eines versteinerten Kriegers. In unzugänglichen Felsspalten haben sich Reste des Schreis abgelagert, mit dem er hier zu liegen kam.

‹7›

Wenn Feuer und Stein Hochzeit feiern, wird Ruß zur Schrift.

‹8›

Castiglios einzige gedruckte Schrift war die ‹Ars detestationis› – die Kunst der Verwünschung. Ich selber bin sehr vorsichtig geworden mit meinen Verfluchungen. Als der Fischerwirt zugesperrt wurde – weil das dortige ‹Gschwerl› angeblich einen schlechten Eindruck auf die Touristen machte –, war ich rasend vor Wut und verfluchte den künftigen Besitzer; er sollte an seiner Erwerbung keine Freude haben. Der neue Besitzer machte ein Feinfreßlokal daraus und nannte es ‹Zum Sedlmayr›. Und man weiß, was dann geschah.

‹9›

Langer Blickkontakt mit Castiglio. Bin guter Dinge.

‹10›

In der Geste des Zeigens sondert das Wissen Brücken ab, die zum Betreten der Einsamkeit auffordern. Manchmal sind es Hilferufe.

‹11›

Vor der Abbazia gab es einen Trödlermarkt, mit viel Kitsch und Nippes, aber auch brauchbaren Ständen. Ich kaufte eine wundervolle, große, schwarze, gußeiserne Pfanne, zehn Kilo schwer, mit einem Griff aus gelacktem Holz, der in einer silbernen Schlaufe endet. Ich war hingerissen von diesem wuchtigen, klobigen, archaischen Ding, es fühlte sich weich an. Der Deckel wiegt etwa vier Kilo und macht ein schönes, tiefes Geräusch, wenn man ihn aufsetzt.

Beatrice meinte schelmisch: «Gib's zu – die Pfanne hast du für die Katzen gekauft!»

‹12›

Die Salzseen im Abendrot. Finnischer Anblick; ein Farbenrausch, der sich mit der Dämmerung abkühlt, bis nur noch Kobaltblau und Purpur bleiben. Und dann, innerhalb eines Moments, wenn man gerade nicht hinschaut, schwappt schwarze Nacht drüber weg.

Die Meeresküste dagegen banal bis häßlich. Südlich Pomposa beginnt die Touristenadria. Während der Fahrt Meditation über verschiedene Verb-Automatismen.

er-innern
re-member
sou-venir
ri-conoscere
Wenig Ergebnis, da ich nicht methodisch werden kann an solchen Fragen. Ich denke immer, das kann auch ein anderer tun und hat es bestimmt schon. Ja, sicher, aber das gilt eigentlich für alles. Strenggenommen gibt es keine Entschuldigung für meine Arbeit.

‹13›

Günstiges Quartier gefunden. 40 Mille pro Nacht. Leider kein Balkon. Da ich vor drei Uhr nicht einschlafen kann, und auch dann nur betrunken, schlage ich ab elf Uhr mein Lager im Klo auf; Beatrice ist sehr rauchempfindlich. Da sitze ich, auf zwei Kissen, zwischen Duschkabine und Klomuschel, eine Flasche Wein, ein Buch, einen Aschenbecher neben mir, auch das Notizbuch. Nun, ich bin kleine Zimmer gewöhnt.

Das Licht ist ausreichend.

Monteverdi spürte der Archimie (degenerierte Alchemie, bloße Goldgier) nach. Hieraus hätte man für Melodien vielleicht etwas machen können. Es wird eine Woche dauern, bis ich meinen Tagesrhythmus dem von Beatrice angleichen kann, aber will ich das? Ich genieße es, hier so zu sitzen. Und fünf Stunden Schlaf sind genug.

Das Notizbuch füllt sich mit Höldereien. Macht Spaß, auch wenn ich es am Morgen immer wegschmeiße.

‹14›

Domestiziert blüht der Dichter auf dem Fensterbrett. Jedes Jahr pflückt man aus ihm einen Zeilenstrauß für entfernte Verwandte und schickt den, weil's billiger ist, als Buchsendung.

‹15›

Immer wieder lese ich das Gedicht ‹Io piango› des Grafen Fontanelli, das in keiner Liebeslyrik-Anthologie fehlen sollte. Fontanelli war jener Graf, der Carlo Gesualdo auf dessen Brautfahrt nach Ferrara begleitet, und die D'Este brieflich über die Marotten Carlos unterrichtet hat. Er war auch ein fähiger Komponist, von dem leider viel zuwenig auf Tonträger gepreßt ist (*1557, †1622).

> Io piango et ella il volto con le sue man m'asciuga
> e poi sospira dolcemente
> e s'adira con parole ch'i sassi romper ponno.
> E doppo questo si part'ell'el sonno.

> Ich weine, und sie trocknet mein Gesicht mit ihren
> Händen
> und seufzt dann zart
> und zornig sagt sie Worte, die Steine brechen könnten,
> und sinkt danach in seligen Schlaf.

‹16›

Das Museum der Strafe

Kommen Sie und schauen Sie, wie apokalyptische Drachen in die Tiefe geifern mit dem Feuermaul, wie sie Licht werfen zwischen die Felsen; gebt ihnen ein kleines Trinkgeld. Weiter!

Dort sehen Sie den kaukasischen Kettenring, der einst den Prometheus aufrecht gehalten hat, treten Sie näher – er ist noch warm von ihm. Was man Jahrtausende um sich spürt, das wird verwandt; unter uns gesagt: Prometheus kommt sonntags, wenn das Museum für die Öffentlichkeit geschlossen wird, öfters hierher und streift sich diesen Ring um. Weiter!

Hier sehen Sie das wächserne Obst, nach dem sich Tantalos so lange streckte, von Sehnsucht und Wollen ist es ganz saftig geworden. Bitte nicht berühren! Die Früchte sind druckempfindlich. Weiter!

Hier sehen Sie den Zerberus, den Höllenhund. Fütterung ist strengstens verboten; wie Sie richtig bemerken werden, ist er fett geworden in letzter Zeit. Bitte bleiben Sie zusammen, die Führung ist nicht ganz ungefährlich. Ohne ausdrückliche Aufforderung eines Führers dürfen die Wege in keinem Fall verlassen werden.

Nun achten Sie auf den Gott! H-A-Des, ein schräger Akkord aus deutschen Noten. Summen Sie mit – das freut ihn sehr. Und dort seine Gattin Proserpina, die sich selbst als exquisite Leihgabe betrachtet; sie steht dem Museum nur sechs Monate im Jahr zur Verfügung. Erweisen Sie ihr die Reverenz! Lüpfen Sie den Hut vor ihrer Schönheit! Sie zeigt sich jedem Besucher nur ein einziges Mal…

Nun ist die Führung beendet. Die eingelösten Karten berechtigen zum dauernden Verbleib. Genaugenommen ist das sogar die einzige Möglichkeit.

‹17›

Lektüre: Robinson Jeffers, Strahlungen, Zwille.
Musik: Monteverdi, Anonymi, und, Reminiszenz, die gut kommt beim Autofahren: The Gun Club, Fire of Love.

‹18›

Nachtrag: Hygiene schmeckt eklig. Man küßt eine schöne Achselhöhle, und bitteres Deodorant zergeht einem auf der Zunge.

4. Mai, Montag
Gesualdo / Avellino

‹1›

Wieder ein übler Traum, muß die Weinmarke wechseln. Ein schwarzer Fluß aus Öl und Leichenfett setzt einen Ballen Feuer über von Ufer zu Ufer. Wie fraternisierende Zecher stoßen die Mauern an mit den Flammen. Das Lichtermeer wuchert durch die Stadt. Eine Menschenhorde stürmt heran. Andere fliehen vor dem Brand und schreien. Manche haben aus ihrem lodernden Haus nur eine Fackel (!) gerettet, die schwingen sie, brüllen, mischen sich dem Strom der Brandstifter bei.

Dunkle Figuren, hauchdünne Schattengüsse.

Ich habe keine Ahnung, was der Traum bedeuten soll. Die Stadt erinnert mich an – London.

‹2›

Im Auto weiter an dem Brief an I. Sie war nicht zu stolz, nach Einzelheiten des Katako-Kapitels zu fragen, während alle anderen wahrscheinlich meinen, es handele sich nur um Fiebergestammel.

Beispiel: «Die Haft des Zeltes wurde im Gestehn des Stabes.»

Irgendwann will ich einmal ein Buch schreiben, das nur aus solch radikalen Dichtsätzen besteht. Lege den Brief dem Tagebuch bei. Was ich I. verrate, darauf hat jeder ein Anrecht. Wohlan, Enthüllungen Eins: Paralipomenon zum 17. Kapitel der Fetten Welt.

Die Gefängnishaftigkeit eines (schützenden) Zeltes ist wesenswirklich durch das Einpflanzen des Stabes (des Symbols des Aktiven; siehe Wanderstab, Zeigestab, Kampfstab, Taktstock, Penis etc.) in die Erde; Aufgabe des Nomadentums, Besitzanspruch am Boden; anders ausgedrückt – die Degradierung des Zepters zur Zeltstange.

Zivilisation – die in den Boden gerammte Weltseele, zur Passivität verkehrt, zum Träger eines Daches (einer Idee) mißbraucht. Dies war ungefähr, was ich sagen wollte. Die poetische Formulierung mißlang zuerst, indem ich in puren Heideggerslang abglitt: «Das Hafthafte des Zeltes west im (Ein-)Gestehn des Stabes.»

Dies implizierte zwar einen zusätzlichen Aspekt durch das Wortspiel (Das Aufstellen = Die Stillegung des Stabes = Das Eingeständnis der Schwäche und Labilität), drohte aber als Parodie Martins mißverstanden zu werden (Das Krughafte des Kruges... usw.) und hatte formal keinen außerepigonalen Wert.

Dann die kompromißlose Kompression, pfeif auf den Leser... (Tiefsinn muß inzwischen versteckt werden, damit man sich von Suchfaulen oberflächlich nennen lassen kann.)

«Die Haft des Zeltes wurde im Gestehn des Stabes.»

Alle genannten Aspekte sind vorhanden, das ‹Gestehn› ist sogar noch ambivalenter assoziativ in bezug auf das Eingeständnis sowohl der Schwäche, wie des Verbrechens (der Zivilisation) – womit Hagen noch seine Wertung der Sachlage unterbringen konnte. Auch trifft ‹wurde› besser als ‹west› – denn das Hafthafte war und ist nicht – sondern *entsteht* dem Zeltling.

Schönheit und Dichte des Satzes haben zugegebenermaßen harte Abstriche an seine Verständlichkeit gefordert, aber hat man ihn erst mal raus, liest sich der Folgesatz: «In der Wölbung ereignete sich die Gier der Schüssel zur Demut der Kuppel» schon fast so unbeschwerlich wie Comicblasen, oder etwa nicht?

‹2›

Bea meint, ich sei ein eitles Arschloch.

‹3›

Wie wahr.

‹4›

Die Adria entlang bis Ancona, furchtbare Anblicke. Wie kann man ein Land so verhunzen? Dann rein ins Innere, Richtung Urbino, eine meiner Lieblingsstädte.

Adria. Ein Bild, das unbedingt dazugehört: das vergilbte, blaue, halb abgerissene Plakat des ‹American Circus›, ein Häuptling in vollem Federschmuck, in einer Unterführung, zwischen politischen, von Abkürzungen strotzenden Parolen.

In Ravenna haben wir uns noch einmal den Turm angesehen, in dem Andrea geschmachtet haben könnte. Ravenna ist ein widerliches Kaff, in dem man für den letzten Scheißdreck noch 10000 Lire Eintritt verlangt. Nirgends habe ich solche Unverschämtheit gegenüber Touristen erlebt.

‹5›

Gegen 17 Uhr trafen wir in Gesualdo ein. Das Wetter war trübe, düster, dem Ort angemessen. Die dunklen Hügel geben der Landschaft einen melancholischen, depressiven Anstrich; es war in etwa, wie ich es mir vorgestellt hatte. Gesualdo ist ein größeres Dorf, rund um die Burg gebaut, die noch bewohnt ist, dennoch stark verfallen. Der Geist Don Carlos war zu spüren, überall. Die Kirche, die er hat bauen lassen, war wegen Totalrenovierung geschlossen. Ein Arbeiter erzählte uns, das (einzig authentische) Porträt Carlos, wegen dem wir die Kirche aufsuchen wollten, sei ins Museo Civico von Avellino ausquartiert.

Gerne hätte ich die Burg besichtigt, doch war das nicht möglich, man hätte brieflich anklopfen müssen. Mein Fehler.

Als wir so untätig auf der Dorfpiazza, unterhalb der Burg, herumstanden, trat ein alter Mann auf mich zu. Er fragte, ob wir die Kapelle besichtigen möchten? (Welche Kapelle?) Ich sagte ja, gerne. Er holte aus seinem Zeitschriftenladen einen riesigen Schlüssel und führte uns quer über die Piazza, wo im Eck eines Häuserkarrees wirklich ein winziges Kapellchen stand. Der Mann schloß auf und winkte uns herein. Ich hatte alles mögliche erwartet, aber das nicht: Die Kapelle war von strahlendem Weiß, jedoch – leer. Völlig leer! Nichts darin, kein Stuhl, keine Bank, kein Kruzifix, keine Madonnenstatuette, NICHTS! Der alte Mann verbeugte sich und lächelte. Ich war unfähig zu sprechen; die Szene war mehr als gespenstisch. Ich drückte dem Mann einen Zweitausendlireschein in die Hand, worauf er noch mehr lächelte, mit einem Gesicht, das sagte: Wäre doch nicht nötig gewesen... Ja, er hat uns nur eine Kapelle gezeigt mit NICHTS darin, bzw. sehr viel Weiß. Ein leerer Raum voll – Weißheit, würde Krantz sagen. Ich war noch Stunden danach völlig perplex ob dieses Vorfalls.

‹6›

In der ganzen Gegend gibt es kein einziges preiswertes Hotel, auch kaum Zimmer von Privat. Wir mußten bis Avellino fahren. Eine der dreckigsten Städte, die ich je gesehen habe, voller Ruinen, die perfekt ins Stadtbild integriert sind. Besonders aufregend fand ich ein Mietshaus, dessen beide äußeren Drittel bewohnt und recht gut in Schuß waren, dessen Mittelteil aber völlig ohne Außenwand war, man konnte in jedes Zimmer sehen, wie in ein Puppenhaus. Ein Bad war noch verkachelt, das machte einen studiohaften oder spielzeughaften Eindruck, wie das Abteil eines Setzkastens. Die Kacheln leuchteten schön in der untergehenden Sonne.

‹7›

Überall in dieser Gegend werden jetzt erdbebensichere Häuser gebaut. Die nackten Gestelle wirken sehr archaisch: Fünf Monolithen tragen eine breite Betonplatte. Sieht äußerst massiv aus.

Um Avellinos Ruinen streiten sich Strauchwerk und Abgas. Heraus kommt Braun und Dunkelgrün, kaum weiße Stellen. Die Stadt wäre ein Geheimtip für Gruftis.

‹8›
Abends im Klo. Wieder kein Balkon. Dafür sehr guter Valpolicella.
Ich erinnerte mich an die Firmung neulich (Cousine von Beatrice), in der Oberpfaffenhofener Dorfkirche. Hatte vorher lange keinem katholischen Ritus mehr zugesehen. Mußte dabei dauernd an Pasqualini und seine Brüder denken, vor allem bei der Hostienausteilung. Die Repräsentanz präsentiert die Präsenz. (Spiritual reproductions proudly presents...) Meditation über filmische und (christlich-) religiöse Ikonographie. Die Entpopularisierung der Oper und der Siegeszug des (Ton-) Kinos fanden nur zufällig parallel statt. Tatsächlich werden hier zwei grundverschiedene ästhetische Bedürfnisse bedient. Genauso ist es Unsinn, zu vermuten, daß die Leute deshalb weniger lesen, weil sie mehr fernsehen. Schriftkultur und Bildkultur haben immer in friedlicher Koexistenz gelebt – und der Vorgänger des Kinosaals war niemals das Opern-, sondern das Gotteshaus.

‹9›
Musik: Kapsberger, Gesualdo, Monteverdi, Vitali, Marenzio.
Lektüre: Strahlungen fertig, Zwille (macht einen sehr desorganisierten Eindruck), La Bièvre (Huysmans, von Susanne vortrefflich übersetzt, wie schon der ‹Jardin des supplices›).

5. Mai, Dienstag
Neapel

‹1›

Bei Tag sah Avellino kaum anders aus als in der Dämmerung; was soll man über eine solche Stadt noch notieren, zumal wenn man deren Geschichte nicht kennt? Wir suchten das Museo Civico, fanden es trotz dreier Anläufe nicht, dann hatte ich die Schnauze voll. Das Porträt Carlos muß man auch nicht unbedingt in realiter gesehen haben. Wir fuhren an einem unglaublich riesigen, goldverschnörkelten Leichenwagen vorbei, größer als ein Feuerwehrlöschzug. Glas, Gold und Ebenholz. Ein Märchengefährt, Endstation Avalon. Avellino besitzt, wie jede arme Gegend, eine auffallende Lotteriekultur. Losverkauf überall.

‹2›

Um elf in Napoli, direkt zur Gesù Nuovo. Dort suchten wir die (rekonstruierte) Grabplatte Carlos, fanden sie aber erst mit Hilfe einer Priesters. Dieser fragte, ob wir Verwandte seien?

Die Schrift der Grabplatte ist noch gut zu lesen; sie berichtet von dem großen Beben, durch welches 1688 der Sarkophag des Fürsten spurlos im Erdboden verschwand. Diese metaphorische Höllenfahrt, das ist wieder so ein Detail aus den Melodien, das mir kein Mensch glauben wird.

Beim Einkaufen pries man uns den formaggio di oggi an, ganz jungen Käse, der wirklich vorzüglich schmeckt. Dann in die San Domenico Maggiore, wo Carlo geheiratet hat, wo die von ihm getötete Maria D'Avalos aufgebahrt war und sich angeblich ein Franziskaner an der schönen Toten verging. Neapel scheint für seine Touristika wenig übrig zu haben. Die Kirche war in einem jämmerlichen Zustand. Seltsam, wo doch sogar Thomas v. Aquin in einem ihrer Nebengebäude gewohnt hat. Hinweisschilder – so etwas gibt es hier nicht. Selbst die Broschüren im Fremdenverkehrsbüro, meist von irgendwelchen Professoren unterzeichnet, sind völlig oberflächlich oder bringen sogar falsche Daten.

Wir gelangten danach in das Innere jenes Palazzo (Severo), in dem die Morde geschahen. Er läßt sich heutzutage kaum von irgendeinem modernen Mietshauskarree unterscheiden. Wir fragten mehrere Bewohner, klingelten an mehreren Wohnungen – die meisten Befragten wußten nicht einmal, wer Carlo gewesen ist. Schließlich trafen wir so etwas wie einen Hausmeister, dem wir erst lang und breit erklären mußten, was wir hier wollten. Der Palazzo wurde in den vierhundert Jahren, die seit dem Doppelmord vergangen sind, so oft umgebaut, daß man höchstens noch die grobe Richtung des Tatortes angeben kann. Und selbst die scheint zweifelhaft. Ich erinnerte mich eines Textes von W. Hildesheimer, aus den siebziger (oder sechziger?) Jahren, in dem er den Palazzo schildert, das Stockwerk und die Räume der Bluttat und am Ende behauptet, im Bett des Mörders übernachtet zu haben. Mumpitz.

Hesses allerletztes Gedicht galt Gesualdo.

Ich fand, es sei für heute genug Feldforschung. Wir gingen hinunter zum Meer, kauften Kokosnußscheiben, gingen nach Santa Lucia, der reinste Kitsch, Ansammlung von einem Dutzend blitzblanker «Fischerhäuser», in denen sauteure Restaurants stecken. Eine Hochzeit fand statt, zwei gemietete Rolls-Royce fuhren vor. Albern.

Wir gingen dann Luftlinie retour zur Gesù Nuovo, ein ziemlich übles Viertel hindurch, die herumlungernden Kids musterten einen unverhohlen wie eine Beute ab. Ich habe deren Flinkheit unterschätzt, habe den Dieb nicht kommen gehört, obwohl ich dauernd wachsam die Gegend rasterte. Eigentlich unglaublich. Plötzlich hing er an Beas Handtasche – es war wohl ein Zufall, daß sie sie fest um das Handgelenk geschnürt hatte. Ein Riemen riß – der Dieb ergriff die Flucht, noch bevor ich ihn packen konnte, das war gut so, ich hätte ihm den Hals umgedreht in jenem Moment. Seine Geschwindigkeit war verblüffend. Nach fünfzig Metern (in fünf Sekunden) blieb er stehen und starrte uns herausfordernd an. Wozu? Ich machte das Zeichen des Kehlendurchschneidens, daraufhin verschwand er in einer Seitengasse, zusammen mit einigen Kumpanen, die während des Überfalls dort an der Wand gelehnt herumstanden, die mir im Falle einer Verfolgung sicher Probleme in den Weg gelegt hätten.

Beatrice überraschte mich. Sie war völlig ruhig und gefaßt, beinah unnatürlich ruhig, kaltblütig. In der Tasche waren 400 Mark, eine Menge Ausweise, der Autoschlüssel und, und, und... Eine alte Dame auf dem gegenüberliegenden Gehsteig schlug die Hände über dem Kopf zusammen, schien sich bei uns für ihre Landsleute entschuldigen zu wollen. Meine Wut verflog rasch.

Ich habe zu lange auf der Seite der kleinen Gesetzlosen gelebt, außerdem ist keine grobe Gewalt im Spiel gewesen. Dennoch: Wäre der Überfall geglückt, würde ich dem Täter jetzt Tod und Verderben (besser umgekehrt) wünschen, ich weiß es. Die Violenz meiner Emotionen im Moment nach dem Überfall machte mich sehr nachdenklich. Wer meine Frau angreift, gegen den kenne ich keine Hemmungen.

Beatrice hatte keinen Zuspruch, keine Beruhigung nötig. Sie nahm das Geschehene hin wie eine Anekdote am Rand. Mehr war's ja auch nicht.

‹3›

Auf der Autobahn nach Pompeji legte ich Bruckners Siebte ein, in einer billigen, recht schwachen Aufnahme. Ich hatte sie nur gekauft, weil der Dirigent Francesco D'Avalos hieß, und, wie auch auf der Platte bestätigt worden war, ein Nachfahre jener Maria D'Avalos ist, die von Carlo ins Jenseits befördert wurde. Übrigens eine Frechheit, den delirierenden Dilettanten Celibidache (der von der Stadt München p. a. drei Millionen kassiert) als großen Bruckner-Interpreten zu bezeichnen. Schlechte Dirigenten müssen nur in eine Möchtegern-Weltstadt übersiedeln, dort werden sie gleich zu Göttern stilisiert. Städte, die sich mit aller Gewalt feiern müssen. Wenn Celibidache nur den kleinen Finger von Günther Wand oder das linke Ohrläppchen von Carl Schuricht besäße, er könnte sich an Bruckner nicht derart brutal vergreifen. Aber wie alles, was nur genug auf sich aufmerksam macht, versammelt sogar er Verehrer um sich, besonders fanatische zudem. El Conde widersprach mir neulich ganz witzig, er meinte, wenn man Celi-Platten mit 45 Umdrehungen laufen ließe, wären sie recht anhörbar.

‹4›

Siesta auf einer idyllischen Autobahnraststätte. Wir diskutierten über gewisse Sätze aus dem Buch «Leben mit Wagner» (Gibt es eins ohne?) von J. Kaiser. Erschien in meinem alten Verlag, habe es geschenkt bekommen; kaufen würde ich so was nur, wenn einstens das Brennholz ausgeht. Hinten sind von C. D. Schaumkell fast alle, oder doch sehr viele Wagner-Aufnahmen gelistet, die es bis dato gegeben hat, manche mit einer kurzen Kritik. (Es fehlen jedoch alle Schwarzpressungen und Selbstverlagsproduktionen, klar, kann man normalerweise nicht verlangen, aber doch, wo es wichtig ist, etwa beim «Liebesverbot», das anders ja kaum zu haben war lange Zeit.) Bei der Leinsdorf-Walküre lobt er (Schaumkell) den gepflegten Wotan George Londons, ohne auf das überwältigende Dirigat Leinsdorfs näher einzugehen. Viele krasse Fehlurteile – persönliche Antipathien (z. B. gegen Gwyneth Jones)? Auch lobt er einmal Sawallisch, das sagt alles. Besonders ärgerte mich ein völlig irrelevanter Kritikpunkt am Kleiber-Tristan. Schaumkell schreibt: «Trotz C. Kleiber am Pult kein ungetrübtes Hörvergnügen, weil klangliche Manipulationen in der Mischung von Orchester und Gesangsstimmen unüberhörbar bleiben.»

Aber gerade das fordere ich doch von einer Studio-Aufnahme! Idealgestalt! Ein Utopia der Klang-Architektur! So etwas wie akustische Authentizität hat höchstens in einem Live-Take Sinn. Dafür ist eine Platte gut: Das rüberzubringen, was eine Räumlichkeit an Transparenz nicht allerwärts transportieren oder überhaupt gewähren kann. Ich will, verdammt noch mal, einen gewaltigen Unterschied spüren zwischen dem Bühnenerlebnis und der sogenannten ‹Konserve›. In Zeiten digitaler Fertigkeit nämlich ist die Konserve keine mehr, sondern gleichberechtigter, aber grundsätzlich andersartiger Aufführungsort, in der der Tradition des Zwanges und des Möglichen erwachsene, akustisch-räumliche Kompromißgestaltung idealisiert werden kann. Nichts wäre dem Tonträger gegenüber ungerechter und abwertender, als ihn zur Dokumentationspflicht einer ‹Ereignisschaft› zu verdonnern. Sowieso muß man, leider, sagen: Die Hifi-Anlage ist das handlichere, kontrollierbarere und damit zukunftsträchtigere Opernhaus.

‹5›

Noch etwas zu Bruckner – dessen theomythische Spiritualität einzig an die Alten heranreicht – an die Monteverdi, Palestrina, Pergolesi… Das Katholische hierbei kann, um ungetrübten Genuß zu erreichen, als metaphysische Flaggentaktik gesehen werden. Selbst ein ‹Credo in unum deum› kann beliebig in ‹Credo in multos deos› abgewandelt werden. Ich lasse mir gute Musik nicht mehr durch Ideologien verderben. Und gerade wenn ich ideologisch dächte, müßte ich zuerst daran interessiert sein, die unbezweifelbar wirkende Magie jener Musik dem Gegner aus der Hand zu nehmen und unter meine Fahnen zu zwingen. Nietzsche würde mich sicher ohrfeigen, wenn er wüßte, daß ich inzwischen auch den Parsifal genieße. Und ich würde ihm die Ohrfeige zurückgeben, weil er mir soviel Unsinn eingetrichtert hat, nur weil er selber ein Symbolon, ein Hilfs-Vehikel zur Abnabelung von seinem geliebten Idol benötigte.

‹6›

Wir fanden, ganz nah beim Haupteingang zu den Ruinen von Pompeji, ein preiswertes Bungalowzimmer auf einem Campingplatz, 40 Mille pro Nacht. Ich hatte einen halben Liter Roten nötig, hatte zu intensiv an ein Plakat gedacht, das ich zwei Wochen zuvor im Schaufenster einer Buchhandlung sah, ein Leseposter irgendeiner Suhrkamp-Literatin, hab den Namen vergessen. Da lautete der erste Satz: «Ich bin nicht mehr so naiv, zu glauben, daß Bücher etwas verändern können...»

Symptomatischer Satz, dumm wie arrogant; klar, eins IHRER Bücher wird sicher nichts verändern, das ist wahr, es sei denn, meinen Gemütszustand. Jeder Satz, den ich gelesen habe, hat mich verändert. Bücher können zumindest erreichen, daß jene, die sich ohne Bücher ändern würden, bleiben, die sie sind.

‹7›

Bei der Lektüre von Winklers «Friedhof der bitteren Orangen» habe ich mich zuletzt nur noch geärgert. Darmtraktgefördert, vom Quartett hochgepriesen, dabei nur eine auf Dauer öde Materialsammlung, niemals ein Roman. Winkler bietet minder interessante Anekdoten, von denen ein Gutteil schlecht erfunden sein dürfte. Der Rest ist ein Wühlen im eigenen Psychodreck, formlos, breiig, ohne Eleganz und Raffinesse.

Amüsant fand ich allerdings manche der wahren Histörchen, z. B., daß dem neugewählten Papst, den man beim Amtsantritt ohne Unterhosen in einer Sänfte durch die Stadt trug, von einem Diener an die Eier gefaßt wurde, um die Männlichkeit des neuen Stellvertreters Gottes sicherzustellen. «TENTICULOS HABET – ET BENE PENDENTES», rief der Diener dann. Welch ein Satz...

‹8›

If man is five... and the devil is six... then god is seven, this monkey's gone to heaven... BLACK FRANCIS

I forgot what eight was for, but nine for a lost god and ten, ten, ten for everything, everything, everything... GORDON GANO

Interessante Parallelen zur reuchlinischen Gematrie, wie sie von Cagliostro gedeutet und verwendet wurde. Und dann? Nachschlagen zu Hause: Die Zahlenmagie der 11.

‹9›

Abends. Rausch.

Zeitkimme und Raumkorn.

Zielsetzung: Die Ewigkeit an den Schwanzfedern zu treffen.

Das Kontinuum zupft Schrot aus dem Fleisch, schwillt unbelangt zu dandyesken Adern.

Ein Herz, das durch Bleikammern Gelächter pumpt.

Hör, wie es erzen dröhnt, wie es letzte Stunden schlägt...

‹10›

Bimm-Bamm, Bimm-Bamm... (Mahler, dritte Symphonie, fünfter Satz)

Problem: Ich will eine wahrlich tragische Geschichte über die Entstehung des Babson-Task schreiben. Aber: Wie soll man einem Nichtschachspieler erklären, um welches Mysterium es sich beim Babson-Task handelt? Zu schwer. Drumare und Yarosh sind herrliche Figuren, wie sie außer dem Leben nur ein Shakespeare hätte erfinden können in ihrer allegorischen Tiefe.

Der Babson-Task. Der Gral. Das Unmögliche.

Beatrice rät mir, auf die Nichtschachspieler, zu denen auch sie gehört, einfach keine Rücksicht zu nehmen.

Und plötzlich scheint alles einfach. Keine Rücksicht nehmen, so einfach ist das...

‹11›
Nachts. Vollrausch.
Neben Klo und Waschbecken, im Dunst. Die Melodien.
Zwischen den Stühlen gefangen, sprach nichts dagegen, ein Bett aufzuschlagen.

‹12›
Melodien. Hinter jedem Satz muß stehen: Weiter!
Schon ein Gut so! ist unverzeihlich. Wo Sätze keine Brücken sind, verfaulen sie im Strom. Keine Selbstzufriedhofheit! Mehr.

‹13›
Lektüre: Leopardi, Friedhof der bitteren Orangen (fertig), La Bièvre, Leben mit Wagner, Zwille. Letzteres: ein Alterswerk, bleibt weit unter den dramaturgischen Möglichkeiten. Aber Jünger – wie Hölderlin, Kafka, Fante, Heidegger, Céline – einer der Geister, die einem unweigerlich ihr syntaktisches Gepräge aufzwingen. Man bekommt ihre Wendungen nicht aus dem Kopf. In so einem Fall heißt es: alles lesen, überwinden, was sonst auf ewig in der Syntax keimen würde und einem anhinge wie gestrige Schatten. Und es ist ja immerhin interessant, selbst wo es redundant oder mangelhaft wird, denn Jünger ist das Jahrhundert, hat es vom Todesjahr Nietzsches an bewußt erlebt. Die politischen Fragwürdigkeiten sind sekundär, mit der Zeit ist nur die Qualität des Werkes wichtig. Verlogen, wer das leugnet.

6. Mai, Mittwoch
Pompeji

‹1›

Gleich nach dem Aufstehn «in die Ruinen»; ich wundere mich, wie sehr sich die Anlage verändert hatte, seit ich vor 20 Jahren zum ersten Mal hiergewesen bin. Täuschte mich nur mein Gedächtnis? Möglicherweise hat das archäologische Studium meine Sicht der Dinge kraß verändert. Ich verfluche jeden Tag, den ich auf der Universität verschwendet habe.

Ich grub heimlich und förderte einen schweren, kleinfingergroßen kaum verformten Nagel zu Tage, in Form einer sehr spitzen Pyramide. Immerhin. Beim Anblick der aus der Lava gemeißelten Leichname, im Moment des Todes festgehalten in schrecklicher Detailliertheit, vergaß ich Raum und Zeit, meditierte etwa eine halbe Stunde lang, einen Zeitraum, den ich hinterher steif und fest mit etwa zwei, drei Kubikminuten beziffert hätte; Beatrices Uhr konnte mich kaum überzeugen, erst der Sonnenstand bestätigte sie. Seltsam. Normalerweise vergesse ich mich selten, nicht mal, wenn ich betrunken bin, verliere ich mein Zeitgefühl.

Beatrice war unermüdlich, wollte an diesem einen Tag die ganze Anlage durchforsten. Gegen Abend, in der ersten Dämmerung, nahmen wir fußwund auf einer Bank Platz und betrachteten Dutzende von Fledermäusen. Beatrice nennt sie durchweg ‹Flattermäuse›. Sie war äußerst fröhlich und aufgedreht, plant, ein Kinderbuch über die wilden Hunde von Pompeji zu schreiben, eine Art Animal Farm der Ausgestoßenen und Gesetzlosen, eine Fabel über die vielen verwilderten, ausgesetzten Hunde, die zwischen den Ruinen herumstreichen und bei den Touristen um Almosen betteln. Ein Pendant dieser urbanen Tierverwahrlosung ist höchstens noch die Hundeschar in Guadeloupe oder die Hunderttausendschaft der gatti di Roma. Beim Abendspaziergang entwarfen wir gemeinsam einige Skizzen zum Inhalt, ein Dramolett, das schnell anschwoll und von Möglichkeiten strotzte. Ich war sehr begeistert, sagte aber gleich, sie solle das Buch ganz allein machen, ich bin sicher, sie kann das.

‹2›

Aus einem italienischen Radio hörten wir die Stimme von Gottlob Frick, und bei Nennung des Namens Gottlob kam mir ein bizarrer Gedanke: Daß der Name Stanislaus eine Verschleifung von Satanis Laus (Teufelslob) sein könnte. (Was sicher nicht stimmt, aber man könnte es ja irgendeine Figur behaupten lassen...)

‹3›

Dreckige Viertel. Slums am Fuß der roten Berge.

Dank sei dem Dreck, der mich lehrte, die Dinge nie rein zu betrachten, reduziert, abseits des Fettfilms und Rußes und Eiters. Das Blut, das am Marmortorso klebt, die Galle im Nacken, die Scheiße, durch die der Heros waten mußte. Zeigt mir ein Denkmal – ich seh es bepißt, zeigt mir die Schönheit selbst, ich geh die Würmer kraulen, die dran nagen. Dank sei dem Dreck, der mich überzieht und allem Schrubben trotzt. Ich rieche das schwärende Gedärm im Inneren des Porzellanprinzenpaars. Jede Hoffnung ist von Anstandsdamen bewacht, die heißen: Mißtrauen, Zweifel, Erfahrung, Erinnerung und Angst.

Ich bin zunehmend versucht, mich zurückzuziehen von meiner Zeit, im Türmchen zu leben, abgegrenzt gegen alles, das ich verachte. Aber das käme einer Kastration gleich.

Blödsinn, was ich eben notiert habe. Mir völlig wesensfremd.

‹4›

In einer Zeit, in der die Pachyderme vom Aussterben bedroht sind, würde ich mir nie erlauben, im Elfenbeinturm zu leben.

‹5›

Aus dem Gespräch: Der hat immer Glück, der sein Unglück in der günstigsten Weise zu deuten vermag. Glück, das bedeutet u. a. die jeweilige ästhetische Umgestaltung der gewesenen Zu-fälle einem nachträglich entworfenen Plan gemäß. Ich sprach über die nahe Zukunft, über die nächsten beiden, in vieler Hinsicht vielleicht entscheidenden Jahre.

Bea, leichtfertig: Wird schon. Wir haben doch immer Glück!

Hatten wir das?

‹6›

Gedanken über Melodien:

Ein paar Vorableser fragten, ob Anspielungen auf die Signata des Dritten Reiches beabsichtigt sind, z. B. Savonarolas Kinderheer, der lange schwarze Ledermantel Castiglios, die gelben Sterne des Kellermosaiks, Adjektive wie ‹frauenfrei› usw. – bis hin zum Reverberatorium (Krematorium) des ONTU. (Der «schwarze Sturm» fällt mir noch ein. Übrigens ist Castiglio nicht zufällig eventuell Halbjude. Dom–Siena–Parsifal–Täubner–Tor.) Natürlich hatte ich das beabsichtigt, glaube sowieso, es kann kein umfangreicheres deutsches Buch geben, das nicht in irgendeiner Weise auf die mythische Schmierentragödie des Jahrtausends Bezug nimmt. Aber wenn nur ein paar danach gefragt haben, es den anderen überhaupt nicht aufgefallen ist – wie deutlich muß man noch werden? Wenn die Ironie sowie die Methodik des advocatus diaboli nicht einleuchten, wird man mich am Ende noch in die rechte Ecke stellen.

Eine andere Frage lautete tatsächlich, warum das VI. Buch ‹Renaissance› heißt – wo es doch im Barock (bzw. der Gegenwart) spielt?

Die Titel der einzelnen Bücher beziehen sich durchweg auf das jeweilige Stadium des Melodienmythos aus der Sicht der Forschung. Er erfährt seine Wiedergeburt in der Gegenwart, nachdem er mit Pasqualini scheinbar ins Grab hinabstieg. Wird das etwa nicht klar genug?

Zur vieldeutigen Konzeption des Finales: Ob, und wenn, welche Katastrophen geschehen; ob überhaupt irgendwer, und wenn, welche Figur, vom ONTU infiziert ist, obliegt allein der Deutung des Lesers. Der Roman ist von einem moralisch absolut neutralen Standpunkt aus geschrieben. Absicht war, keine der Romanfiguren in Gut/Böse-Schemata abzulegen, weder Krantz, Dufrès, Castiglio, Täubner, nicht einmal Andrea oder Pasqualini. Das Böse ist nicht ästhetisiert, aber manchmal ist die Ästhetik in den Schmutz gezogen.

Die Schuldfrage der Protagonisten zu erörtern, wäre sicher eine interessante Diskussion, doch die gehört nicht in den Roman.

Die Figur der Nicole Dufrès ist im Moment noch zu eindeutig unsympathisch, widerspricht dem Impetus: Ambivalenz überall.

Ich muß aber aufpassen. Viele Autoren wollen Schwarz-Weiß-Zeichnung vermeiden, heraus kommt ödes Grau-in-Grau.

‹7›

Als Beatrice zu Bett ging, ging ich noch durch die Stadt. Mehr oder weniger zufällig führte mich mein Instinkt am Straßenstrich vorbei, mit nicht mehr als zwei Frauen bestückt. Ich seh mir oft die Gesichter und Kleider der Straßennutten an, in ausländischen Städten, daraus kann man einige Rückschlüsse auf die Bevölkerung ziehen.

Eine der Nutten ähnelte in beängstigender Weise einer alten Freundin, die inzwischen tot ist, mit der ich eine kurze, heftige Romanze gehabt hatte; Vögeln ohne emotionale Vor- und Rücksichten, ohne Sozialversicherungsstrategie im Schädel, ohne postkoitalen Melankohl. Mit aller fühlbaren Lust und Leidenschaft, ganz auf Körperlichkeit reduziert, voll Hingabe an den Moment, ohne Vorher, ohne Nachher, ohne Absprache und Aufkauf, ohne beziehungsknüpfende Selbstvermarktung, ohne Lüge, ohne Zukunft, rein auf den Orgasmus bedacht, skrupel- und tabulos, dabei ohne Verächtlichkeit. Physis und Impuls. Gegenseitige, freiwillige Vergewaltigung...

Eine starke Erregung überfiel mich, vermischt mit Trauer. Arme Freundin, wo bist du jetzt? Siehst du mir manchmal zu? Wir trieben es, bis wir einander nicht mehr kannten, bis das Universum selbst seine Stoßrichtung änderte. Wenn sie den Gürtel löste vom Kleid, löste sich binnen Sekunden die Welt in geile Tropfen auf. Ihre lachsfarbene Möse, deren Lippen dezent, schlank, wie ein exotischer Blütenkelch anmuteten, deren lichtes Haarbüschel sich als Rahmen ostentativ um das feine Bild schmiegte und nichts verbarg. Zartrosa, naß blinkte, leuchtete – um beim (altbackenen) Blütenvergleich zu bleiben, der Stempel aus dem Spalt. Darüber meine Zunge gleiten zu lassen, Speichel und Sekret zu mischen, bis sich die innersten Wülste öffnen, bis sich die Erde auftut und das Verborgenste begierig keucht, nach Luft schnappt. Dann eindringen mit der ganzen Zunge...

Verdammt, selbstverständlich war ich versucht, mit der Nutte zu gehen, aber diese Ähnlichkeit ihres Gesichtes mit dem der alten Freundin schien mir eine Falle zu sein, eine Falle, in die man tappt, in der Erinnerung zerstört wird. Und in diesem Fall konnte käuflicher Sex nur Zerstörung bedeuten, ganz sicher. Perdue...

Ich spazierte zurück und brachte Beatrice ein Eis mit.

‹8›

Ich finde meinen Mund nicht mehr – wo ist er? Dort, im finsteren Winkel, das Loch, das sich da auftut – ist er das?

Ich wollt, ich wär Prometheus, könnte trinken, soviel ich nur möchte, denn jeden Tag kommt ein Adler geflogen, frißt die verseuchte Leber und eine neue wächst an ihrer Stelle.

Lektüre: Quer durch Heines «Buch der Lieder» («Götterdämmerung» haute mich um), La Bièvre.

7. Mai, Donnerstag
Pompeji

‹1›

Beas wegen hinauf zum Vesuv. Und das um zehn Uhr morgens... Den Aufstieg fand ich schon als Siebenjähriger mühsam. Blick in den Berg: In den Krater seilen sich Kletterer ab, gehen dort drunten spazieren; kein guter Anblick. Auch Beatrice ist enttäuscht. Ich bilde mir ein, als ich vor zwanzig Jahren hier war, strömten noch vereinzelt Dampfschwaden aus Felsrissen. Heute: ein totes Loch.

Gute Fernsicht, trotz Bodennebel. Als Lektüre trug ich die Briefe Plinius des Jüngeren bei mir, las natürlich wieder mal den Bericht über den Vulkanausbruch; Plinius ist eine durchweg kräftigende Lektüre; zum Glück hab ich die zweisprachige DTV-Ausgabe gekauft; erst jetzt bin ich mir der Qualität des Originals bewußt geworden; der Zauber des Satzbaus bei Plinius ist schwer in einer Übersetzung einzufangen, sehr eigen, sehr prägnant.

Weiter unten an den Abhängen des Vesuv sah ich eine Quelle und stieg aus dem Wagen, watete im vulkanischen Staub, schwer im Kopf, hustend, setzte mich in die Asche und hörte dem leisen Glucksen zu, das sich mit dem in meinem Magen vermischte. Dann wundervolle Ruhe.
Schrieb auf:

Die autochthone Quellnymphe, die soviel zu erzählen hätte,
zickzackt den Katarakt hinab, ihr schlangenschneller Leib
zerteilt das Wasser wie zu Messern geschmiedetes Leuchten.
Sie ist noch immer schön. Glitzernd begehrt sie, getrunken zu
werden, drängt sich schöpfenden Händen auf, klammert sich
eng ans Gefäß der Finger, gleitet, wenn die das Wasser
                                        heben,
doch immer ab, glitscht haltlos zurück. Verbindung gelingt
                                                  nicht.

Zuviel Zeit ist vergangen zwischen Erkennen und Sehn,
zwischen Ursprung und Aufprall.

⟨2⟩

Nachmittags Landtour. Wir aßen zusammen 20 Orangen, spottbillig am Straßenrand gekauft. Hitze und Dreck. Knatternde Dreiräder, in Staub getauchte Pflanzen, vor den schönen Gärten Stacheldrahtballen. Blick auf den Golf ist hollywoodesk, unwirklich, wirkt mühsam inszeniert; ein geliehenes Blau, wird es jeden Morgen neu gemischt?

Abends endlose Fahrt nach Positano, über Amalfi, an der Steilküste entlang, habe die Strecke nicht genossen, sah dauernd in den Abgrund. Essen in Minori, nicht teuer. Zwischen Pompeji und Sorrent waren die Straßen in entsetzlichem Zustand, wenn überhaupt vorhanden. Man glaubte nicht, in Europa zu sein. Für 40 Kilometer zweieinhalb Stunden gebraucht, das war, wie über einen aufgelassenen Friedhof zu fahren. Beatrice war nah am Verzweifeln, aber sie nimmt sich wunderbar zusammen. Die Gegend ist zum Kotzen. Kein Stückchen freie Landschaft. Italienische Eltern sehen es als Pflicht an, jedem ihrer Bälger eine Wohnung zu finanzieren; das bei dieser Kinderflut! Neapel und Umgegend – das ist ein Synonym für Christentum und Weltzerstörung, raubt einem jede Hoffnung. Rückfahrt über Salerno – Autobahn (guuuut –).

⟨3⟩

Der Babson Task: Ein Schachproblem. Weiß setzt in vier Zügen matt, nach folgendem Muster: Weiß stellt eine Mattdrohung auf. Schwarz kann dieser Drohung auf vier verschiedenen Arten begegnen: indem er einen Bauern auf die erste Reihe zieht und entweder in Dame, Turm, Läufer oder Springer verwandelt. Nun zieht Weiß seinerseits einen Bauern auf die letzte (8.) Reihe und wandelt in genau dieselbe (und nur diese!) Figurenart um, um das Matt zu erzwingen. Das Problem bei der Konstruktion einer solchen Aufgabe ist zunächst, zu begründen, warum die Dame kein Turm, bzw. Läufer sein könnte. Auch bereiten die Springer große Schwierigkeiten, da es sehr schwer nachzuvollziehen ist, wie sie an zwei verschiedenen Brettenden gleichzeitig auf das Spielgeschehen einwirken könnten.

Ich selbst hätte nie geglaubt, daß so etwas realisierbar sein würde, ohne Märchenschachfiguren zu Hilfe oder unmögliche Stellungen in Kauf zu nehmen. Allein der Komplex des dazu nötigen Pattsystems überstieg meine Vorstellungskraft. Der Franzose Drumare hat sich fast dreißig Jahre lang damit befaßt, Tag und Nacht, gab seinen Beruf auf, schloß sich ein, arbeitete, probierte, mit wachsender Verzweiflung und immer erfolglos. Schließlich warf er hin und verkündete, der Task sei unerfüllbar, noch eher fände man das Perpetuum Mobile. Das war 1988.

1989 hat sich der zweiundzwanzigjährige Yarosh aus Sibirien ein paar Wochen hingesetzt und dann ein Juwel von unfaßbarer Reinheit geschaffen, und, um die Welt zu demütigen, nach einem halben Jahr sogar noch einen weiteren Babson Task hinterhergeliefert, als man geglaubt hatte, mehr als diese eine Position könne sicher nicht möglich sein. Der Babson Task. Der Petersdom. Tristan und Isolde. Zarathustra. Der Garten der Lüste. Die Chinesische Mauer. Der Babson Task. Ich kann mich nicht sattsehen an ihm. Hab während der halben Nacht auf das Taschenbrett gestarrt.

‹4›

Während der Fahrt gehört: die Gilbert E. Kaplan-Aufnahme von Mahlers Zweiter. Unspektakulär, solide, annehmbar. (Kaplan ist Millionär und Amateurdirigent, hat nur diese eine Symphonie studiert, hat das London Symphony Orchestra angemietet, um sie einmal aufführen zu dürfen, hat sich stellvertretend für viele, die im Kämmerlein vor der Hifi-Anlage den Taktstock schwingen, einen Traum erfüllt.)

Interessant wäre eine Geschichte der schleichenden Dämonisierung des Dirigats; gibt es aber sicher schon, muß nachsehen.

Noch zu Kaplan: Beeindruckend, was Passion zu leisten vermag. So schwer ist ein Orchester aber auch wieder nicht zu führen. Handwerk. Wie ein Sawallisch zu dirigieren, dazu bedarf es keines göttlichen Funkens. Das Quentchen Genie haben eh nur ganz wenige: Kleiber, Leinsdorf, Harnoncourt, Boulez, Ahronovitch, Wand, um die Lebenden zu nennen. Die anderen sind eben Kapellmeister, Arbeitnehmer wie alle. Deshalb kann der ambitionierte Dilettant durch Eifer und Leidenschaft sehr weit kommen, wo er sich thematisch beschränkt.

Spezialist – Dilettant: einer der symptomatischsten Antagonismen der Aufklärungsumwertung. «Dilettant», mit der Wissenschaftsautokratie zum Schimpfwort geworden, meint doch eigentlich einen, der noch nicht dem Unfug der Bezifferung (dis-letteris) aufgesessen ist – während, was der Spezialist zu sagen hat, oft den Kern nicht mehr belangt. (Ähnlich äußert sich Jünger irgendwo in den Strahlungen, aber wo genau?) Die Vertreibung des Dilettanten aus der Diskussion fördert das Fachidiotentum, die einseitige Bildung, das Verlorengehen der geistigen Gesamtschau. Das kreative Moment des fachfremden Beitrags wird unterdrückt, interdisziplinäre Zusammenhänge werden vom Ziffernapparat gekappt, die Bilder bleiben hermetisch und klein, wenden sich ins Mikrokosmische.

Das Problem war nie der Dilettant, sondern der Scharlatan und Idiot, der an eine Sache einfach nur falsch herangeht, egal, mit welcher Präzision in der Taktik.

Das Wort Dilettant wieder salonfähig machen, indem man es erklärt?

‹5›

Eben fällt mir ein, daß die Rechte an Leonid Andrejev (†1919) schon seit drei Jahren frei sind. Ich hätte große Lust auf einige freie Nachdichtungen. Man bemüht immer Kafka – es wäre wert aufzuzeigen, wie weit Andrejev in die Zukunft wies. Für mich kommt er gleich nach Dostojewski. Von den Kommunisten verzerrt, unterdrückt und belächelt, steht ihm eine gewaltige Renaissance bevor. Einer der wenigen sog. «Nietzscheaner» von damals, der Nietzsche halbwegs verstanden hat. Eben die Erzählung «Der Abgrund» noch mal gelesen (Erstausgabe 1906, bekam ich bei Appel für acht Mark!). Ein Wahnsinn. Purer Seelenhorror, ich lag benommen auf dem Bett und zitterte.

‹6›

Zur Nacht Lieder von Richard Strauss. Darunter eines, dessen Text von Otto Julius Bierbaum stammt. Ein großer Text; archaisches Bild voller Zuversicht:

> Nicht im Schlafe hab ich das geträumt,
> hell am Tage sah ich's schön vor mir:
> Eine Wiese voller Margeriten;
> tief ein weißes Haus in grünen Büschen;
> Götterbilder leuchten aus dem Laube.
> Und ich geh mit Einer, die mich lieb hat,
> ruhigen Gemütes in die Kühle
> dieses weißen Hauses, in den Frieden,
> der voll Schönheit wartet, daß wir kommen.

Es gibt einige Feuilletonheinis, sagte ich zu Beatrice, die das glatt als Kitsch abtun würden. Im Ernst? fragte sie.
    Die Lage ist immer ernst.

‹7›

Hab mich jetzt endgültig entschlossen, die Ovid-Exzerpte für Melodien neu zu übersetzen, und zwar im Hexameter, keinesfalls in Prosa. Ich brauche eine Übersetzung, die rituell, archaisch, hämmernd klingt, die sich in die Romanumgebung einfügt. Von daher Freiheiten, die man sich nehmen muß. Termindruck. Melodien darf nicht verschoben werden, muß im Frühjahr kommen. Heißt: ca. 300 Verse in ein, zwei Wochen – viel mehr Zeit wird nicht bleiben. In Minori, im Restaurant, beim Warten auf das Essen Entwurf eines Nachworts für Melodien. Dabei ist der Roman noch gar nicht beendet. Mußte mir wohl selbst über manches klarwerden.

El Conde hat völlig recht: Das Buch beherrscht mich total. Habe mein Leben stark geändert, seit ich daran arbeite. Muß mich am Riemen reißen, daß ich da jemals wieder rauskomme. Weiß gar nicht, ob ich das Endprodukt mögen werde. Manchmal vermute ich, kraß versagt zu haben, dann wieder denke ich, es ist ein Jahrhundertbuch. Diese Schiffsschaukel zwischen Schweißausbruch und Euphorie macht mich fertig. Wenn ich mir vorstelle, dieses Monster noch ein Jahr um mich haben zu müssen...

Grobentwurf für Nachwort: Nachdem die Hagen-Trilogie einer Phänomenologie der Lüge, vom praktischen Kommunikationsmittel bis zum artifiziellen Bewußtseinsdesign nahekommt, ist der Weg zum Mythos folgerichtig – was bedeutet ‹lügen› im höchsten Sinne anderes, als Kunst und Wunsch zur Sage zu binden? Die Lüge ist die erste Form der virtuellen Realität.

Um, was ich wollte, anzudeuten, konnte jedoch keiner der bereits vorhandenen Mythen verwendet werden, da diese längst tausendfach bewertet, bearbeitet, zu Projektionen gebraucht, persifliert, in Krantz' Worten: «Ihrer Wahrschaft entkleidet» sind, befrachtet mit zu vielen Seitentrieben und Buchdeckeln, die eine notwendige, originale Unbefangenheit des Lesers nicht mehr geduldet hätten. Es blieb kein anderer Weg, als einen Mythos zu erfinden und dessen Entwicklungsgeschichte aufzuzeigen, von der Genese über die Degeneration bis hin zum Grab des Vergessens. Hierbei lotete ich frech die Terra incognita der Historie aus, mischte zu fiktiven Figuren solche, die unbezweifelbar gelebt haben, verknüpfte deren Lebensläufe in meinem Sinn, wobei oft – wie z. B. im Fall der Carlo-Biographieskizze kaum etwas erfunden werden mußte, um die Erzählung der Intention gemäß voranzutreiben. Kunst und Wunsch: Ich wollte eine subkutan, unterirdisch verlaufende, orphisch-antichristliche Gegenlinie zur offiziellen Kulturgeschichtsschreibung entwerfen. Bei allen historisch überprüfbaren Ereignissen habe ich meine Autorfreiheit auf Nahenull zurückgeschraubt. Es kann sich also alles so abgespielt haben, wie ich es aufschrieb. Das Gegenteil wird kein Mensch nachweisen können; das allein ist wichtig – im «mythosophischen» Sinne. Schon haben sich erste Leser aufgemacht, die Abbazia Pomposa zu besuchen und das Abbild Castiglios zu betrachten.

Die strukturelle Komplexität des Buches ergibt sich unter anderem daraus, daß es im Grunde nur aus Einleitungen besteht. Alles Erzählte ist jeweils nur Introduktion für die nächste, größere Geschichte, ist Nährboden, ist Voraussetzung für die Metamorphose. (Tatsächlich war meine erste Idee für den Titel: ‹Melomorphose› – aber da hätte mich jeder Verleger rausgeschmissen.) Es bestand der Einwand, dieses Buch müßte nicht ‹Roman›, sondern ‹Vier bis fünf Romane› untertitelt sein. Dies ist nicht richtig: Protagonisten des Textes bleiben immer die Melodien – nicht Castiglio, Täubner, Carlo, Pasqualini, die immer nur die Funktion von Dienern, Boten und Empfängern, bestenfalls von Schöpfern und Fälschern haben.

‹8›

Jene Selbsterniedrigung, die aufgehoben werden will. Ich liege hier vor dir im Staub – kriech unter mich! Ich hab noch Platz gelassen…

‹9›

Einen Mittelweg finden, zwischen Liebe und Haß – und jener Gleichgültigkeit, die im Überbereich wünschenswert ist.

Sozusagen: Laut schreiend sich vor dem Bösen verbergen wollen.

Unbelangt bleiben in der Nische, aus der Spalte exakt kommentieren, aber nicht mehr selbst mitspielen. Geht das?

Es gibt Beispiele. Und viele, viele Gegenbeispiele. Zu der Glücks-Diskussion: Zu-kunft = Zusammenkunft von allem, was der (Zu-) Fall sein wird, was, versprengt in der Unverbindlichkeit des Möglichen, keimt und wartet. Zukunft = das sortierte Jetzt, das eingeschränkte, in den Schrank des Faktischen gesperrte Jetzt. Leben besteht in der Gleichzeitigkeit des Unendlichen und dessen Reduktion. Big Bang und Big Crunch im selben Moment.

Verführerisch wäre, an Parellelwelten zu glauben, die nicht nur neben der Zukunft existieren können, sondern auch die Schneise zur Gegenwärtigkeit unbeschadet überstehen. Ich habe den Chronos nie als Linie begriffen, sondern als Punkt, der alles, was ist, mit sich schleppt. Man könnte es auch anders sehen: die Zeit als kosmische Flipperkugel. Wo sie hintrifft, da blinkts, da wird gepunktet. Nein, Unsinn. Ich habe Atlas immer als Allegorie der Zeit verstanden, die das Sein auf dem Buckel über das Nichts trägt.

‹10›

Die Zigarette.

Man hält kontrolliertes Feuer in der Hand. Ein Atavismus schlägt da durch – der Besitz des Feuers – die Macht. FeuerZEUGE (man vergleiche im Heideggerschen Sinne FeuerDING, FeuerWERK) wirken nicht so stark, da das optische (Brenn-)Element fehlt, das des sichtbaren Zepters per se, des sich durchfressenden Feuers; bzw. weil die technische Automatik störend auf das Elementarbild wirkt.

Andererseits ist jede brennende Zigarette ein melancholisches Sinnbild von Genuß und Verfall, ein Memento Mori, Sage und Rauch.

Ich glaube, wenn ich blind wäre, wäre es mir ein leichtes, mit dem Rauchen aufzuhören (aufzusehen).

‹11›

Am Krater.

Luft voller Fische, silbrig blinkender Fische, zellophanknitternde Morganen, sonnengleißender Spliß.

Die Ströme zu Monumenten; Gußform; Landschaft liegt bereit.

(Gedichtmaterial)

‹12›

Idee für Objektkunst: Eine kleine Glastruhe, völlig durchsichtig, mit einem Schloß aus Stahl. Der Schlüssel steckt aber von innen; die Truhe (eher ein Kästchen) ist abgesperrt, man kommt nicht an den Schlüssel ran. Titel: Der Käfig (der Sarg?) des Universums.

Vorher dachte ich mir eine Geschichte aus, die im Plot noch Probleme stellt. Es geht um einen chinesischen Weisen, der von bösen Dompteuren in einem Käfig gefangengehalten wird. Der Weise macht keine Anstalten zu fliehen, im Gegenteil, er erklärt sich zum Wächter des Universums, nennt alles Außen Innen, behauptet, die Flächen seines (würfelförmigen) Käfigs schlössen das All nach allen Seiten hin ein, und er bewache die Tür, damit keiner über die Schwelle trete, in den einzig freien Raum, der von den (Außen)flächen seines Käfigs nicht umschlossen werde.

Was ist ein Käfig? Etwas, das ein anderes umschließt. Keineswegs muß immer ein Größeres ein Kleineres umschließen. Etwas Unendliches kann nur von einem Ding umschlossen werden, von jedem in sich geschlossenen Objekt. Denn jedes solches Objekt teilt das Universum in sich und den Rest in Innen und Außen – wobei Außen und Innen austauschbar (eintauschbar) sind.

⟨13⟩
Lektüre: Zwille (fertig), Celan – Niemandsrose, Andrejev.

8. Mai, Freitag
Neapel; später Beatrice

‹1›

Fünf Stunden im Museo Nazionale. Besonders die Glasarbeiten faszinierten mich, die oft kein halbes Jahr alt aussahen, dabei fast zwei Jahrtausende auf dem Buckel hatten. Und welche Schönheit, welche Raffinesse in der Ausarbeitung, der Formung, den Details, den Farben (herrliches Blau...). Auch die Gladioatorenhelme konnten mich stundenlang verzaubern, wollte einfach nicht glauben, daß die nicht funkelnagelneu waren.

Ich trage jetzt dauernd den Nagel bei mir, den ich in Pompejis Ruinen ausgrub. Gutes, wuchtiges Gefühl. Jetzt brauch ich nur noch Thors Hammer, dann wird gekreuzigt.

Nach dem Museum sofort raus aus der Stadt, nach Süden, in die Hügel. Wir hatten Lust aufeinander, fanden aber keinen Platz, wo wir's tun konnten. Überbevölkertes Land, und an den wenigen freien Stellen wird Dreck abgeladen. Neapel ist bisher nicht nett gewesen zu uns. Pisa und Bologna, im letzten Jahr, waren auch nicht nett zu uns – und sind beide prompt aus der ersten Fußballiga abgestiegen, das Schlimmste, was man einer italienischen Stadt wünschen kann. Würde mich nicht wundern, falls Neapel in der nächsten Saison im Keller kämpft. Eine italienische Stadt, die Meister werden möchte, sollte uns einladen und hofieren, das würde ihr sicher helfen.

Ich las noch Plinius im Auto, keine Lust auf Landschaft. Der Fick fiel aus. Wir beschlossen, Sonntag nach Rom zu fahren – unsere Stadt; eine starke Sehnsucht treibt uns beide hin. Jedesmal, wenn wir nach Italien kommen, wollen wir eigentlich *einmal* nicht nach Rom, landen am Ende doch immer dort.

‹2›

Bei Wein, Käse, Brot und Oliven lästerten wir ein wenig über die vielen, variationsreichen und meist unnötigen Partnerschaftsprobleme unsrer Freunde und Bekannten. Über die Kosten-Nutzen-Rechnungen, die so oft unterbewußt aufgestellt werden. Über die teils wahnwitzigen strategischen Verplanungen des eigenen Lebens, der andererseits hilflose Emotionswechselbäder entgegenstehn. Radikal denkt Th. – er postuliert, man müsse, um «am Leben zu bleiben», alle fünf Jahre seine Umgebung destruieren, was heißt: den Job wechseln, die Stadt, die Frau. Pop-Kultur, geht mich nichts an. (Crackhead est, non legitur.) Dagegen C., der ewig bei einer Frau blieb, die er nicht mehr liebte – blieb, weil er von ihr geliebt wurde, und ihm das Gefühl wichtiger war, geliebt zu werden, als nach Erfüllung zu forschen. Er hatte Angst. Erst als sich eine Nachfolgerin gefunden hatte, löste er die alte Beziehung auf, dann sofort und reichlich barsch.

Man haßt das Alter wie damals in der Renaissance. Wo man nicht alt werden will, gibt es niemanden, mit dem man alt werden will. In periodischem Wechsel der Partner täuscht man sich Jugend in Neuanfängen vor, einen Status Quo der Jugendlichkeit, vielmehr jugendlichen Verhaltens; gelangt so niemals über ein seichtes Stadium der Zweie hinaus. Der Spielgedanke in der Partnerschaft wird großgeschrieben, ebenso der Kitzel des plumpen Verliebtseins, die Menschen werden Spielzeug.

Es sind lauter große Kinder voll zertrümmerter Psychen, die keine Verantwortung gegenüber gelebten Jahren übernehmen wollen. Dabei zeigen die meisten doch eine frühe Vergreisung. Man hat mit 16 seine ganze Zukunft im Fernsehn geschaut, in allen Variationen. Man hat sämtliche Spielregeln gelernt. Was kann noch überraschen, wo die Tiefe, das Geheimnis, das theoretisch Unerfahrbare geleugnet wird? Die Kunst, bzw. die pessimistische Ästhetik propagiert Geschichten des Scheiterns, drum lernt man, stilvoll zu scheitern, rechnet wenigstens unterbewußt von Anfang an damit, leistet andererseits romantische Liebesschwüre ab – weil es eben Spaß macht, solche Schwüre zu leisten, schwülstig zu sein... es gehört zum Spiel, zum Ritual. Oder aber man leistet keine Schwüre, schreibt keine Amoren, nimmt das Wort Liebe nicht einmal in den Mund, selbst wenn man es fühlt. Dahinter steht dann zwar eine andere Ästhetik/Ethik, doch handelt es sich um die gleiche Zwanghaftigkeit. Varianten eines Regelwerks. Spiel bleibt es.

‹3›
Exempel für mein Mißtrauen:
Wenn mir jemand sagt: «Sie haben vielleicht eine große Zukunft», denke ich zuerst: Ist ihm meine Gegenwart unerträglich?

‹4›
René Jacobs dirigiert Monteverdis Poppea – die vierte Aufnahme dieser Oper, die ich mir gekauft habe, vor allem wegen des kompletten Textbuches, das sonst nirgends aufzutreiben war. Nicht gerade Werbung für alte Musik. Jacobs dirigiert schleppend, emotionslos, akademisch und, im dramaturgischen Sinn, schrecklich. Pure Langeweile, das Potential ist kaum andeutungsweise genutzt. Hier kann der Triumphator nur Harnoncourt heißen. Nero mit einer Sopranistin zu besetzen mag aus irgendeiner verquasten Haltung heraus authentisch sein, dennoch ist es schlichtweg dumm. Dafür ist Jacobs im Begleitheft ausschweifend, blasiert, selbstverliebt und arrogant. Überhaupt, die Begleithefte: Am schlimmsten sind die von ECM Records, speziell bei Arvo Pärt. Selten irgendeine interessante Information, nur haufenweise entrücktes Gewäsch; nicht einmal die Gesangstexte sind gedruckt. (Pärts ‹Fratres›, obgleich genial, ist irgendwoher bös geklaut – aber woher? Ich komm und komm nicht drauf... vielleicht eine symphonische Dichtung aus dem Sibelius-Umkreis? Ich bin wie vernagelt.)
Pärt – Nyman – Glass. Wir haben wieder große Komponi-

sten! Und gleich eine Troika, aus der Nyman herausragt als das Genie des Jahrzehnts.

Glass schreibt zuviel, viel zuviel Geldarbeit für seichte Ansprüche. Von ihm wird ‹Glassworks›, ‹The Photographer› und natürlich ‹Echnaton› bleiben, ein fulminantes Meisterwerk.

Meine Verehrung für Michael Nyman ist noch gewachsen. Er steigert sich kontinuierlich – wohin wird das noch gehen? Leider konnte ich erst sieben Platten von ihm auftreiben, Filmmusiken, bis auf die drei Streichquartette und das ‹Songbook›, ‹Draughtman's Contract› und ‹Drowning by Numbers› waren nett. ‹A Zed and two Noughts› war langweilig. Dann: ‹The Cook, the Thief ...› eine Komposition klassischer Größe, geküßt von Purcell und Vivaldi, mit wagnerischer Wucht vorgetragen. ‹Prosperos Books› – noch besser! Das Finale ist eines der genialsten Sopranterzette überhaupt, ein später Höhepunkt der Oper. Und dann: das ‹Songbook› – ein Jahrhundertwerk, das sich gar nicht so leicht erschließt. Die (grandiose) Ute Lemper wird viele von Vorurteilen Beherrschte abhalten. Heute abend hörte ich die Rimbaud-Vertonung ‹Allez! On previendra le reflux d'incendie ...› ca. zwanzigmal hintereinander, hörte mich in einen Rausch. Das erregendste Stück Musik, das in den letzten Jahren über mich kam. Nyman hat mir auch Celan nähergebracht, einen etwas überschätzten Dichter, dessen Verse immer so hölzern, so saftlos wirken – Nyman hat sie ergänzt, hat ihnen Melodie gegeben. (Todesfuge oder Tenebrae z. B. hätten das nicht nötig, drum eignen sie sich auch nicht zu einer Vertonung.) Habe beschlossen, Greenaway und Nyman die ‹Melodien› zu widmen. Beatrice ist auch sehr dafür. Die beiden gehören als Team in eine Reihe mit Mozart / Da Ponte und Strauss / Hofmannsthal. Jedenfalls sind sie auf dem besten Weg dahin.

Seltsam: Perceval ist eigentlich musikalisch ein kompletter Ignorant – aber über Nyman konnten wir uns erstaunlicherweise einigen.

Hier unten in Neapel gibt es nirgendwo die AZ zu kaufen, das ist gut, so muß ich mich eine Woche lang nicht über die

Kistners, Hintermeiers, Esers etc. ärgern, besonders die Musikkritiken V. Bosers, der seine Inkompetenz mit einer rotzigen Dreistigkeit kaschiert, tägliche Tortur. Er kann als Kritiker trotzdem was taugen: man muß nur von jedem seiner Urteile das Gegenteil nehmen – und man besitzt so ziemlich die Wahrheit.

‹5›

Nacht. Ein etwas saurer Soave.

Es gibt in der gesamten Erscheinungswelt nur eines, das wesenswirklich zweidimensional existiert: den Schatten.

Ein von der Sprache belebtes Fehlendes, dabei Unabstraktes, das ist und doch, hehe, «Geworfenheit» bedingt durch ein Ding, das sich zwischen es und einen Lichtquell stellt. (Bin schon total betrunken...) Der Schatten, das Schattenspiel – die Urmutter des Films. Der Filminhalt existiert, im Unterschied zum Schatten, nicht; er reproduziert nur zweidimensional ein ehemals Geschehenes.

Was sich gleich wiederholen läßt, existiert nicht per se. (Natürlich existiert auch der Schatten nicht in sich, doch ist an jedem Punkt seiner merkwürdigen Seinszwischenform, seines «Schattendaseins», die Einmaligkeit gewährleistet. Die Griechen wußten, warum sie die Seelen ihrer Toten als Schatten dachten.)

Der Schatten ist das aus der Sicht der Sonne Verdeckte, ist toter Winkel, ist der Freiraum, den die Existenz eines im Licht Vorhandenen hervorruft. Man spricht von Windschatten, Tonschatten. Man sagt: Er ist ein Schatten seiner selbst, was meinen müßte: Etwas ihm eigenes Wesentliches hat sich vor (außer) ihn gestellt und fängt das Licht ab, das ihm zusteht. Kann mich erinnern, hatte diesen Gedanken so ähnlich schon mal, im Munch-Museum in Oslo.

‹6›

Lektüre: keine.

9. Mai, Samstag
Pompeji

‹1›

Fuhren ziellos durch die Gegend, Lust auf Besichtigungen sank gegen Null. Fanden einen idyllischen Olivenhain, aßen, lasen, schmusten, spielten Backgammon. Nichts mehr ist wichtig. Fühlte mich herrlich gelöst. Ein Rotkehlchen posierte vor uns, Omen der Liebe.

Als wir um acht Uhr abends zu unserem Campingplatz zurückkehrten, stand vor den Bungalowanlagen eine Schlange von sieben, acht Autos, alle mit jungen Pärchen bestückt. Die Bungalows werden, sofern sie frei sind, an Samstagabenden stundenweise vermietet. Kann man gut verstehen, eine Beischlafkultur unter freiem Himmel ist in dieser Landschaft kaum möglich.

(Beim Anblick der Autoschlange notiert: «Bemannte Frauen; stahlummantelt»)

Eines fiel mir schon lange auf, habe seither darauf geachtet und fand meine Wahrnehmung untermauert: Italienische Hunde bellen nur, wenn es wirklich einen Grund gibt. Kaum ein Kläffer. Die Mentalität des Landes schlägt sich bis zum Haustier durch.

‹2›

Gedanke: Glaube, ich bin ein sehr moralischer Autor – aber immer durch die Hintertür; halte niemandem den Zeigefinger an den Kopf und drücke ab. Der Vorwurf der Zynik trifft mich hart.

Habe etwas Angst, in bezug auf die Melodien mißverstanden zu werden und mich dann, gezwungenermaßen, mündlich – was heißt grob und billig – zu den Dingen äußern zu müssen.

Inzwischen sind zu Fette Welt etwa 30 Kritiken eingegangen, fast alle euphorisch, doch das wird wenig nützen; die großen, wichtigen Blätter scheinen mich wieder zu ignorieren. Portaferrum hat angedeutet, man würde das Buch für ein «dreckiges Bubenstück» ansehen, wisse nicht recht, was man davon halten solle.

Beatrice sagte wieder das einzig richtige: DU weißt doch, daß es toll ist. Reicht das nicht?

«Ehrlich gesagt», log ich, «jein.» (Toller Satz, der.) Ich bin ein eitles Arschloch wie alle, stimmt schon, ich möchte, daß man mir alle Preise der Welt anträgt, auf daß ich alle ablehnen kann. Ich bin wirklich schrecklich. (Beschluß: Wenn ich je den Nobelpreis erhalte, werde ich, vor laufenden Kameras, dem Darmstädter Literaturfonds einen quadratmetergroßen Scheck über 10 Mark spendieren.)

‹3›

Es hätte einige faszinierende Alternativen beim Melodien-Plot gegeben. So liegt die Theorie nahe, daß Carlo Gesualdo, kurz bevor er selbst krepierte, seinen Sohn Emmanuele sowie Pomponio Nenna ermorden ließ. Das hätte aber die Sachlage zu sehr kompliziert und die ohnehin wahnwitzige Binnengeschichte ausufern lassen.

Eine andere, nicht von mir stammende Theorie ist, daß die Missa Papae Marcelli tatsächlich eine Fremdmelodie ausgeliehen hat: «L'Homme armé», eine Populärweise aus dem 16. Jahrhundert. Man hätte sie mit Castiglio in Verbindung bringen können.

Was mich am meisten gereizt hätte, wäre gewesen, die Figur des Kardinals Antonio Barberini auszuweiten. Er war schwul, und Pasqualini war zweifellos eine Zeitlang sein Bettgenosse. Jener Kardinal trug seine Homosexualität kaum chiffriert zur Schau; die Texte, die er zu Pasqualinis Kantaten schrieb, waren oft Liebespoeme an einen männlichen Liebhaber. Und – aus einigen Andeutungen ergibt sich das: ganz Rom wußte, daß Pasqualini Antonios ‹Liebling› war. Na, was soll's...

‹4›

Ich kam dahinter, woran mich in Jüngers Spätschriften, insbesondere «70 Verweht», seine Erwähnungen von Schlachten – Orte und Daten des ersten Weltkriegs – erinnern: an sich nach langer Zeit wieder treffende Ex-Paare, die da und dort einmal miteinander geschlafen haben und sich gleich nostalgisch die speziellen Umstände ihrer Liaison in Erinnerung rufen: «Da und dort sind wir zusammen gewesen... und wir haben es so und so gemacht...»

Heiner Müller hat vollkommen recht, wenn er sagt, Jünger hätte die Frauen zu spät kennengelernt. Jüngers Frühwerk ist das exemplarischste Konvolut literarischer Kompensation. Jüngers größtes Manko: seine Schreibe ist immer verschämt, ja prüde geblieben. Jünger beim Cunnilingus: wer bitte vermag sich das vorzustellen?

‹5›

Beim Lesen von «Gefährliche Begegnung» hatte ich den Eindruck von Senilität und Müdigkeit sowie einem alle Proportionen vergessenden Hang zur Abschweifung und Planlosigkeit. Einer gewaltigen Exposition steht eine kleinwuchsige Durchführung gegenüber, die schnell in eine Coda übergeht, eine Coda, die beinah wie eine Entschuldigung anmutet – keine Lust mehr zu haben. Das Buch endet abrupt und unbefriedigend; man weiß nicht, wo sein Sinn gelegen haben soll.

Allein – einem über Neunzigjährigen Senilität vorzuwerfen ist wie ein Skelett zu knöchern nennen. Man muß diese Werke anders lesen, Senilität voraussetzen und sich fragen: wie hätte er dies oder jenes 40 Jahre zuvor geschrieben? So wird jeder Text zum Steinbruch – und die Lektüre zwar nicht besonders amüsant, aber doch lehrreich. Indem man das Minus ergründet, imaginiert sich das Plus. Geniale Texte bleiben meist rätselhaft; umsonst sucht man nach den Gründen des Gefesseltseins. Einfacher ist der Umkehrschluß aus Mittelmäßigem.

‹6›

Was ich in Jüngers Spätschriften stark vermisse, ist die Schärfe, die gewisse Polemik, die, wenn sie doch einmal kommt, platt wirkt und danebengeht. Dieses ‹Im Alter niemandem mehr Weh-tun-Wollen›, diese witzlose Versöhnlichkeit, dieser falsche Polytheismus, der von einer monotheistischen Religion devot in die nächste wechselt, je nachdem, wo man sich gerade aufhält – bäh! Die Götter reagieren äußerst empfindlich, wenn man sie alle unter einen Hut zusammenzudrängen sucht – sie schimpfen und schreien und raufen. Wo Bücher unter der Prämisse geschrieben werden, keinerlei Verdacht irgendeiner Blasphemie aufkommen zu lassen, da wenden sich die Götter beleidigt ab, jeder in eine andere Richtung. Solche Bücher bleiben im Nichts hängen, babylonische Lobgesänge, die niemanden wirklich etwas angehn.

‹7›

Rat an mich selbst: immer die Un(v)erfrorenheit bewahren.

‹8›

Die ganz großen Widersacher einer Epoche umarmen, ergänzen einander im nachhinein, so Nietzsche und Wagner, so auch Jünger und Céline, die nebeneinander zu lesen ein fast vollständiges Bild des Jahrhunderts liefert. Solchen posthumen Umarmungen entspricht im Leben oft ein Haß, der der Ehrfurcht gleichzusetzen ist an Intensität. So verweigerte Jünger bis dato stur jede Auskunft über «Merline» Céline. Dies soll sich in letzter Zeit geändert haben. Jünger bezeichnet seine Abneigung gegen Céline inzwischen als übertrieben. Sieh an.

‹9›

Erinnerte mich ungern an die letzte Sauferei mit El Conde, als ich zu tief in der Vergangenheit grub, morgens um fünf einen Weinkrampf bekam, völlig unvermutet.

Meinem Haß habe ich jahrelang Urlaub gegeben. Manchmal entledigt sich der Wunsch nach Rache des Korsetts aus Verdauung, Verzeihen, Vergessen. In Augenblicken könnte ich allem Sein zum Mörder werden. Erinnerung kasteit sich, konserviert den Moment in hochprozentigem Schmerz und zündet ihn an. So viele Wunden zu lecken – die Zunge verkrustet. Keine Sprache.

‹10›

Eine Zeile nur, still und tief, die aller Sehnsucht Ausdruck gäbe, eine Zeile nur, sechs bis acht Zentimeter breit –

‹11›

Was ich je an Demütigem gesagt habe, nehme ich hiermit zurück. Nichts ist so überzeugend wie der Vogel, der in den Krater kackt – und piepsend Richtung Sonne fliegt.

‹12›

Lektüre: einige alte Landkarten. Heine.

10. Mai, Sonntag
Rom

‹1›

Im ‹Abruzzi› einlogiert, wie schon in der Flitterwoche. Liegt dem Portal des Pantheons gegenüber. In den höheren Stockwerken Aussicht auf Berninis Elefanten. Schön schmuddelig, dennoch ein Hotel mit Ausstrahlung. 75 000 Lire. Beim ersten Spaziergang sahen wir einen Gehsteigmaler, der mit Caravaggios «Vocazione di S. Matteo» beschäftigt war, dem Gemälde, das in den Melodien eine gewisse Rolle spielt, und wegen dem wir, unter anderem, hierhergekommen sind. Seit Beginn der Arbeit an Melodien haben sich so viele Koinzidenzen ereignet, daß es schon unheimlich wird. Immer, wenn ich eine Information gebraucht habe, flog sie mir zu, ohne daß ich lange suchen mußte. Picos Neffen nannte ich im ersten Entwurf Galeotto – dann stellte sich heraus, er hieß wirklich so. Castiglios Porträt war genau dort, wo ich es beschrieben hatte. Das Höchste war neulich die «Italienische Messe» von Gasparo Alberti. Fast im selben Jahr geboren wie Castiglio, hat jener Alberti im Messetext einen Gruß an Alban hinterlassen. (Nulla Albane tuum delebunt saecula nomen / sed tibi magnanimo fama perennis erit.)

Das MUSS in den Roman!

‹2›

«Das grundlegende Kriterium des Zufalls ist, daß man seine Möglichkeit nie hundertprozentig ausschließen kann.»

Der Satz ist gar nicht so banal, wie er im ersten Moment klingt.

‹3›

21 Uhr: Konzert in der Sopra Minerva. Eine der schönsten Kirchen Roms, malte mir aus, wie ich sie mir als Privatwohnung

einrichten würde, mit mehreren Schreibtischen. Statt Wänden gäbe es nur Vorhänge. Ab Kopfhöhe bliebe alles beim alten.

Ein Motettenchor aus – ausgerechnet – München führte Di Lasso, Palestrina und Orff auf, von letzterem den Sonnengesang des Franziskus. Interessante Akustik, akzeptable Interpretation. War sehr gut gelaunt, hockte mit Weißwein in einer Seitenkapelle.

Abendspaziergang zur Fontana Trevi, Münzenschmeißen. Habe jedesmal eine abergläubische Angst, diese Prozedur zu versäumen.

‹4›

Für Pasqualini ist ‹Mädchen› eine Verniedlichungsform von ‹Made› – kann ich aber nicht verwenden, da der Text im Original italienisch sein müßte und ein adäquates Wortspiel nicht zu finden ist. Eigentlich kein Grund, würden die meisten sagen, aber...

‹5›

Ich liebe es, am Fenster zu sitzen im 4. Stock, auf das angestrahlte Pantheon zu blicken, mit einem Glas Wein und einer Zigarette; Grüße an Marcus Agrippa und Hadrian, auch kann man den Menschen unten zusehen und den wilden Katzen. Greenaway hat dieses Panorama (ohne Katzen) sehr schön im «Bauch des Architekten» eingefangen, einem seiner besten Filme – wenn nur Nyman statt Mertens die Musik gemacht hätte. Bei Greenaway ist sehr lustig: Er redet allen Journalisten ein, es ginge ihm um irgendwelche Zahlenspiele, Zitate, Logeleien, Aufzählungen (z. B. die Tische im «Dieb...» oder die Zahlen und Kühe in «Drowning by Numbers»), und alle glauben ihm! Dabei vermeidet er damit nur, die Handlung interpretatorisch abfackeln zu müssen, auch lenkt er den Blick ab vom großartigen Pathos, das seine Filme durchzieht, zu dem er noch nicht stehen will.

‹6›

Mein nächster Erzählband soll wieder 12 Texte grundverschiedenen Stils enthalten. Warum? 12 ist schön.

Allerdings: In der Stilvielfalt liegt große Gefahr. Das eine gefällt dem, das andere dem. Während sich sonst die Rezensionen in Euphorie oder Ablehnung teilen, werden hier viele schreiben: «Licht und Schatten wechseln sich ab...» Muß egal sein. Ich brauche viele Sprachen, um mir nicht langweilig zu werden.

‹7›

Nahe am Wald steht eine Schenke, die nennt sich ‹Zum Wort›. Für heut und ein bißchen vom Später bin ich dort gerne geduldet; man kennt mich, die Kellner sehen mir einiges nach, wenn ich, besoffen, meine Schwerkraft stark unterschätze, zu tanzen beginne, zwischen nicht leergetrunkenen Krügen. Für heut und ein bißchen vom Später genieße ich Feste, bei Schnorrern und Prahlern und Kellnern und Bildern an der Wand.

Es kommen die Gäste und gehen. Und jeder der Kundschaft ist König gewesen, hat kundgetan dieses und jenes.

‹8›

Zwei Uhr, amouröses Haiku:

> Soviel Wein
> wie ihr Bauchnabel fassen kann
> genügt.

‹9›

Lektüre: La Bièvre (fertig), Der feurige Engel (Brjussow).

11. Mai, Montag
Rom

‹1›

Den Vormittag im Coemeterium verbracht. Besonderes Augenmerk auf die Sprüche und Graffitis verwendet, die die Touristen auf den Schädeln hinterlassen haben. Unterhielt mich ein wenig mit dem alten Kapuzinerpater, der den Gruftbesuchern eine Spende abverlangt. Ich hätte gern erlebt, was er tun würde, würde jemand ihm diese Spende verweigern. Gedanke kam mir zu spät, hatte schon drei Mille gelöhnt. Tausend würden es auch getan haben. Das Coemeterium ist neben den Kirchen sicher das billigste Vergnügen Roms. Fuhren am Nachmittag mit dem Bus kreuz und quer durch die Gegend, besonders natürlich dorthin, wo die Melodien spielen: Via Veneto, Via Appia Antica, wo wir den Abend genossen. Wir waren auch in der San Luigi dei Francesi, huldigten Caravaggio und kauften ein paar Karten, die wir noch in derselben Stunde zur Post gaben. Habe, faul, fast jedem Adressaten den gleichen Spruch geschrieben.

Nachts dann solo aktiv: ich wollte mir das berühmt-berüchtigte Striplokal in der Via Volturno ansehen, ein umgebautes altes, riesenhaftes Kino. Beatrice wollte nicht mit, war auch besser so, sie wäre sich bestimmt unpassend vorgekommen in der johlenden, ausschließlich männlichen Menge, die jede Tänzerin beklatschte und anfeuerte. Manche warfen ihrer jeweiligen Favorita Blumen, seidene Unterwäsche und andere Geschenke zu.

Ein erheiterndes Spektakel, ein Volksfest, mit einem schmierigen Ansager und Schönheiten auf der Kippe. Nach der dritten Nummer wurde es langweilig, die Strips selbst waren nicht besonders. Für zehn Mille Eintritt ganz okay. Danach strich ich dort herum, wohin mich mein Instinkt so oft leitet: Die Bahnhofsgegend. Viele Zigeuner, Obdachlose, Zigarettenschwarzhändler, Kinderbanden, mit Pappdeckeln bewaffnet, für den alten Ausmist-Trick, dem auch Bernhard letztes Jahr zum Opfer fiel.

Dann durch die Villa Borghese, zum Piazzale Firdusi, wollte mir die Klappen ansehn, war aber nicht viel los, nur zwei, drei etwas verschämte Maghreb-Jungs. Die machten keinerlei Geste eines Angebots; muß man sie ansprechen? Transvestiten entdeckte ich etwas weiter nördlich. Nette Beleuchtnisse in ihren VW-Bussen, schöner noch als in ‹Night on Earth›.

‹2›

Am Fenster. Der Moment, da Hannibal Lecter zuschlägt: Langsam auskostend, bewußt, verzückt, die Goldberg-Aria im Hintergrund – eine kultische Handlung, in kontrollierter Ekstase. Man kann hier von einem Typus des Magiers sprechen, der mit jeder Leiche an spiritueller Kraft gewinnt. ‹Silence of the Lambs› war, das kann jetzt niemand mehr bestreiten, der zeichensetzendste Film seit Kuckucksnest. In der Oscarnacht saß ich bis halb acht Uhr morgens vor dem Fernseher und erlebte den Triumph mit, toll, ich empfand, als würde man jeden dieser Oscars mir geben. Das kam, ich empfahl (und verteidigte) ihn mit äußerster Leidenschaft gegen viele dumme, falsche, nichtsahnende Beurteilungen. Das deutsche Feuilleton hatte wieder mal wie eine zickige, weltfremde Mutti reagiert. Selbst in meinem Freundeskreis wurde der Film oft billig herabgewürdigt, mit dämlichen Anti-Hollywood-Sprüchen. Auch M. F. hat, auf seinem ureigensten Gebiet, kraß versagt. In ‹Lettre› war ein hochinteressanter Artikel zum Thema, Verweise auf Bild-Archetypen, noch eine Brücke geschlagen zu Caravaggio, der mir zur Zeit andauernd über den Weg läuft, egal, jedenfalls: Hannibal Lecter – Die Sucht nach Thrill und Gewalt, der Ekel an der Ödnis der demokratischen Stagnation und Korrumpierung, der Wunsch, jenseits der Norm dem Leben ein Stück vom großen Fest wiederzugeben, macht den Serial Killer zum Heldentypus Nummer Eins der neunziger Jahre, nicht nur in USA, bald auch bei uns.

Wenn man dann (im Gegensatz zu ‹Henry – Portrait of a Serial Killer›) das Monster noch mit Intellekt, Bildung und Charme, sogar mit einem gewissen Sex-Appeal ausstattet, ist eine Ikone geschaffen. Die Mädels werden feucht im Kino – und die Jungs üben Hannibals Grimassen vor dem Spiegel ein. Komisch übrigens: Das Foto von mir in Fette Welt – viele sahen es an und sagten spontan: «Oh, Hannibal Krausser...» Ist aber vorher entstanden, war nicht kokett gemeint.

M. F. zeigte mir neulich Serienkiller-Spielkarten, Fanclub-Periodika, Ed Gein- und Jeff Dahmer-T-Shirts, Ted Bundy-Videos etcetera. Im Melodienkapitel, wo Castiglio und Andrea die Lämmer abstechen und verfeuern, mußte ich nachträglich einiges umformulieren, damit es nicht allzu arg an SILENCE denken läßt; das war der einzige negative Aspekt des Films.

‹3›

Melodien – anfangs sind die Sätze simpel, ehrlich, ohne doppelten Boden. Sie sagen genau das, was sie meinen, und lassen nirgends den Verdacht von etwas anderem aufkommen. (Merkwürdig: Indem sie ehrlich sind, wirken sie manchmal manieristisch. Kennzeichnend für die Décadence.)

Mit der Entwicklung des Melodienmythos ändert sich peu à peu auch der Grad der Naivität in der Sprache, bis hin zum 6. Buch, dem anderen Extrem: Pasqualini. Dort meint kein einziger Satz mehr, was er sagt, die totale Umwertung hat stattgefunden, die Umwortung aller Worte.

‹4›

Aus der Rohfassung des Epilogs (der in den letzten drei Tagen nebenbei entstand, konnte die Wörter nicht halten) gestrichen: Brief des Patienten 301058: «Die saugnapfbewehrten Seeleneinseher treten an zum Dienst; frühmorgens, wenn das Auge geschwollen ist von Träumen. Die Kranken ficken die Toten. Jeder Blick eine Notzucht, jedes Wort ein Urteil.

Die Schätzer, erfundener Pflicht gehorchend, füllen Spritzen ab voll Vergessen und Schlaf. Der Steinmann kommt zur Visite. Er versteht keinen Ton, den ich singe...»

Klingt gut, paßt aber nicht rein. Mist.

⟨5⟩

Lektüre: Buch der Lieder, Der feurige Engel.

12. Mai, Dienstag
Rom / Peschiera

‹1›

Heimwärts. Toskana – hier hocken, versteckt in den Büschen, wilde Kilometer. Wenn man nicht aufpaßt, mischen sie sich unter die Straßen, verlängern die Reisestrecke.

‹2›

Sprachliche Meditation: DAS Gefährt. Eine Maschine.
Dagegen: DER Gefährte, DIE Gefährtin. Reisepartner, bzw. Partner überhaupt. Ein Auseinanderklaffen der animistischen Zuteilung; des Seins und des Untersatzes, der Mitbewegung und der Fortbewegung. Gefährte birgt die Assoziation von Gefahr (= das der Reise Beigemischte). Vor dem Gefährt das *Gepferd?* Bea nennt mich albern. Schon, aber, um noch mal auf Sein und Untersatz zu kommen: Fliegende Kaffeetassen – Wurfgeschosse in Bewegung. Fliegende Untertassen: Belebt, eigengelenkt! Natürlich bin ich albern, immer schon gewesen.

‹3›

Am Gardasee läßt sich außerhalb der Saison spottbillig wohnen. Letztes Jahr fanden wir von Privat ein halbes Palais, für grade 40 Mille.

Klar, die Gegend ist touristenverseucht, ist Karikatur geworden, dennoch, im Spätherbst oder im März muß es hier ganz angenehm sein. Pizzaessen in Peschiera – war fasziniert vom neuerrichteten Dorfkern, steril, hochglanzpoliert, deutsch-englisch-niederländisch. Eine Mixtur aus Fischerhafen, Burgmauer, Kleenex und Fertighäusern. Nichts ist echt, nur Kulisse und Klischee, Disneyland.

Hier in der Nähe, auf einem Campingplatz, habe ich beachtliche Teile meiner Kindheit abgeleistet. Hatte das Bedürfnis, auf die Straße zu pissen. Hab's auch getan. Auf dem Mittelstreifen.

‹4›

Würde meine Geliebte mir nicht immer wieder sagen: Ich liebe dich TROTZDEM – diese Liebe würde erheblich an Wert verlieren. Etwas Liebenswertes zu lieben, ist ja nun wirklich nichts Besonderes.

‹5›

Lektüre: Versuchung des heiligen Antonius (Flaubert).

13. Mai, Mittwoch
Gilching

‹1›

Zu Hause. Voll Gier nach Neuem führt der erste Weg zum Briefkasten. Post zu bekommen ist eine meiner Lieblingsbeschäftigungen. Fühle mich dann oft ein wenig schuldig, weil ich so ungern und selten selber schreibe. Brief von Jünger. Er bittet darum, daß, wenn ich in den Melodien aus seinem Werk zitiere, zur Grundlage den Text der zweiten Gesamtausgabe nehme. Geht in Ordnung, bin gleich zur Buchhandlung und hab die Letztfassung der ‹Strahlungen› bestellt (DTV). Jünger schreibt weiter, er hätte noch keine Zeit gehabt, Fette Welt zu lesen; ich schreibe ein paar Zeilen zurück, daß das auch gar nicht in meiner Absicht gelegen habe, er würde von diesem Text bestimmt abgestoßen sein. Das Geschenk war eher ein symbolischer Tausch, in der der Besitz mehr gilt als die Lektüre. Erst nachdem ich die Antwort schon abgeschickt hatte, kamen mir Bedenken: Klang das nicht irgendwie unterschwellig beleidigend? In etwa: Um das Buch zu kapieren, bist eh zu alt...? Tatsächlich denke ich, er würde dieses Buch nicht verstehen können, mag arrogant klingen, aber so ist es.

‹2›

Einladung zur L.-Party. Werde hingehen, glaub ich, obwohl es meist langweilig war. Er versammelt haufenweise unnatürliche (skurril ist als Wort zu schade) Leute, in deren Sonderbarkeit keine besondere Qualität zu finden ist, die nicht mal phantasieanregend wirkt. Außerdem geht mir seine Flippigkeit auf den Sack. Wann hätte er je mit mir ernsthaft über etwas geredet? Ein Pop-Junkie, zuviel mit banalem, modischem Firlefanz beschäftigt. Ein Trenddackel.

‹3›

Brief von C. P. Ende des Monats Lesung in der Autorenbuchhandlung – Präsentation Fette Welt. Inakzeptable ‹Verbesserungs'vorschläge zu Melodien. Mir graut bei dem Gedanken, welche Schlachten da noch zu schlagen sein werden.

‹4›

Brief eines RAF-Sympathisanten, der mir zu Fette Welt gratuliert – und einen fünfzigseitigen Lebenslauf mitschickt. Oje ...

‹5›

Die Höhle im Wald. Ich werde sie diesen Sommer noch tiefer graben. Einige Fledermäuse werd ich dabei wohl stören müssen. Was ich mir davon erhoffe? Keine Ahnung. Ich will darin nichts finden, will mich nur manchmal hineinsetzen in den Lehm, in die Dunkelheit, in die Erde. Das hat nichts Morbides, schon gar nichts Pränatales. Ich werde die Höhle niemandem zeigen, ist besser so.

‹6›

Abends mit neuem Schwung neunzehn Seiten Pasqualini. Das flutscht. Ohne den Kurzurlaub wäre ich wahrscheinlich zusammengebrochen. Jetzt wird's gehen. Aber: nach Melodien unbedingt ein Vierteljahr Pause. Hab für mein Alter eindeutig zu viele Schwangerschaftsstreifen auf der Stirn.

‹7›

Zu Melodien: Emerson erwähnt das Zitat: «Gott ist ein Kreis, dessen Zentrum überall, dessen Umfang aber nirgends ist» – und schreibt es Augustinus zu. Ich kannte es bisher nur als von Empedokles verfaßt, stieß im Trithemius drauf, wo statt «Kreis, dessen» «Kugel, deren» steht. So auch ins erste Buch übernommen. Bin zu faul, Augustinus aus dem Regal zu holen und aufs Geratewohl durchzublättern. Bleibt so, wie's ist, ist mir doch Wurscht und allen andern wahrscheinlich auch. Bea hat schon gefragt, warum ich in einem Roman, in dem ich soviel unterstelle, fälsche, erfinde, derart penibel auf Genauigkeit aus bin? Eben, sagte ich, eben...

Wozu das alles? Keinem fällt es auf, wenn es da ist, aber mancher wird mäkeln, wenn es fehlt.

‹8›

Lektüre: Bergfleth (über die palavernde Aufklärung).
Musik: Zweimal Florentinische Tragödie (Zemlinsky). Was für ein Meisterwerk!

14. Mai, Donnerstag

‹1›

Der Duden ist ein Kompendium der Inkompetenz und der Fälschung! Heute: Abgesehen davon, daß ‹Philtrum› in der Bedeutung von Aphrodisiakum völlig fehlt, ließ mich der Plural von Inkubus (richtig: Incubus) blaß werden: INKUBEN! Das ist wirklich so lächerlich, daß man nur noch schreien kann. Ch., selbst Ch., war am Telefon meiner Meinung. Ich werde jedenfalls Incubi schreiben, wie es sich gehört. Scheiß c-zu-k-Verschiebung. Ich würde lieber in Cassel wohnen und ins Closett kotzen.

‹2›

Der Urlaub war wunderbar. Weniger das Land – als meine Frau. Wir sind verliebter als jemals zuvor, und das Einverständnis nimmt teils schon obskure Dimensionen an. Ich denke oft an letzte Weihnacht, als wir uns tatsächlich das exakt gleiche geschenkt haben – nicht etwa ein gängiges Etwas, nein, eine Videoaufzeichnung von Harnoncourts Züricher Poppea-Inszenierung, was um so absurder ist, als wir beide keinen Videorecorder besitzen und darauf spekulierten, es bei Freunden anzusehn.

‹3›

Genoß einige musikalische Bäder, konnte nach Italien nur einen begrenzten Vorrat an Cassetten mitnehmen. (Ch. würde mir sicher ‹Kassetten› vorschreiben.) Seltsam – warum tut sich die Florentinische Tragödie so schwer auf den Bühnen, wo doch Schmidt, Korngold, Schreker, sogar Schillings Renaissance feiern; in den meisten Fällen unverdient.

‹4›

Abends L.-Party. Es gab, bis auf einen versteckten Kasten Bier, keinen Alkohol, statt dessen Fitmacher à la Gatorade, R'activ, Guarana, Rotbäckchen; daraus sollte man sich Cocktails mixen. Fand ich unverschämt. Kann mit L. kaum mehr was anfangen. Redete mit K. über verschiedenes und merkte, er hütet sein Herz wie Fafner den Hort, bleibt unpersönlich, wo es nur geht.

Herrgott, wie selbstdistanziert ist meine Generation? Jedes Gespräch mit K. ähnelt einem Geschäftstelefonat, rationell, aufs Notwendigste beschränkt. Das kommt vielleicht, weil er tagsüber so oft angerufen wird und er daraufhin das Abwimmeln, Abwürgen, Unterbrechen ins rhetorische Standardinstrumentarium aufgenommen und verfeinert hat. Immerhin besitzt er keinen Anrufbeantworter, sehr sympathisch.

‹5›

Ein Mädchen redete sehr allgemein über filmische Ästhetik, ließ ein Klischee nach dem andern los und das in rasender Eile, breitete vor mir alle denkbaren Gemeinplätze aus, derer sie sich erinnern konnte. Ich sagte immer jaja, schon, aber – weiter kam ich nie, da ihr wieder etwas Neues eingefallen war. Nach einiger Zeit machte ich nur Hmmm und Hmhmmm, und dann, nach zwanzig Minuten Monolog, stand sie auf, sagte: «Ich will dich ja nicht belabern!» – und ging. Was das Schlimme dran war – ich kam mir fast schuldig vor, einen Disput nicht wirklich angestrebt zu haben, wieder arrogant gewesen zu sein. Bin viel zu freundlich in letzter Zeit, hätte die Tussi einfach stehenlassen sollen.

‹6›

Lernte überflüssigerweise auch U. kennen. Den Verdacht, daß er ein Arschloch ist, hatte ich gleich beim ersten Sehen bekommen. Abgesehen von der barbarischen Physiognomie – ich schwör's, am Mundwinkel war ihm ein Fetzchen Klopapier gehangen.

‹7›

Am anödensten die 26-, 27jährigen: fühlen sich zu alt, Lernende zu sein, haben andererseits Probleme, sich mit einer Rolle abzufinden. Sie sind in einem Schwebezustand, fühlen sich bedroht vom Saugnapf der Gesellschaft; stellen an sich erste Verkrustungen fest, der Abschied von der Jugend versetzt sie in Angst. Noch haben sie nichts erreicht, von dem aus sie zuversichtlich weiterbauen könnten, stellen nichts dar, noch stellen sie ernsthaft etwas in Frage. Sie sind ganz einfach schrecklich unsicher, werden profilierungssüchtig, gehn allen auf die Nerven, spielen aus der Deckung, kommentieren alles bissig, sind für nichts mehr offen, sind so reizbar...

‹8›

Kurz mit T. M. geplaudert und ihn endgültig abgeschrieben. Zu allem, was ich erzählte, meinte er entweder – «Ooh, das ist aber doch guuut –!» oder «Nein, das ist schlecht, neinnein!» Es beeindruckt mich, jemandem gegenüberzusitzen, der soviel weiß, der immer, fast ohne zu überlegen, ein Urteil bei der Hand hat.

Wie man munkelt, sprach er mal beim städtischen Verkehrsamt wegen einer Festanstellung als Straßenschild vor und erhielt nur aufgrund seiner Frostanfälligkeit eine Absage.

Ich finde, lang hingestreckt hätte er zu einem passablen Pannenstreifen getaugt.

‹9›

Als ob der Freaks noch nicht genug sind: Spät in der Nacht noch mit I. telefoniert. Sie kokettiert wieder mit dem Gedanken, sich umzubringen, und weist hundert aberwitzige Gründe nach. Sie hat sich in den vergangenen Jahren wegen so vieler Dinge umgebracht... Ein Hypochonder, wie er im Buch steht. Meist steht in ihren Briefen: ‹Die Treppe stürzte mich hinab›, oder: ‹Das Messer hat mich geschnitten› oder ‹Die Sonne hat meinen Rücken verbrannt, als ich gerade schlief...› (Wie heimtückisch!)

Nie zeichnet sie selbst verantwortlich. Und den Suizidgedanken, den wird sie niemals in die Tat umsetzen, es wäre in der Tat zuviel Aktivität erforderlich. Irgendwann wird das Gras in sie beißen.

‹10›

Nachtrag: Mir fiel dank ihr eine lustige Agenturmeldung ein: «Die Leiche wies mehr als 200 Löffelhiebe auf.»

‹11›

Lektüre: Bergfleth (uuaah...), ein wenig Brjussow, wo nehm ich gute Bücher her? Muß ich mir alle selber schreiben?

15. Mai, Freitag

‹1›

Ich träumte, ich feierte meinen 90. Geburtstag, im Garten, mit Freunden, bei Sonne und Wein. Unvermutet tauchte Bundeskanzler Kohl (!) auf, umringt von Leibwächtern und Pressefritzen, um mir im Namen der Regierung zu gratulieren. Mir stellten sich die Haare hoch. Ich fragte: «Haben Sie einen Durchsuchungsbefehl?»

‹2›

Kurze Antwort an den RAF-Sympathisanten; sinngemäß: «Es gibt nur eine Freiheit, die zählt: Die Freiheit, niemanden, aus welchen Gründen auch immer, töten zu *müssen*.»

Das meine ich genauso, bin ziemlich weich geworden, will auch nicht zu den Enzenbergers gehören, die laut einen Krieg begrüßen, wo ihnen vorher nicht mal ein sinnvolles Attentat eingefallen ist.

Wenn ich länger drüber nachdenke, scheint es gar nicht so bedrohlich, mythosophisch gesehen, daß Hussein den Krieg überlebt, d. h. gewonnen hat. Im Gegenteil. Nichts schwächt mehr als das Leben.

‹3›

Im Club. Der Schachclub ist die letzte Spielart des Herrenclubs, voller Psychoten, wunderbares Anschauungsmaterial. Mein Schüler hat das Pokalhalbfinale erreicht. Ich versuche, ihm einige gute Bücher und ernstzunehmende Musik zu vermitteln. Entwickle an ihm einen messianischen Trieb, der mich beunruhigt. Ich hasse Missionare. Andererseits halte ich jeden, der Erfahrungen, die seinen Lebensgenuß gesteigert haben, nicht weitergibt, für ein widerliches Subjekt. Eigentlich ist der Freitag mein Frei-Tag, Melodien lassen das aber nicht zu. Sechs neue Seiten, das Ende ist nahe, ich laufe zu immer größerer Form auf. Die Aussicht, die Riesenarbeit endlich zu beenden, beflügelt mich. Wenn ich sonst auch noch nicht so recht weiß – ich bin sicher, die Vita Pasqualini gehört zum Besten, das ich je gemacht habe, vergleichbar mit ‹Neues vom Norbert›, ‹Heiltum›, ‹Kreise› und ‹Fette Welt›. Sollte Melodien nichts taugen, könnte man die Vita Pasqualini irgendwann als selbständigen Text herausbringen, eventuell um ein paar Passagen bereichert.

‹4›

Eine Stelle aus Melodien gestrichen, die Stelle, da Täubner Krantz fragt:
– «Und Leningrad wird wohl bald Petersburg heißen, was? Womöglich noch mit einem Sankt davor, he?»
– «Warum nicht?»
– «Sie Geisteskranker!»

Im Gegensatz dazu bleibt Krantz' Ausspruch: «Könnte mir gut vorstellen, daß ihr Deutschen innerhalb der nächsten fünf Jahre wiedervereinigt seid...» Täubner: «Das meinen Sie doch nicht ernst?» Es bleibt, weil ich mit Freunden im August '88 um eine relativ hohe Summe (Wolfgang und Bernhard; je eine Unze Gold) wettete, Deutschland würde binnen der nächsten zehn(!) Jahre wiedervereinigt sein. Die Ereignisse in der UDSSR habe ich aber nie in dieser Geschwindigkeit für möglich gehalten. Maßlos ärgern mich allerdings Kommentare über ‹Klugscheißer, die hinterher alles besser wissen› – dabei verhält es sich doch so, daß einige sehr wohl geahnt haben, was kommt, und von den Trotteln für Trottel gehalten und ignoriert wurden. Mein Pamphlet vom August 89, «Über die drohende Zusammenlegung», schickten vier Zeitungen kommentarlos zurück. Und heute tun die bloßgestellten Affenköpfe immer noch so, als hätte es keine Klügeren als sie selbst gegeben. Noch nicht einmal die Ignoranz und die Selbstüberzeugtheit werfe ich ihnen vor, aber das Reinwaschen,

Totschweigen, Spurenverwischen. Wer Diktatur und Zensurpraxis der Gesinnungsästhetik bestreitet, den mafiösen Zusammenhalt der Kulturapparatschiks gegen alles, das sie verstören könnte in ihrer ideologischen Engstirnigkeit, der trägt direkt Schuld am wachsenden Rechtsintellektualismus. Man hat einfach die Schnauze voll. Ich glaube, viele, die sich inzwischen in der rechten Ecke wohl fühlen und sich dort ein plüschenes Sofa bauen, wurden dahin gedrängt, durch Isolierung von seiten ihrer degenerierten geistigen Heimat. Handke, B. Strauß, Syberberg und wie sie alle heißen... überhaupt war die Entdeckung, daß es eine rechte Intelligenz geben kann, für viele schon mehr Schock als Faszinosum. Nachdem der Marxismus endgültig als zu plump und kindlich entlarvt ist, herrscht enormer Nachholbedarf an Alternativen, an besser passenden Geschichtsmodellen usw. Was Jahrzehnte totgeschwiegen wurde, kommt nun geballt, siehe die Wirkung, die Jünger momentan bei den Tuis genießt. Die neue Rechte: Wehe, wenn sich statt oben genannter Bübchen ein Gigant findet.

‹5›

Auf dem dunkelroten Satz, auf dem Grund meines Weinglases, tummeln sich zwei Eintagsfliegen; wie es aussieht, heftig ineinander verliebt. Welch ein Leben... Nie würde ich denen etwas zuleide tun. Liebende sind heilig.

Ich trinke den Wein gleich aus der Flasche und genieße es wie ein Kleinkind, mein T-Shirt zu versauen.

‹6›

Brief von F. Schöne Stelle: «Daran, daß wilde Affen sich an die Rauhfasertapete klammern, kannst du ersehen, wie rauh meine Umgebung schon geworden ist.»

‹7›
War in der Höhle.

‹8›
Lektüre: Noch einmal einige Stellen Franz Doblers «Tollwut» gelesen. Ein (bis auf den Schluß) grandioses Buch, und eine entsetzliche Schande, daß Deutschland nicht mehr als 600 Stück davon gekauft hat. Habe Bauchweh vor Wut. Wut, die vielleicht zum Teil Zukunftsangst ist.

16. Mai, Samstag

‹1›

Habe heute die ‹Strahlungen› in der DTV (= Letzt-) Ausgabe abgeholt. Mich traf fast der Schlag: genau jene 16 Zeilen, die ich in Melodien zitieren will, fehlen. Verarscht mich der Alte? Glaub ich kaum. Unfaßbar. Wie kann man eine so geniale Stelle streichen? Nach einigem Nachdenken schien mir nur eine Erklärung plausibel: Jünger schreibt damals, 1943, daß Haschisch lange, krampfartige Lachanfälle bewirken SOLL: Das klingt so, als hätte er selbst keine Ahnung und Erfahrung, was sich arg mit den Berichten in ‹Annäherungen – über Drogen und Rausch› beißt. Na egal. Jedenfalls steh ich jetzt da. Schrieb ihm sofort einen Brief, ließ durchklingen, daß ich die Stelle in jedem Fall verwenden werde, mit oder ohne Einverständnis.

‹2›

Die Abspannmusik zu ‹Silence of the Lambs› ist stark vom Finale Bruckners Achter inspiriert, ansonsten kompositorisch völlig unbedeutend, ein schwammiger Brei, der nur die Aufgabe hat, Atmosphäre zu verbreiten. Das immerhin erreicht er vorzüglich. Der Film wirkt in Kinos mit guter Lautsprecheranlage doppelt stark, wegen der immensen Baßfrequenzen unter anderem. Neben ‹Dawn of the Dead› hat auch ‹Day of the Dead› einen fulminanten Soundtrack, werde mir beide auf Pump bestellen, seisdrum, muß sein. Nächsten Monat unbedingt in die Oper – evtl. Boris Godunow. Früher war ich im Schnitt dreimal pro Woche, jetzt dreimal in diesem Jahr. Eine Schande, mit Arbeit allein nicht zu entschuldigen.

‹3›

Wolfgang ruft an, verweist etwas schelmisch darauf, daß bald wieder ein Fest auf der Praterinsel stattfindet. Ich hatte die Geschichte schon fast vergessen, wahrscheinlich weil ich damals kein Tagebuch geführt habe und die Geschichte zwar sehr witzig ist, aber alles, das ich nicht für irgendeinen Text verwenden kann, bald von mir vergessen wird.

Ich lief mit Beatrice am Isarufer entlang, es war ein warmer Samstagabend im Juni, und wir hatten uns um acht mit Wolfgang auf der Praterinsel verabredet. Uns war langweilig gewesen; Wolfgang, der überall und immer dabei ist, der sich auskennt, erzählte uns, auf der Praterinsel sollte ein großes Fest sein. Absolventen der Kunstakademie feierten. Das Völkchen war mir egal, aber ich hoffte darauf, daß es bunte Lampions gab, denn ich hatte plötzlich eine unerklärliche Lust, Reihen bunter Lampions zu sehen. Als wir hinkamen, war da auch ein Fest – nur durften wir nicht hinein. Der Türsteher verlangte unsere Einladungskarte, wir hatten keine, standen noch eine Weile herum und warteten auf Wolfgang. Um halb neun hatte er sich immer noch nicht blicken lassen – und wir gingen Billard spielen.

Am nächsten Tag rief Wolfgang bei mir an. Sein Tonfall klang leicht säuerlich, er fragte, warum wir denn nicht auf das Fest gekommen seien? Ich antwortete, wir seien schon dort gewesen, aber es hätte einer Einladung bedurft – woher er denn eine gehabt hätte?

Da lachte er lange, lange und dreckig und kriegte sich kaum mehr ein. «Ich hab dem Türsteher gesagt, ich bin ein Freund von Helmut Krausser, dem Schriftsteller – schon war ich drin!»

München...

‹4›

Eine Nachbarin kam vorbei. Es existiert dieses Foto, mit Hitler, Heß, v. Schirach, Raeder und Krausser drauf. Es steht in einem

Winkel meines Zimmers, soll mich stets dran erinnern, wie nahe diese Zeit noch ist. Immer, wenn es Besucher entdecken, schauen sie mich entsetzt oder verwundert an – und ich muß dann lang und breit die Legende des Fotos erklären; das langweilt auf Dauer, habe es deshalb heute ins Archiv verbannt. (‹Archiv› – hochtrabender Name für einen Umzugskarton aus Pappe.)

‹5›

Habe mir heute das Vergnügen geleistet, in einem Haushaltswarengeschäft herumzukramen und *keine* Knöpfe zu kaufen.

Als ich klein war und mit meiner Mutter zum Einkaufen ging, faszinierten mich in den Kaufhäusern am meisten die Knöpfe. Die Kanten der Wühltische lagen hoch damals. Es gab Schatullen bei Hertie, wunderliche Schatzkisten, voll schöner, schillernder Knöpfe, blau, rot, grün, glänzend metallic, perlmutten, Hämatit, Jaspis, Hirschhorn. Ich suchte und suchte.

Alle hatten Löcher. Keinen fand ich unversehrt, alle warn entwertet.

‹6›

Aufschlußreicher Dialog mit Postumus:
– Kommste mit, schlechten Rotwein trinken?
– Schlechten Rotwein?
– Ja.
– Geil...

‹7›

Hatte Lust, mich namentlich einzubringen in den Roman, wollte Spielfigur werden, Handelnder, Schuldiger. Man will ja am Tag des Gerichts dort sein, wo was los ist. Ließ Mendez am Schluß seiner Ausführungen zu Orpheus auf eins meiner Frühessays verweisen («Die Ariadnesymbolik in Nietzsches letztem lyrischen Schaffen und die Problematik ihrer biographischen Rezeption»). Weiß jetzt schon, Ch. wird dagegen sein. Aber es macht Spaß.

‹8›

Opferszene, Abschlachtung. Subtil behandelt. Erwäge, neben der süßmildweichlichen auch eine Hardcore-Version von Pasqualini zu erstellen, das Grauen expressis verbis beim Namen zu nennen.

Interessant: Ohne ‹American Psycho› von Ellis hätte ich die Opferszene zwar genauso geschrieben, aber sie würde nicht einmal in dieser für meine Verhältnisse gemäßigten Form veröffentlicht werden. Soviel Wirkung kann von einem mittelmäßigen Buch ausgehen, solange es Geld einspielt.

Übrigens werbe ich inzwischen in der Öffentlichkeit für Ellis. Denn wichtig ist, Tabus zu brechen, auf daß die Zensur nirgends mehr Fuß fassen kann.

‹9›

Keine Lektüre, sieht man von kurzem Blättern im Kühlpsalter ab.

‹10›

Nachtrag: Beinah hätt' ich's vergessen: Gestern, im Schachclub, fragte mich Johannes (16 Jahre alt), was ich denn als Dichter so verdienen würde. Wozu er das wissen wolle, fragte ich zurück. Ja, sagte er, er frage nicht für sich, er habe einen Klassenkameraden, der überlege sich, eventuell Dichter zu werden…

Das war spitze.

17. Mai, Sonntag

‹1›

Wenn ich mich in Wut versetzen will (was die Arbeitslust immens fördert), lese ich gern im bei Rororo erschienenen Lexikon des katholischen Filmdienstes, das endlich, endlich aus dem Verkehr gezogen werden sollte, so peinlich ist es. Was dort z. B. über Romeros ‹Dead›-Trilogie – drei der besten 40 Filme überhaupt – geschrieben wird, nämlich: ekelhaft, banal, pseudo-gesellschaftskritisch, hat mich für eine ganze Stunde in solche Rage versetzt, daß ich gegen die Wand hätte rennen mögen.

Das Problem ist aber nicht der katholische Filmdienst, i wo. Tatsächlich empfinden weite Teile des Kulturapparats ganz ähnlich, ob sie nun Katholiken, Liberale, Konservative, Marxisten oder was immer sind. In meiner diesbezüglichen Bekanntschaft ist eine besondere Form des Kulturbanausentums häufig vertreten. Leute, die etwa Cartoons von Reiser nicht als Kunst verstehen und von daher nicht einmal kennen, die keine Horrorfilme ansehen, die gut verkauften Büchern kaum einen hohen literarischen Rang zumessen, die wegweisende Fernsehserien wie Twin Peaks nicht verfolgen (weil es, igitt, Fernsehen ist), die bei Filmen wie «Wild at Heart» nach der zweiten Szene das Kino verlassen und laut über vermeintlich unästhetische Brutalitäten jammern, kurz: Hinterwäldler mit antiquierten Vorstellungen und naiv-dümmlichen Wertsystemen. Hypersensibel, betulich, schreckhaft, verklemmt. Durch ihre Bemühungen, die Literatur blutleer, brav, sauber, hehr und marmorn zu halten, lassen sie sie als Zeige immer stärker ins Hintertreffen geraten. So ist die Vorhut der Kunst heute eindeutig der Film, auch das Comic, überhaupt das unterlegte Bild (während die Popmusik jede Schubkraft verloren und abgedankt hat). Mein ehemaliger Lektor K. H. gehört zu den Prototypen dieser graumelierten Achtundsechziger, die in ihrem Eskapismus nichts mehr wahrnehmen, das von Wichtigkeit ist, die in einer sorgsam behüteten, schlapp-liberal-bürgerlichen Hütte leben, deren Dach mit Scheuklappen gedeckt ist. Immer die Schande ihrer infantilen Revolte im Nacken, negieren sie alles Neue, Verstörende – ist es nicht von der ‹Zeit› geprüft, auf seine Allgemeinverträglichkeit (Harmlosigkeit). Grotesk: Bei Bertelsmann (!) behauptete fast jeder zweite Lektor, überzeugter Marxist zu sein.

Nun, da die Skinheads zündeln – entdecken die Linken plötzlich die Qualität des BRD-Staats, machen sich auf, ihn zu verteidigen, jetzt, nachdem sie jahrzehntelang antikapitalistische Luftschlösser gefurzt haben, werden sie zu hektischen Restauratoren, rufen nach Polizeigewalt, wo eher das soziale Netz geflickt werden müßte.

Ha! Schon tapp ich in dieselbe Falle. Ist das Problem wirklich das soziale Stahlnetz? So zerrissen ist das auch nicht. Geht es nicht vielmehr um die postpubertäre Lust auf Abenteuer, die Kollision mit dem Elementarerlebnis, Revolte, Extrem, Gewalt, Seinserkenntnis in der Begegnung mit Blut und Kot und Tod? Irgendwann genügen die Kinderspiele nicht mehr zur Kanalisierung, dann treten die Utopien an ihre Stelle, die sind zur Zeit leider ausverkauft, also schlägt man um sich – wenn das mal ungewohnte, kollektive Dimensionen erreicht, zeigt es den Punkt an, wo Nachkriegszeit in Vorkriegszeit umschlägt. Das alles ist ziemlich traurig, weil es brutale Wahrheiten auf den Plan ruft, die jeder Denkende im Innersten kennt und doch verleugnet, um des Spieles und der Menschlichkeit willen.

Notgeschlachtete Linksikonen überall, von poppigen Sockeln gestürzt, bis aufs Knochenmark geplündert... man hat gegessen, hat gerülpst, nun nennt man das Verbliebene hohl, wirft das Ausgeschlürfte zum Bewältigten. Ein widerliches Schauspiel. Möchte mich auf keiner Seite engagieren.

Aber man muß versuchen, die braune Flut so gering wie möglich zu halten, die Fehler dieser so faszinationsarm-pharisäerhaften Achtziger-Jahre-Gesinnungsästhetik aufzufangen, dieses unverhohlen dirigistischen Feuilletonklans, der allzulange die Mindesthygiene der pluralen Kontroverse verweigert, durch plumpes Totschweigen ersetzt und alle Warner zu Sonderlingen gestempelt hat.

«WO BILDER FALLEN, MÜSSEN SIE DURCH BILDER ERSETZT WERDEN, SONST DROHT VERLUST.» (Ernst Jünger; ‹Die Schere›)

Der Satz, der über der Gegenwart stehen muß als Menetekel. Daß Syberberg ihn als Motto zu seinem unsäglichen Buch verwendet hat, ist tragisch. Klar ist allerdings, daß Syberberg nicht aufgrund seiner Antisemitismen isoliert und verfemt wurde. Zwischen Wirrungen, Fehlurteilen und naiven Romantizismen (die allerdings von echter Herzensnot und Verzweiflung getragen scheinen) fanden sich vereinzelt auch böse Wahrheiten, die voll getroffen haben müssen. Der Tui-Klan bekam Angst, pure Angst. A. H., das fieseste Schwein der ganzen Erde, hat sich dieser Angst als Sprachrohr zur Verfügung gestellt, hat seinen alten Freund (die beiden paßten gut zusammen) holterdipolter verraten und das Ganze als riesige Selbstbeweihräucherungsorgie genutzt; eine PR-Show, so niedrig wie gratis. Traue niemals bärtigen Männern, die große Augen machen; dahinter verbergen sich die schwärzesten Seelen.

Seltsam: Ich war meines Wissens der einzige, der Syberbergs Filme fast immer als manieriert-faschistoide Spektakel verrissen hat, z. B. im 59to1-Pamphlet, das sprühte vor Haß. Heute, scheint mir, bin ich der einzige, der Mitleid mit ihm empfindet. Eine grausame Welt...

‹2›

Flohmarkt in Kaltenberg. Erstaunlich viele Nazi-Devotionalien, zu wahnwitzigen Preisen. Genau diesen Bildern müssen neue Bilder von ähnlich mythischer Kraft entgegengesetzt werden. Woher nehmen? Ganz einfach: Stehlen. Die Faszinosa der faschistischen Ästhetik sich schlichtweg sinnverkehrt einverleiben. Der NS-Zeichencode hatte solchen Erfolg, weil er Eros und Thanatos glänzend zu verbinden verstand. Da aber soviel zeichengebende Intelligenz den Nazis nicht zugestanden werden darf, laufen jene Zeichen noch immer frei und unaufgearbeitet herum, tollwütige Füchse. Es gibt ein tolles Cartoon von Reiser über die erotische Wirkung einer Uniform der Waffen-SS; sogar der so brave Dieter Dorn hat das erkannt und in seiner Woyzeck-Inszenierung verbraten. Interessant: Sechs von zehn Münchner Tuis, die ich frage, schwärmen für Speer-Bauten, doch keiner würde es in der Öffentlichkeit zugeben. Die meisten werden ganz schnell schwammig, etwa: «Das Griechische im Germanischen mag ich ja, aber...» Aha! Die graekophile Ausflucht! Hammasdochschon. Die Altphilologen waren bestimmt die begeistertsten Volksgenossen – muß das mal nachprüfen. (In den Altphilologen wohnt sowieso nicht zu unterschätzendes revolutionäres Potential...)

Also: Einverleiben. Merken. Umwertung der Mythen und Idole. So gesehen ist Melodien ein Anfang. Im Sinne und Gedenken Georg Heyms eine Neudefinition von Pathos. Wir brauchen dazu: Leidenschaft, Verschriebenheit, Verstiegenheit, Risikobereitschaft, Mut zur großen Klappe und Hautnähe zum Leben. Das alles aber in der zweiten und dritten Fassung, geläutert, mit einem Wissen und Gewissen im Hinterkopf. Und Raffinement.

Und natürlich meine ich wieder nichts so, wie es hier steht, versteht sich. (Weil ich nie weiß, was ich mir wünsche, mag mich das Christkind nicht mehr.)

‹3›

Beatrice ist es wurscht, ob ich mit anderen Mädels schlafe, aber sie wird saumäßig eifersüchtig, wenn ich andere Mädels zum Lachen bringe. Bei T. hab ich echt ein schlechtes Gewissen deswegen. Die lacht wirklich über jeden Dreck. Pssst, sag ich jedesmal, pssst, das ist doch gar nicht so lustig...

‹4›

Nachtrag zu ‹2› – Umwertung der Idole: Der Fackelzug zur Burg in Helmut Dietls «Schtonk» – ich denke gerade daran –, warum könnte man die bildmächtige Strategie der NS-Fackelzüge nicht einmal andersherum verwenden? Die Bilder rehabilitieren, indem man sie dem braunen Pack um die Ohren haut, nein – um die Augen schwenkt. Wäre simpel und naiv, sicher, aber von illustrer Wirkung, das zählt. Müßten ja keine Fackeln sein (zu martialisch), Kerzen würden genügen – solange es nur viele sind. Zeichen setzt man am strahlendsten mit Licht, so einfach ist das.

‹5›

Auf dem Spaziergang erzählte ich Beatrice, wie meine Karriere als Schmetterlingsforscher jäh unterbrochen wurde, als ich gerade sechs war. Hatte mir damals ein Netz gebastelt, mit dem ich im «Urwald» (siehe Fette Welt) auf Jagd ging. Unglücklicherweise erwischte mich, noch bevor der erste Schmetterling gefangen war, jene Kid-Gang, die ebenfalls in Fette Welt beschrieben ist. Sie zerrissen mein Netz und schlugen mich fürchterlich, bleuten mir ein, daß man Tieren gefälligst nicht nachstellen dürfe. Es ging ihnen natürlich nicht um die Tiere, sondern nur um einen Vorwand, gewalttätig zu werden. Seither haben mich faunatische Themen kaum mehr interessiert. Zufällig fand ich den Namen eines jener Gangmitglieder aber neulich im Impressum einer Informationsschrift des Tierschutzvereins. Das war wirklich witzig. Ich bin sicher, der Typ stülpt sich heute eine Maske über den Kopf und stürmt nächtens Versuchslabore. Jetzt fällt mir auch ein, wie sie einen Kumpel von mir, der war fünf, mit Stöcken geschlagen haben, auf den nackten Arsch. Das, weil er auf Bäume geklettert war und sich Vogelnester angesehen hatte, wohlgemerkt: nur angesehen. Sie beguckten sich ausführlich seine Geschlechtsteile, holten mit ihren Stöcken ziemlich weit aus und riefen so was wie: DU STÖRST DIE VÖGEL NICHT

MEHR! Ich stand unbeteiligt daneben, und die Schläger, alle zwischen acht und zehn Jahren alt, sagten mir dauernd, der sei viel böser als ich gewesen, denn es sei ja ein Unterschied, ob man auf Schmetterlinge oder wehrlose Vogeleier gehe. Und ich weiß noch, ich war zu feige, für meinen Kumpel etwas zu tun, ich fühlte mich sogar gut, weil mir jemand sagte, daß ich nicht so böse war.

‹6›

Söhne brauchen im Regelfall den Vater viel dringender als die Mutter, für Töchter gilt das Umgekehrte. Davon bin ich ziemlich überzeugt. Ergebnislose Diskussion.

‹7›

Mit Beatrice und El Conde, der aus Berlin auf Besuch war, Unterhaltung über suchtauslösende Musik – Musik, die man wochen- und monatelang jeden Tag oft drei-, vier-, fünfmal hört, worauf man sie dann, übersättigt, oft jahrelang nicht mehr erträgt. So ging es mir mit Carmen, Tosca, Mahlers erster, zweiter und achter Symphonie, Salome, Turandot u. a. – aber nie Wagner, merkwürdigerweise. Vielleicht eine instinktive Scheu, das einem Heiligste durch Alltäglichkeit zu entweihen.

Totaler Blödsinn ist es, Kindern klassische Musik mit Hilfe von Mozarts Zauberflöte näherbringen zu wollen. Die Musik wird nur als Dreingabe zur Märchenhandlung wahrgenommen, zwar stört sie die Kinder nicht – aber was ist damit gewonnen? Meine ersten Begegnungen mit Klassik waren die Fantastique, Schumanns Klavierkonzert, Tschaikowskis Vierte, Beethovens Siebte, die Bilder einer Ausstellung, Carmina Burana, dann Mahlers Erste sowie ein paar Opern: Tosca, Rheingold, Salome, Walküre.

Mozart, Bach, Schubert, Haydn – die fand ich viel schwieriger zu verstehen als etwa Elektra, oder das Sacre du Printemps.

Selbst bei Schönberg und Konsorten konnte ich früher mitpfeifen als etwa bei Händeloratorien.

‹8›

MAPs Opferspiele... sind das nur blutrünstige Spektakel, von subtiler Boshaftigkeit umschleimt? Nein, nein, nein. Aber was ich damit will, kommt es heraus? Melodien ist – im Endeffekt – eine Parabel über Wagner und Hitler – unter anderem, ach was, nichts sagen, nichts sagen. Kommt besser, wenn man es nicht herbeierklärt. Zu manchem werde ich mich jedoch äußern müssen. Krantz zum Beispiel. Eine gefährliche Figur von einiger Dynamik. Ich wollte mit ihm den Typus des konservativen (?) Intellektuellen persiflieren, nein, besser: überzogen scharf zeichnen, der von der Linken in die ultrarechte Ecke gestellt und wegen vermeintlich bösen Gedankenguts isoliert wurde – und der erst daraufhin sein Denken wirklich radikalisiert hat. Krantz überlebt im Schneckenhaus des ‹Dannerstrecht(s)!›, wetzt und schärft sich in der Ecke. Krantz ist nicht wirklich faschistoid, nein, er vergaloppiert sich nur andauernd aufgrund seiner Bitterkeit, seiner Verzweiflung, die durch Arroganz mühsam kaschiert ist. Würde ihm eine gesellschaftlich relevante Jüngerschaft folgen, würde er, anders als militante Fanatiker, wahrscheinlich sofort zum liebenswerten alten Herren mutieren.

‹9›

Bemerkenswert, wie viele Geister des zwanzigsten Jahrhunderts, ob berechtigt oder nicht, in Faschismus – oder Kollaborationsverdacht gebracht worden sind. Pound, Hamsun, Jünger, Céline, Heidegger, D'Annunzio, Benn, R. Strauss, Marinetti etc. Die Liste kann beliebig verlängert werden. Eine gefährliche Galerie. Die Linke war immer sehr großzügig, wenn es um die Abtretung von Glanzlichtern an die Rechte ging. Verfemung und Ignorierung – das kann einfach nicht das richtige Verfahren sein.

‹10›
Abends, das kam zupaß, lief im ‹Breitwand›, dem vorzüglichsten Kino, das ich kenne, «Der Bauch des Architekten». Haben ihn zum zweiten Mal angesehn, fanden ihn diesmal noch besser, viel besser jedenfalls als den «Kontrakt des Zeichners», von der mißglückten «Verschwörung der Frauen» ganz zu schweigen.

‹11›
Allein mit dem Wort. Niemandsland zwischen Logos und Chronos.
 Anstoß. Spiel.
 Die Schaftigkeit, Haftigkeit, Heitigkeit und schließlich die Keitigkeit der Dinge selbst. Anhand des Bundesrituals den Problemen nähergekommen.

Krantziglio: das ist so mißverständlich wie in Mülheim an der Ruhr zu sterben. Anderer Kontext.

‹12›
Lektüre: Quer durch Kafkas Schloß – auf die kabbalistischen Bezüge hin.
 Koinzidenz: Gerade ist zu diesem Thema ein Buch erschienen; dann kann ich mir die Arbeit ersparen, eine Arbeit, die ich mir tatsächlich gemacht hätte, nur um Petra davon zu überzeugen, daß sie nicht weiß, wovon sie redet.
 Bin ein Arsch. (Petra hatte behauptet, im Schloß gäbs keine Kabbala, keine Mystik, nichts Irrationales.)

18. Mai, Montag

⟨1⟩

Wald voller Heinis. Keine Post, immer ein Gefühl der Leere am Morgen. Flanieren in der Stadt. Verschiedene strategische Spiele gekauft, eine illustrierte Geschichte der Päpste von 1915, andere Kleinigkeiten. Viel zuviel Geld verbraucht. Danach Hirschgarten. Backgammon-Warm-Up für das Revanche-Match gegen M. Habe keine Bedenken. Hat man eine Koryphäe erst mal gekippt, braucht er schon 100 Siege, um sein verlorenes Renommee zurückzuholen. Aller Druck lastet auf ihm.

Abends Kino: ‹Das Leben der Bohème› von Kaurismäki. Nach dem mittelmäßigen ‹Ariel›, den genialen ‹Leningrad Cowboys› und dem abgrundtief schlechten ‹I Hired a Contract Killer› (typisch: wurde von der ‹Zeit› als ‹herausragend› bewertet, ‹Silence› bekam dagegen nur ein ‹sehenswert›) war ich auf alles gefaßt – und die Empfehlung von T. P. war sehr relativ zu sehen, da sein filmischer Geschmackssinn oft schon katastrophale Fehlurteile fabriziert hat. Diesmal behielt er aber recht: ein kräftigender Film, toll fotografiert, glaubwürdig gespielt, und die Aussage Kaurismäkis, er hätte einen ‹Anti-Puccini› machen wollen, ist, wie immer in solchen Fällen, letztlich als Verbeugung vor Puccini zu sehen. (Jedenfalls seh ich das so, weil ich gut gelaunt bin.)

⟨2⟩

Das Streben, möglichst zu allem einen Senfbatzen schmeißen zu können, führt dazu, daß der heutige Durchschnittklugschwätzer von jedem Autor höchstenfalls *ein* Buch liest, von dem er dann dreist aufs Gesamtwerk schließt. Ich habe Autoren, die mich begeisterten, fast immer gesamt gelesen, mitsamt ihren Mittelmäßigkeiten und Ausfällen. Das war sehr lehrreich. Der Prophet von heute muß mit stark eingeschränkter Sendezeit kämpfen. Eine Gefahr für den Autor, die sich aus diesem Sachverhalt ergibt, ist die Versuchung, immer alles in jedes Buch hineinzupressen, auf daß jedes repräsentativ sei. Ich will vor allem, daß sich jedes meiner Bücher von allen vorherigen völlig unterscheidet. ‹Ein typischer Krausser› – ein Diktum, das ich hasse.

‹3›

Wolfi erzählt am Telefon eine entsetzliche Geschichte: Ein Mann lag auf der Straße, hatte einen Herzanfall, zwei Sanitäter beugten sich über ihn, seine Frau rannte den Gehsteig auf und ab und schrie: ATME DOCH! ATME DOCH!, immer wieder, ATME DOCH!
 Die Geschichte wühlte mich selbst aus zweiter Hand auf. Vor zwei Jahren wurde ich Zeuge eines ähnlichen Vorfalls; ein Elementarerlebnis, das beugt und Verlust zeigt. Damals wurde ich von Michaela und Alex begleitet, die überhaupt keine Wirkung zeigten, beide nicht. Michaela starb im selben Jahr, Opfer eines Verkehrsunfalls in der Türkei. Alex habe ich seither nicht gesehn.

‹4›

C. P. macht Einwände in Bezug auf mein Adjektiv *oktagonal*. Sie verweist darauf, es gebe zwar sowohl *Oktagon* als auch *Oktogon*, aber eben, laut Duden, nur *oktogonal*. Ich hab ihr gesagt, wo sie sich ihren Duden hinstecken kann. Allein schon aus der Existenz der beiden Substantiva kann ich mir das Recht ableiten, ein zweites Adjektiv zu bilden. Außerdem ist oktagonal viel wohlklingender – wer verzichtet denn freiwillig auf eine o-a-o-a-Reihe? Meist läßt sie mir diese Eigenheiten durchgehen, aber überzeugt wirkt sie nie. Duden-Korrektheit ist ihr oberstes ästhetisches (!) Prinzip.

‹5›

Das Foucaultsche Pendel – guter Roman, wenn er nur 100 Seiten kürzer wäre, exakt: um die öden Kapitel, die in Piemont 1943/45 spielen.

Interessant, von B. Kröber zu erfahren, diese Kapitel seien grad das Intimste an Ecos Werk; der Verfasser habe 500 Seiten drum herum spinnen müssen, um sich endlich jene Kriegsepisoden von der Seele schreiben zu können. Manche Autoren sind eben nicht für sich, sondern für die anderen gemacht. Die Ärmsten.

‹6›

Endlich telefonisch Klarheit in die Auseinandersetzung gebracht, die ich mit T. P. über die Abtreibung führe. Er verurteilt sie als aus billigem Nutzdenken heraus institutionalisierte Seinsüberheblichkeit, als, so hab ich ihn verstanden, technokratische Nivellierungspraxis zur Ausrottung der Fatumsschönheit, während ich nie das individuelle Schicksal im Auge hatte, sondern das transzendente, artkontradiktorische Opfer, die bewußte Einschränkung zum Wohl der Erde. Allerdings hätte ich auch gegen billiges Nutzdenken in diesem Fall nicht viel einzuwenden. Der Beginn des Individuums, damit der Heiligkeit eines Wesens, liegt in seiner Geburt, darin war ich hart, obwohl in dieser Frage Definitionen immer fundamentlos bleiben müssen. T. kokettiert auffällig oft mit dem Katholizismus. Trotzhaltung zum Zeitgeist, vermute ich. So was ist in der Rückwärtsgewandtheit immer unfruchtbar, höchstens von aufschiebender Wirkung.

‹7›

Lektüre: Keine. 16 Seiten Pasqualini im Rentenalter.

19. Mai, Dienstag

‹1›

Nachmittags Treffen mit M. F. im Hirschgarten. Hatte mich sehr gefreut darauf, war deshalb etwas konsterniert, weil er seine Tochter (9) mitbrachte. Vor einem Kind ließen sich die meisten Themen nicht gut ansprechen, es wurde eine seltsame Unterhaltung. M. wirkte deprimiert, verschlossen, rang sich kaum ein Lächeln ab. Seine Situation scheint nicht die beste zu sein. Die Hausbesitzerin, der sowieso halb Allach gehört, hat das Preßgeld für sein Häuschen um fast 900 Mark raufgesetzt – da wünscht man sich die Revolte herbei. M. zahlt jetzt 3400 Mark Miete im Monat, muß schuften wie ein Schwein. Einen Umzug will er wegen der Kinder vermeiden. Sehr rücksichtsvoller Irrsinn. Den Auszug aus Melodien, die Gesualdo-Biographie, die ich ihm zu Weihnachten geschenkt habe, hat er immer noch nicht gelesen. Wie auch? In München gleicht die Intellektuellenszene inzwischen einem Kollektiv von Schwerstarbeitern, die sich mit allen Mitteln München leisten wollen. Hier sind alle romantischen Topoi von Faulheit, Trinkfreude, Tagträumerei etc. ausgerottet, sieht man mal von mir und meiner Billigklause ab.

‹2›

Egdon Heath.
  Beschreibung einer Landschaft und derer, die in ihr begraben liegen.
  Hügel. Keine Kreuze. Kahle, einsam stehende Bäume auf Inseln der Scholle. Braune Erde, begrenzt von Gilbgras. Strenge Furchen im Acker. Milchiger Himmel. Kein Gehöft am Horizont. Nichts am Bild läßt die Steilküste erahnen. Dort. Du.
  (Holst komponierte Egdon Heath 1927. Sein Meisterwerk.)

‹3›

Ich erzähle überall laut herum, daß ich zur Zeit ein Tagebuch führe, und ich betone, ein überaus präzises. Sofort verhalten sich die Leute um einiges freundlicher, höflicher, vorsichtiger. Die Zeugenschaft schreckt sie auf.

‹4›

Ein Ehepaar – beide über 80 Jahre alt, sie sterbenskrank – wollte sich mittels Auspuffgasen gemeinsam töten im Wald.

Der Kerl, der dreist dazukam und beide mit Gewalt aus dem Auto zerrte, wird von der Presse als Held gefeiert.

Die Unverschämtheit gegenüber dem Freitod hat beängstigende Formen angenommen.

‹5›

Bernhard erzählt eine wundersame Geschichte: Er war mit einem Freund beim Baden an einem österreichischen See. Dieser Freund hatte sich wenige Wochen zuvor sterilisieren lassen. Beide kannten in dieser Gegend keinen einzigen Menschen. Die Operationsnarbe war längst durch Schamhaar überwachsen, zudem trugen die beiden Badehosen. Zwei Mädchen kamen am Seeufer vorbei, die eine blieb stehen, sah Bernhards Freund an, kicherte und fragte unverblümt: «Du bist sterilisiert, nicht?» Und ohne eine Antwort abzuwarten, gingen die Mädchen weiter.

Bernhard und Freund waren zu verblüfft, um hinterherzulaufen und Auskunft einzuholen. Wir rätselten gemeinsam über eine plausible Erklärung. Es scheint keine zu geben, sofern er die Wahrheit sagt. Und daran zweifle ich nicht.

‹6›

Mir fiel dabei eine meiner allerersten Short Stories ein: Ein zwanzigjähriger Religionsirrer geht zum Arzt und bittet darum, kastriert zu werden. Der Arzt lehnt das Ansinnen kategorisch ab; bei einem Zwanzigjährigen, sagt er, könne er eine solch irreversible Operation, aus welchen Gründen sie auch immer gewünscht werde, nicht gutheißen. Daraufhin wird der Religionsirre zum Schwerenöter, bezirzt die Frau des Arztes, verführt und beschläft sie, um sich anschließend bei ihrem gehörnten Gatten selbst anzuzeigen. Plötzlich sind die Bedenken des Arztes verschwunden, eiligst weist er den Mann in ein Krankenhaus ein. Der junge Mann merkt zu spät, daß er sich in die Arztgattin verliebt hat, diese reicht die Scheidung ein, alle drei enden einsam und weinen bitterlich.

Puh...

Irgendwie hab ich das Gefühl, wär ich bei derlei Zeug geblieben, wär ich heute ein vermögender Mensch.

‹7›

Nacht. Den letzten Satz der Melodien geschrieben: «Ja!»

944 Manuskriptseiten, ohne Motti und Anmerkungen.

So. Luftholen. Atmen. Amen. Egal wie gut oder schlecht das Opus ist – ich hab mir was bewiesen damit – zumindest Kondition.

Folgt der langweilige Teil. Nach Schöpfarbeit und Gußarbeit kommt die Buchhaltung – wirklich wahr –, man steht da, hält sein Buch in der Hand und erwartet von jedem irgendeine Reaktion dazu. Es ist klar, daß der Roman ein stilistischer Ausflug ist. Eine tour de force historique. Ich muß zu mir zurück. Aber wo bin ich?

‹8›

Perceval pries mir das Genie Bob Dylans an und fragte mich – ernsthaft – nach den Gründen meiner – kein Spaß – musikalischen Fehlentwicklung. Ich hatte Lust, ihm den Kopf abzutrennen und in der Waschmaschine herumwirbeln zu lassen... Leider lag eine 30 Kilometer lange Telefonleitung zwischen uns. Wie kann jemand seine Ignoranz so offensiv in die Welt tragen – als Musikkritiker? Er, der ausgerechnet Jünger so verehrt – hat er sich nie gefragt, warum dieser in «Annäherungen. Drogen und Rausch» die beschriebenen Drogen in folgender Reihenfolge listet: Bier, Nikotin, Wein, Haschisch, Opium, LSD, Mescalin, Morphium, Kokain, Mozart und Wagner?

‹9›

Habe in einer Brecht-Biographie etwas nachgesehen und blieb an dem Foto hängen, auf dem seine Entwürfe zum eigenen Epitaph zu lesen sind. Wieviel ist da durchdacht, gestrichen, verbessert, umformuliert, wieder gestrichen... Und dann der Text: «Er hat Vorschläge gemacht. Wir haben sie angenommen...» Peinlicher geht's nimmer. Und so was war der Heros meiner Jugend. Tsss... auf meinem Grabstein würde ich gern lesen: «Er hat den Frauen auf die Titten geguckt und den Bremsen als Nahrungsquelle gedient», irgend so was...

‹10›

Natürlich ein alter Traum: Möchte einen Film von meinem Begräbnis sehen. Allen in die Augen schaun. Bilder aus der Hintertodkamera.

‹11›

Habe ein passables Gespür dafür entwickelt, wer bald Supergroßmeister werden wird. Sagte es sowohl bei Gelfand als auch bei Kramnik voraus, als beide noch bei 2400 Elo rumkrebsten. Mein Trauma, daß ich beim Zusehn so viel besser bin als beim Selber-Spielen.

Habe ein paar Partien in der Schachwoche angesehen, meist von Kramnik, der einen völlig eigenen, unbeschreiblichen Stil aufweist. Gutes Symptom für einen kommenden Champion.

Oft gewinnt die Tollkühnheit durch die Konsequenz, in der sie ausgeübt wird, an dämonischer Wirkung – die das logische Manko mehr als ausgleicht. So im Schach par excellence: Ein Angriff, der eigentlich ohne genügende Basis vorgetragen wird, fordert durch seine scheinbar zerstörerische Kraft nervositätsbedingte Fehler des Verteidigers heraus. Der Verteidiger wird geblufft im höchsten Sinn: Den Zügen des Aggressors ist ein Wille zur Vernichtung anzumerken, der lähmend wirkt, obwohl ein kühler Kopf die Löcher in der Ausführung leicht aufdecken könnte. Paradebeispiel: der letzte WM-Kampf Kasparov – Karpov, den ein nicht paralysierter Karpov hätte gewinnen müssen. Entscheidend war Karpovs schlechte Zeiteinteilung. Je geringer die Bedenkzeit des Defensors, desto erfolgreicher der aggressive Stil.

‹12›

4 Uhr morgens. Beim Umherstreifen Beute gemacht: Ein x-mal überfahrenes Medaillon, dessen Bildchen verlorengegangen ist.

Wen mag es woran erinnert haben? Welche Wünsche hat das verbeulte Messing einmal beherbergt? Ich fand es mitten auf der Hauptstraße, ein seltener Aufenthaltsort für Medaillons. Jemand muß es im Zorn weggeworfen haben. Möglicherweise blieb es von einem Verkehrsunfall dort liegen. Ein leeres, von jedem Plan entbundenes Etwas, zu nichts mehr zu verwenden. Frei.

‹13›

Lektüre: Flaschenetiketten.

20. Mai, Mittwoch

⟨1⟩

Ich feiere den ganzen Tag. Hopse durch die Landschaft und bade in Chianti. Abends Beatrice den Epilog zu lesen gegeben; sie war sehr zufrieden. Jetzt fehlt nur noch die Ovid-Übersetzung, 160 Hexameter – die hab ich auf nächsten Monat verschoben. Jetzt wird der Sommer begrüßt. Wir sind auf den Hügel gegangen, haben uns mit einem Gleitfilm aus Rotwein unterlegt. Stundenlang Carl Nielsen gehört. (4. + 5. Symphonie) Jubelmusik.

⟨2⟩

In Lipperheides Wörterbuch ein altes niederländisches Sprichwort entdeckt: «Männer sind Taten, Frauen sind Worte.» Würde das in Melodien passen? (1. Teil: Die Tat; 2. Teil: Das Wort) Nein, zu viele Mißverständnisse sind zu befürchten. Ich wette, selbst zu diesem Roman, so unglaublich es sein mag, werden Vorwürfe der Frauenfeindlichkeit eintrudeln. Ich kenn doch diese PappenheimerInnen! Allerdings kann man das Malentendupotential eindämmen. Portaferrums Vorschlag, den Roman unaufgelöst – also ohne Epilog – zu lassen, ist unmißverständlich abzulehnen.

⟨3⟩

Mir fällt grad ein, heute ist es in etwa ein Jahr her, seit P. an den Baum gerast ist. Er wird mir immer in Erinnerung bleiben, aufgrund einer Szene bei der T.-Party. Ich hatte damals wohl etwas reichlich mit seiner Frau geflirtet, obwohl ich funktionierende Beziehungen niemals störe, aus Prinzip nicht, egal, jedenfalls bat P. mich auf den Balkon und sagte dort, wörtlich: «Wir sind zivilisierte, gebildete Menschen und haben gelernt, einige der vielen Zeichen zu deuten. Deshalb sag ich dir jetzt, ruhig und sachlich, als eine simple, sehr konkrete Feststellung: Wenn du weiter meine Frau anmachst, schlag ich dich zum Krüppel. Hast du den Informationsgehalt dieses Satzes in seinem gesamten Ausmaß erkannt und aufgenommen? Gut. Dann gehen wir jetzt wieder hinein.»

Das fand ich echt stark.

‹4›

Könnte eigentlich mal seine Witwe anrufen.

‹5›

Lieber nicht. Ich hätte immer das Gefühl, aus ihrer Möse würde seine Hand herausbrechen und mir die Eier abreißen.

‹6›

Es ist nichts einfach, und wenig kann mit kurzen Worten abgehandelt werden. Deshalb muß, wo nicht genügend Zeit vorhanden ist, etwa im Fernsehen, auf knifflige Fragen nicht jene Antwort gegeben werden, die der Wahrheit am nächsten kommt, sondern diejenige, die am wenigsten Schaden anrichten kann durch tendenziöse Auslegung oder einfaches Mißverständnis.

Ich bin doch ein Moralist, zweifellos – allerdings weiß ich, daß es ziemlich egal ist, was man sagt; die Boshaftigkeit hat ihre eigenen Wege, zu lesen und zu hören, den Satz nach ihrem Geschmack zu rezipieren. Eindeutig sein, das kann man höchstens – wie Brecht in seinen entsetzlichen Lehrstücken – auf Kosten der Magie. Aber die Magie allein erhält ein Werk am Leben.

Lektüre: Melodien, dazu Musik von Pasqualini, Gesualdo, Allegri, Kapsberger, Nenna, Nanino. (Habe mich bei allen entschuldigt.)

21. Mai, Donnerstag

‹1›

Den Tag damit verbracht, in alten Zeitschriften zu blättern, auch in solchen, an denen ich zu meinem Bedauern mitgearbeitet habe. Die Galle kommt mir heut noch hoch, wenn ich an D. denke, diesen größenwahnsinnigen Ausbeuter, dieses arrogante, gepuderte Vatersöhnchen. Hat nie was für meine Artikel bezahlt, einen hat er einfach verschlampt und mich auch noch blöd angeredet, als ich ihn zur Rede stellte. Es ist interessant: Typen wie er überleben im Kulturbetrieb nicht, sie verabschieden sich irgendwann still und leise, ohne daß es einer merkt. Keiner will mehr irgendwas mit ihnen zu tun haben. Nur wer ein Mindestmaß an Nettigkeit und Fairneß aufbringen kann, wird geduldet, egal ob er Talent hat oder nicht. Schadet aber kaum. Wer etwas taugt, ist erfahrungsgemäß fast immer nett, andernfalls lebt er zurückgezogen und drängt sich nicht in die Kulturpulks. Wer sich zum Beispiel auf Parties programmatisch durch Pöbelei produziert, vielleicht gar unter dem Vorwand, die starren Formen aufzubrechen – bei dem kann man ziemlich sicher sein, daß er nichts auf dem Kasten hat. Vor sechzig Jahren galt vielleicht das Gegenteil. Eins meiner Gedichte, das im Juli 87 veröffentlicht wurde, fand ich gar nicht übel:

Geburt des Chinematographs

Kommt ein Mann – denn Witz ist es
egal wohin – schreibt er heimlich auf die Wand
etwas egal ein Herz vielleicht und Staben
nicht des Buchs – des Worts – denn Sätze wärn zuviel
für sein armes schwaches Herz – Kreide im Regen –
was – wenn er im Alter sich erinnern will?

Und steht der Mann egal wo er Beine träumen kann –
wo das Knie wuchert mit Glanzfleisch schlank –
im Laternenlicht glänzt – Brücken drüber und drunter –
                                       unter
allen Brücken der Welt – trinkt der Mann auf die Knie –
sinkt der Mann auf die Knie – besoffen von Knie –
närrisch nach Knie – Glanzfleisch frißt er – aus silbernen
                                         Dosen.

Er treibt – manchmal ein Meer entlang – im bitteren
Nachtgesang der Nachtigalle – letzten Ends – die
Dekadenz über Chinagrenzen gerollt – die lange Mauer
geschmückt mit Kreideherzen – Geburt des
Chinematographs – ich erwarte von China große
                                 Gedichte des Selbstmords.

Und große Bücher werden die großen Städte des
Westens – Wände die Seiten – Fragmente die Häuser –
der Mann ein Wort – wie er lehnt und sinnt und trübt –
Kugellöcher die Doppelpunkte – welch Hinterher folgt
                                             Kugellöchern?

Wir brauchen Ruinen – Stadtbücher werden sonst
Palimpseste der Tüncher – verkommen die Chinesen zu
Halbgöttern über französischen Filmen.

Der Mann bleibt allein.
(1987)

Und die großen Gedichte des Selbstmords – sie haben ja stattgefunden – auf dem Platz des ewigen Friedens...

〈2〉
Wieder zwei vergebene Stoffe. A: ‹Fatherland› von Harris.
Ich hatte mir etwas Ähnliches überlegt – aber als Deutscher

hätt ich mir das sowieso nie leisten können. B: Eine Autorin namens Pietre schreibt einen Roman über Nietzsches letzte 11 Lebensjahre, der nächsten Frühling erscheinen soll.

‹3›

In «A partir du présent, le passé» von Pierre Boulez (großer Dirigent, in allen anderen Erscheinungsformen schwach) lese ich, daß er vor Chéreau tatsächlich Ingmar Bergman die Regie für den Jahrhundertring angeboten hat.

Oioioioioioioi... Zum Glück hat Bergman abgelehnt, mit einem Telegramm, in dem es ungefähr hieß: «Es gibt nichts auf der Welt, was ich mehr verabscheue als Wagner.»

Ich hatte nach kurzem Zorn ein Glücksgefühl. Ein Hauch von Front, Besitz eines haltbaren Feindbilds, klare Konturen. Ingmar Bergman ist wahrscheinlich der Künstler, den *ich* am meisten auf der Welt verabscheue. Ich hätte glatt Lust, Karriere als Diktator zu machen, nur um seine Filme zu verbrennen. Aber dieses weichwixige Gewäsch ist so feuchtsabberig, daß es wahrscheinlich nicht einmal mit Benzin übergossen je in Flammen aufgehen könnte.

‹4›

W. und B. waren zu Gast. Langweilig. Im Endeffekt lief jede Konversation auf dasselbe hinaus:
– Kennst du das und das?
– Ja, kenn ich, das war toll, was?
– O ja, echt toll, ja.
– Ich hab mich so amüsiert. Und meine Freundin auch.
– Ging mir genauso, ging mir genauso...
– Das war super...
– So was sollte es mal wieder geben!
– Auf jeden Fall! Und dann gehn wir alle gemeinsam hin.
– Au ja! Das wird toll!

Woge aus Momentbeschwörung, Nacherleben, Einverständnis. Und jeder fühlt sich wohl dabei.

‹5›

Lektüre: Flaubert, Versuchung des hl. Antonius; Heidegger, Der Ursprung des Kunstwerks; Craig, Armer Gelieber (fertig); Melodien, 3. und 4. Buch.

22. Mai, Freitag

‹1›

Nachmittags um drei in den Club gefahren, die S-Bahn war ziemlich voll, bis auf ein einziges Abteil, in dem saß nur ein Pärchen mit einem sieben, acht Jahre alten Jungen. Ich setzte mich dahinein und begann im Heidegger zu lesen, als ich plötzlich eine Ahnung bekam, warum das Abteil derart leer war. Der Junge preßte sich nämlich eine blecherne Mundharmonika zwischen die Zähne und entlockte ihr fürchterliche Geräusche. Das ging durch Mark und Bein, ich ertrug es stumm zwei Minuten lang, dann drehte ich mich um und bat den Jungen, er möge doch bitte damit aufhören. Er ignorierte mich einfach. Nach weiteren zwei Minuten, in denen ich erfolglos probierte, mich mit verschiedenen Selbsthypnosetechniken vor dem grauenhaft knirschenden Lärm zu retten, wendete ich mich an die Eltern, die stumm wie Ölgötzen neben ihrem Balg saßen und keine Miene verzogen, geschweige denn irgend etwas unternahmen. Ein Ökopärchen; Bart er, Zöpfe sie, Latzhosen beide, Häßlichkeit pur.

He, sagte ich, hab ich nicht freundlich um ein bißchen Ruhe gebeten – können Sie Ihrem Kind nicht diese Folterharmonika abnehmen?

Das Kind sah mich haßerfüllt an, und die Eltern – sie ignorierten mich einfach, sahen aus dem Fenster. Jetzt platzte mir der Kragen, ich stellte mich vor die Eltern hin und wiederholte meine Bitte, in etwas harscheren Worten vielleicht. Da sieht mich der Müslipapa an (sein Fratz röhrt unterdessen unvermindert weiter) und sagt wörtlich: «Der Junge soll doch einmal kein Faschist werden!» Ich: «Wie bitte?» Er: «Ja, das ist doch bewiesen, daß autoritär erzogene Kinder zum Faschismus neigen!» Ich: «Sie können ihm ruhig ein bißchen Demokratie beibringen! Leben und leben lassen, das muß er zuerst kapieren!» Da unterbricht mich Müslimama (Nickelbrille, Schlabberklamotten, spröd-fransige Haare) und sagt: «Bitte –

wenn Sie mit Kindern nicht umgehen können, dann gehen Sie doch!» (Mundharmonika quietscht fortissimo im Triumph)

Und ich ging tatsächlich, ich Schwächling wechselte in Geisenbrunn das Abteil, vertrieben von bärtigen Schlabberfaschisten und ihrem kleinwüchsigen Musikkorps. War sicher das beste so, dennoch: Ich hätte so gern dieses kleine Monster gepackt, mitsamt seiner Mundharmonika aus dem Fenster geschleudert und seine Erzeuger gleich hinterher... ich half mir mit einigen Phantasien. Es gibt Tage, da kann ich mir einen Fratz wie den einfach nicht ästhetischer vorstellen als mit zerschmetterter Schädeldecke an die Wand gepappt. Ich hätte es tun können. Im ganzen Abteil waren nur die drei und ich, niemand sonst. Keine Zeugen. Ich wäre in Germering ganz seelenruhig ausgestiegen – und wieder wäre eine Wohnung frei.

‹2›

Es gibt so viele Menschen, die haben ein besseres Gedächtnis als ich, sie sind gebildeter, redegewandter, talentierter, phantasievoller, fleißiger, witziger, ehrlicher, präziser, sensitiver als ich. Zwischen all denen fühl ich mich immer wie ein Scharlatan, fühl mich, als müßte ich alles, was ich tue, nur tun, weil sie es unterlassen. Ich bin das Double für die Preziosen meiner Generation, der Stuntman für die Aufgebahrten.

‹3›

Ein CSUler zitiert O. Wilde! Soweit ist es schon. Nein.

Ich mag keine Epigramme schreiben. Sie sind zu leicht auslegbar.

Und was sind Perlen – ohne die Schnur, die sie zur Kette reiht? Stolpersteine auf dem Parkett.

‹4›

Im Club mit A. J., dem Physiker, über die Grenzen der Physik diskutiert, über angebliche Unmöglichkeiten, so die x-fache Lichtgeschwindigkeit – er konnte mir den Sinn der Tachysionenhypothese nicht erklären, muß noch mal L. in Wien danach fragen. Dann geredet über die Kelvinskala, über den absoluten Nullpunkt, dessen Absolutheit mir ein Greuel ist. Ich begann herumzualbern und führte kurzerhand die Krausserskala ein, die definiert ist als: 0° Krausser entspricht − 273° Kelvin, 1° Krausser – hier fiel mir nichts Lustiges ein, A. sah mich so spöttisch lächelnd an, ich sagte: Du wirst sehen, eines Tages werden wir das brauchen – vorerst dient es eben als Metapher! Es gibt das, weil ich es ausspreche. 1° Krausser, das ist eben VERDAMMT kalt! A. schüttelt sich vor Lachen. Ich: Alles, was benannt werden kann, existiert bereits und wandert von nun an in einem langen Prozeß aus dem spirituellen in den materiellen Zustand. Physik untersucht – im Gegensatz zur Metaphysik, deren Vorarbeit sie immer bedarf – nicht das Existente, sondern nur das physisch in Erscheinung Tretende bzw. Meßbare. Ein Unterschied, der von den Zahlenköpfen selten richtig verstanden wird.

Wir diskutierten dann über Cronenbergs ‹Die Fliege›, genauer, über die Möglichkeiten der Teleportation organischer / anorganischer Masse. A. hält dies grundsätzlich für denkbar, wenn auch schwerlich praktikabel. Ich: Da siehst du, was ich meine – es scheint dir möglich. Die Schwierigkeiten sind eine reine Zeitfrage, was bedeutet: Der Teleporter *existiert*. Wir wissen bloß nicht *wann* und *wo*. Da gab er mir recht.

In der Physik gibt es kein Nichts, daraufhin klopfte ich ihn ab. Ich meinte, jenseits dessen, was die Lichtavantgarde seit dem Urknall vor sich herscheucht – jenseits aller Universen, in jenem Zustand, den wir etwas hilflos mit NICHTS benennen, müsse doch wohl *irgendeine* Temperatur herrschen, die aber nicht gemessen werden könne, weil im Nichts nichts meßbar sei. Doch gleich gar nicht könne diese Temperatur − 273° Kelvin betragen, denn das hieße ja, dem Nichts eine Datierung und Beschreibung zukommen zu lassen, was dem Wesen des Nichts nach unmöglich (bzw. undenkbar) ist. Demnach läßt sich höchstens sagen, daß im Nichts eine Temperatur von $\pm x°$ Krausser herrscht, eine Aussage, die nur deshalb möglich ist, weil die Krausserskala ohne Definition auskommt und sich so, einzig unter den Skalen der Welt, dem nicht Definierten (dem Nichts) adäquat und kompatibel verhält. Qu. e. d.

‹5›

Nie vergesse ich jene Physikschulaufgabe, die mir den doppelten Genuß der elften Klasse verschaffte. Wir mußten, glaub ich, berechnen, wann ein Liter 20° Celsius warmes Wasser, auf dem Mond ausgesetzt, «Zimmertemperatur» erreicht. Ich schrieb nach kurzem Nachdenken: Nie. Die Temperatur des Wassers nähert sich der Mondtemperatur nur an, zwar unendlich nah an, aber noch in tausend Jahren wird das Wasser Zillionstelgrad wärmer sein als die (gleichbleibend gedachte) Umgebungstemperatur. Um diese ganz zu erreichen, wäre eine (unendlich geringe) Kältezufuhr notwendig.

Ich fand das ziemlich schlau, aber der blöde Lehrer gab mir eine Sechs, woraufhin ich das Schuljahr abbrach, ausbüxste und beinah für immer im Sumpf der Drückerszene abgetaucht wäre. Das alles wegen einem Glas Wasser auf dem Mond. (Quatsch. Klar hätte ich die Fragestellung in des Lehrers beschränktem Sinne zu beantworten versucht, wäre der Ausstieg nicht längst beschlossene Sache gewesen.)

‹6›

Abends 10:1 gegen C. F. gewonnen; er war ganz verzweifelt. An meinem Schüler L. (wird gerade 16) merke ich alle Signata der Revolte. Er hört nicht mehr richtig zu, verschließt sich, macht nicht, was man ihm sagt, bezweifelt alles und hält sich schon für den Größten, ist stolz auf jedes Nein. Wunderbar. Schachlich gesehen wird das in einen herben Rückschlag münden. Ich beschließe mich zurückzuziehen, ihn sich selbst zu überlassen; muß nun mal so sein.

‹7›

In der Nacht wieder einmal ‹L'incoronazione di Poppea› gehört, bis zum Exzeß. Orgiastische Oper, moderner als jeder Pop (der seit Mitte der Achtziger zur manieristischsten Exprimform überhaupt degeneriert ist, was immer noch kaum jemand zugeben will).

Lektüre: Byron – weiß nicht, was ich davon halten soll – und frage mich das schon seit zehn Jahren. Muß was dran sein.

Weiter in Bukowskis «Roominghouse Madrigals». Und: angefangen, zum zweiten Mal «Afrikanische Spiele» zu lesen. Hat mir beim ersten Mal nicht übermäßig gefallen, obwohl – oder gerade weil (das gilt's herauszufinden) – das ja genau meine Geschichte ist – Junge bricht aus, flieht in die Welt, landet im Dreck, kehrt durch einen Zufall wieder heim.

Mir fiel erst jetzt auf: Berger, der Romanheld, verabschiedet sich in der Nacht vor seiner Flucht von keinem Menschen, keinem einzigen. Ich habe damals mehr als ein Dutzend Leute angerufen oder persönlich aufgesucht, um Lebwohl zu sagen – und ich war ja nun wirklich eher ein Außenseiter.

Berger wirkt überhaupt sehr verschlossen, gefühllos, abgedichtet. Hat keinen Mut, Emotionen zu zeigen, handelt robotoid; ein isolierter, kommunikationsgestörter Typ, dem der Minderwertigkeitskomplex auf der Stirn steht. Gesellig nur an der obersten Oberfläche. Tiefe Menschenangst. Ich glaube, Jünger hat hier ein sehr ehrliches Bild seiner selbst als Werdender gezeichnet – so ehrlich wollte er es vielleicht gar nicht haben.

23. Mai, Samstag

⟨1⟩

Aufstehen um 12 Uhr 15. Einkaufen. Neben Kaisers Drugstore gleich fünf(!) Zeugen des furchtbaren Gottes, dessen Name Tetragrammaton JHVH ist, unaussprechlichstes Four-Letter-Word. In Gilching muß ein Nest sein.

Das Rasierwasser, welches Frauen in die Knie gehn und ihre Beine spreizen macht – 9 Mark 99 im Sonderangebot. Impulsware.

Auf den Holzbänken neben der Post gesessen und geträumt. Unter mir ein Keltenfriedhof, Hockergräber des 3. Jahrhunderts nach der Null. Großartig, an einer Römerstraße zu leben. 2000 Jahre ziehen vorbei im Traumbild.

⟨2⟩

Endlich einmal «Emil und die Detektive» gesehen – ich war ziemlich entsetzt. Ein durch und durch kryptofaschistischer Film. Hier ist nichts anderes dargestellt als die Hitlerjugend, bzw. die Volksgemeinschaft, die den Volksschädling in einer großen Treibjagd zur Strecke bringt, durch Bespitzelung, Denunziation, polizeiliche Organisation. An diesem Film (1931) wird wieder deutlich – das Zeitklima war lang vor der Machtergreifung faschistoid, geprägt von der Sehnsucht nach Führung, nach staatlicher Sinngebung. Die Nazis kamen an die Macht, weil sie der Zeitströmung am ähnlichsten waren. Wirtschaftliche Faktoren nur Zuträger, nicht eigentlich Ursache. Mythische Prägung? Sehr schwierig.

In diesem Sinne noch einmal über den Disput mit M. F. nachgedacht, der in «M – eine Stadt sucht einen Mörder» ähnliche Tendenzen erkannte und dafür heftigen Widerspruch erntete; niemand wollte Fritz Lang in Faschistennähe rücken, man reagierte wie eine betuliche Tante des deutschen Feuilletons. Natürlich hat M. F. recht. Den Langschen Film durchzieht eine faschistoide Ästhetik, ganz klar, man denke nur an die langen, ledernen (Gestapo)mäntel, die hier zum ersten Mal filmisch auftauchen und ungeheure Wirkung hinterlassen. Und das Grundthema ist wieder gleich: Über alle «Parteien» hinweg wird ein Notkonsens getroffen, um die «Ratte» aus dem Volksorganismus zu entfernen. Langs Größe ist darin zu sehen, daß er unvermutet Mitleid mit dem Mörder zuläßt; der Monolog Peter Lorres vor seinen selbsternannten «Richtern» macht alles Vorangegangene vergessen, rettet den Film nicht nur, sondern heiligt ihn.

‹3›

Beim Metzger. Wieder ist die Sehne vom Sportbogen gerissen, ich hab sie überspannt, es war die letzte. Die Experimente mit Tierdärmen waren enervierend. Es scheinen nur bestimmte Tiere geeignet. Der Hasendarm wurde schnell brüchig, der vom Wildschwein war nicht elastisch genug. Endlich hab ich einen Rehdarm verwendet; der Trick liegt anscheinend darin, ihn auf eine bestimmte Weise zu zwirbeln. Diesmal nach einem Kitzdarm gefragt; war keiner da.

‹4›

15 Uhr. Beatrice. Woge der Leidenschaft, prompt saturiert, zweimal – dann hatte ich rasendes Kopfweh, aber es ergab sich ein herrlicher Dialog.
Ich: Hab Kopfweh!
Sie: Oh...
Ich: Ja. Der Wein gestern... war ziemlich schwer...
Sie: Oh... Hat dich das Trinken wieder zu sehr angestrengt?
Ich: Konnte das Glas kaum heben, so schwer war der...
Sie: Hängst du deshalb so rum jetzt, du Senkblei?
Ich: Genau. Laß mich in Ruh... mir platzt der Schädel.
Sie: Geh endlich runter von mir, du Faultier!
Ich: Uff...

Sie: Faultiere bewegen sich mit einer Geschwindigkeit von anderthalb bis zwei Kilometern in der Stunde. Aber wenn sie den Hilferuf ihres Jungen hören, können sie ihre Geschwindigkeit auf bis zu vier Stundenkilometer steigern.
Ich: Echt? Was willst du mir damit sagen?
Sie: Du kannst mir die Schokolade aus dem Kühlschrank holen. Du kannst es. Wenn du dich ganz fest konzentrierst und es wirklich aus der Tiefe deines Herzens willst, dann schaffst du es.
Ich: Meinst du?
Sie: Bin mir ganz sicher.
Ich: Und wenn mir unterwegs was passiert?
Sie: Behalt ich dich in ehrendem Angedenken.

Und fünf Tonnen schwer vor Glück machte ich mich auf zu den eisigen Zonen des Kühlschranks.

‹5›
«*Der Königin die Fotze küssen*», träumte der Narr und sank betrunken auf den Tisch.

(Ch. klarmachen: Ich schreibe Fotze mit f, weil ich wixen mit x schreibe. Das muß sie einfach einsehen, das leuchtet doch ein.)

‹6›
Abends «The Player» angesehen, von Altman. Gut amüsiert. Tim Robbins ist grandios.

‹7›
Die AZ hat T. P.s und meinen Leserbrief tatsächlich nicht abgedruckt.

⟨8⟩

Habe telefonisch El Conde nach dem pathetischsten Moment seines Lebens befragt, für die Neufassung von «Durach». Er nannte sofort das Cramps-Konzert, '86 in München, als er in der ersten Reihe stand. Lux Interior beugte sich zu ihm hinab, packte ihn beim Schopf und sang ihm ins Gesicht: «YOU'RE THE MOST EXALTED POTENTATE OF ROCK!»

Für einen Gitarristen sicher ein divinatorisches Erlebnis. Mir fiel wieder ein, daß ich damals keine Karte mehr bekommen hatte und dreist zur Abendkasse marschiert war, um die Pressefreikarte für Andreas B. zu verlangen. Alle drei? fragte die Kassiererin. Klar, sagte ich, fast ohne nachzudenken. Und sie gab sie mir! Das war toll. Zwei der Karten verhökerte ich für 50 Piepen pro Stück, mit der dritten ging ich hinein. Eins der besten Rockkonzerte, an die ich mich erinnern kann. Ich mußte nicht mal ein schlechtes Gewissen haben, denn Andreas B. und Begleitung wurden trotzdem reingelassen, nach einem kurzen Donnerwetter.

⟨9⟩

Neu geschrieben: das drittletzte Kapitel der Melodien.

Bin bei Pasqualinis Auto-Apotheose an die Grenzen dessen gegangen, was sich sagen läßt, ohne in Gestammel oder Wahnsinn zu verfallen. Bin gleichzeitig unzufrieden und stolz: verweigere mein Blutopfer. Kein Paradox. Der einzig mögliche Weg. Das spirituell Letztsagbare und das plastisch Narratable – ein Unterschied wie zwischen Kruzifix und Maggifix.

⟨10⟩

Ist immer dasselbe mit der Liebe – der Glück gehabt hat, schweigt – könnte ja noch schiefgehen, dann hätte man die Spötter am Hals. Und wer schlechte Erfahrungen gemacht hat, beeilt sich voller Selbstmitleid, dies als einzig mögliche Empirik hinzustellen, anzuprangern, angeblich zwanghafte Mechaniken des Scheiterns aufzuzeigen. Dieser ganze Quatsch interessiert mich nicht mehr. Das Thema ist nicht diskussionsfähig. Sicher bin ich mir aber, daß eine Beziehung erst nach frühestens fünf Jahren wirklich interessant wird, wenn der Berg aus plumper Geilheit abgetragen ist und einem nicht mehr in der Sicht steht, wenn man den anderen wirklich zu kennen beginnt und in seine Tiefen vorstößt.

‹11›

Wenn ich von aller Musik des Milleniums ein Stück auswählen müßte, das stellvertretend für ALLES stehen soll, für die Sehnsucht, das Schaffen, das Sein des Menschen zwischen Hoffnung und Bedrohung, würde ich das Hohelied, das Magnum Mysterium der Liebe wählen, den Gral der Musik: Das Tristan-Vorspiel. Möchte es am liebsten den Melodien beifügen als Single zum Buch.

‹12›

Ich hab mal in München eine tolle Elektra gehört unter Uwe Mund – als Sawallisch glücklicherweise aus Krankheitsgründen pausieren mußte. Was ist aus diesem Mund geworden? Nachforschen... (War er nicht mal GMD in Düsseldorf?)

‹13›

Mit Beatrice neues Spiel gespielt: Einer sucht sich zwei Wörter, die sich in nur einem Buchstaben unterscheiden. Der andere muß raten. Beispiel: Bea sagte, es hat acht Buchstaben, mit F ist es ein Tier, mit G ein prominenter Franzose.

Ich kam und kam nicht drauf. Meine Güte, war das fies! Gemeint hat sie *Faultier* (da hätt ich weiß Gott draufkommen können, hab es sogar in Erwägung gezogen, leider nur Zehntelsekunden lang, weil man Jean-Paul *Gaultier* eben so anders ausspricht).

‹14›

Ich mißtraue allen, die verkünden, obgleich sie nicht glücklich sind. «Ich glaube an keinen Gott, der nicht tanzen kann» – das war der Satz, an dem sein Autor, der unglückliche Gigant, zuletzt zerbrach. Céline schreibt dazu in einem Brief an Milton Hindus: «Nietzsche (si surfait) ne se trompait pas – ‹je ne croirai à un Dieu que s'il danse›, s'il raisonne ce cuistre, a l'école!»

Na ja. Noch immer sind mehrere Romane Célines nicht ins Deutsche übersetzt, noch die Briefwechsel, noch existiert eine Biographie. Es ist erschütternd.

Gedicht:
Für Elser

9. November 38
Kein Nebel in Sicht.
Ausnahmslos drücken die Weltregierungen
ihre Betroffenheit aus.

‹15›

Lektüre: Heideggers WerkZeugundDingsBumsschwadron («Ursprung des Kunstwerks») Der poetischste aller – Bürokraten. In allem was Form betrifft, Antagonist Nietzsches. Keinerlei Trunkenheit. Ich verstehe den Antrieb, alles, so selbstverständlich es sein mag, ab ovo zu beweisen oder herzuleiten – aber Langeweile bleibt ein unduldbares Vergehen. Dann lieber ab und an ein bißchen Lall, als soviel Lull.

24. Mai. Sonntag

‹1›

Wir fuhren nach Schäftlarn, dort ein schnelles dunkles Bier zum Frühstück, dann schleift mich Beatrice an die Isar, die in dieser Gegend sehr flach ist und viele Inseln besitzt. Sie hält Ausschau nach aufregend aussehenden Kieseln, die sie in einer Steinschleifmaschine zu Schmuckstücken verarbeiten könnte. Das Steinesuchen macht wirklich Spaß, das Problem ist nur – und es ist noch dasselbe, das ich von der Kleinkindzeit her kenne – die meisten Kiesel sehen naß viel prächtiger aus als trocken, ihre Schönheit entsteht durch Befeuchtung. Definition Edelsteine: Steine, die trocken aussehen wie nasse Kiesel. So muß das mal angefangen haben mit der Schmuckindustrie. Fuhren dann ziellos in der Landschaft umher, hörten Mozart, machten Halt im Weßlinger Biergarten zur Post, spielten Backgammon, aßen Spare-Ribs, fuhren Parken im Wald vor Schöngeising – wo es einige herrliche kleine Dörfer gibt, in denen wir dereinst unser Haus bauen möchten, oder eines kaufen; es gibt da in Mauern ein altes graues, sieht ein wenig aus wie Norman Bates' Villa, schlank, steil, fast ein bißchen gotisch.

Es ist gut, durch die Gegend zu düsen, auf dieses oder jenes Gebäude zu deuten und zu sagen: Wenn wir mal reich sind, kaufen wir das und das und das... Mutmache. Sinnvolle Selbsttäuschung über die Realitäten. (Realitäten meint auf österreichisch übrigens Immobilien.)

Abends viel Kalah gespielt, Xerxes und ein neues Spiel, das wir erfunden haben: Einer fängt an, sagt irgendeinen Buchstaben. Der andere muß nun an diesen einen anhängen, hinten anhängen, doch muß die Kombination Teil eines sinnvollen deutschen Wortes sein; man muß jederzeit, wenn der Gegner aufgibt, ein Beispiel parat haben, sonst hat man selber verloren. Gewonnen hat also derjenige, der als letzter einen Buchstaben anhängen kann, ohne daß Unsinn entsteht. Die

Manöver laufen darauf hinaus, den Pfad der entlegenen Wörter zu gehen, die dem Gegner nicht einfallen und ihn zum Aufgeben zwingen. Zusammengesetzte Wörter gelten, jedoch keine Konstrukte aus drei Wörtern.

Beispiel:
Ich: A
Bea: AC
Ich: ACR (gedacht: Acryl, woraufhin B., um sich zu retten, Pullover oder ähnliches anhängen müßte)
Bea: ACRE (überraschend; gedacht wohl Niveacreme oder Cessnacrew oder so. Engl. acre – Flächenmaß würde nicht zählen, aber das ist Definitionssache.)
Ich: ACREK (Das hat sie fast umgehauen; gedacht war Armagnacreklame. Nach ein paar Minuten kam sie aber drauf. Armagnacregion, mein erster Einfall, wäre ein Eigentor gewesen, vorausgesetzt, sie hätte es erraten. Sie hätte dann das i genannt, ich das o, sie das n – und ich hätte verloren gehabt. Plurale sind übrigens nicht erlaubt. Außerdem mußte ich Armagnac nehmen, denn das ist so als Fremdwort eingedeutscht. Cognac dagegen lautet in der deutschen Schreibung Kognak. Andere im Deutschen gebrauchte Wörter, die auf -ac enden, fielen mir nicht ein. Flicflacrekord, was meine Niederlage bedeutet hätte, zählt zum Glück nicht, weil drei Wörter. Kleiner Disput darüber. Auch ADAC ist kein Wort, und maniac ist noch nicht genug gebraucht im Deutschen. Personennamen gelten auch nicht, sonst könnte z. B. Balzac ins Spiel gebracht werden.)
Bea: Na gut, du Schwein, nimm das!
ACREKU

Was sollte nun dieses? Ich grübelte und grübelte, während sie bös in sich hineinkicherte. Schließlich gab ich auf, forderte eine Auflösung. Sie sagte: Pontiacrekuperation. Wasn das? fragte ich, mir schmerzlich bewußt werdend, daß ich englische Wörter wie z. B. Potomac völlig vernachlässigt hatte.

Bea: Na ja, Pontiac ist eine Automarke.
Ich: Stimmt.
Bea: Und Rekuperation ist die Vorwärmung von Luft durch heiße Abgase.
Ich: Du kannst mir ja viel erzählen!
   Zu Hause sahen wir nach. Sie hatte recht. Blödes Spiel.

‹2›
Voll Bewunderung dreimal gehört: das Concerto grosso g-moll, op. 8, vom Erzengel Corelli. Die Melodik erinnert an Brahms, nur tausendmal besser als jener. Brahms – die gezukkerte Kaltschale deutschen Spießertums, dieser lebensfeige Vollbartträger, diese Made in Schumanns Nachlaß; mein Haß kennt keine Grenzen.

‹3›
In der Zeitung erreicht der Spendenakt eines steinreichen Prominenten von grade mal 10 000 Mark eine Achtelseite PR-Show. Ah! Da gibt der wattierte Pudel seinen Monatszehnten an die Wohlfahrtsfront, stilgerecht von Blitzlichtgewittern umschmeichelt, Halleluja, dem nie ein Donner folgt, bis – ja, bis eines Tages, einer Sekunde, das Elektron seine Bahn verläßt, in gestocktem Zorn, und Amok fliegt. Was Bequemlichkeit binnen weniger Jahrzehnte zementiert geglaubt hat, enthülst sich, die Revolte blüht, Ratten fressen die Frage – wie es am Glauben in neue Fanale je mangeln konnte? Ja, wie? Und Fackeln ziehen durch die Stadt.

‹4›
Habe eine Idee gehabt, die mich den ganzen Abend beschäftigt: Ein intimes Interview führen, mit allen Frauen, in die ich jemals mehr oder minder verliebt gewesen bin. Alle aufspüren, auch wenn sie noch so verstreut sind. Fragen ausdenken,

mehr über sie als über mich. Herausfinden, inwieweit ich (sie) von diesen Begegnungen geprägt worden bin (sind).

Unüberschaubares Experiment, da wird Verschüttetes zutage treten.

‹5›

Trans pontum pons. Die Brücke über das Meer.

Du bist ein Spion, sagte sie, forschst mich aus, verkleidest dich dabei. Das tust du auch, sagte ich, wir haben uns ertappt, wir sind unsre Gefangenen. Wollen wir uns austauschen? Gut, sagte sie, wie macht man das? Ich antwortete, auf einer Brücke, bei Nacht. Gibt es hier irgendwo eine Brücke? fragte sie. Ja, sagte ich und reichte ihr meine Hand. Nach kurzem Zögern griff sie danach. Unter uns rauschte die See.

‹6›

Was mich an Typen wie Perceval so maßlos aufregt, ist die fehlende Demut, Ehrfurcht, wie man's auch nennen mag, vor jeder Art Tradition in der Kunst. Eine Beleidigung, eine Herabsetzung aller gewesenen Menschen. Ob es nun Boccaccio, Monteverdi, Mussorgski, Hercules Seghers oder sonstwer ist – von jedem liest er, wenn man ihn dazu auffordert, ein paar Seiten, hört sich eine halbe Platte an, betrachtet ein, zwei Bilder – um dann ein für allemal ein und dieselbe unbeirrbare Meinung darüber zu haben, und, was viel schlimmer ist, gleich am nächsten Tag diese Meinung in irgendeiner Zeitung der Welt zu verkünden. Hunderttausende von pseudobetroffenen Möchtegerns predigen ihre Herz- und Magenbedürfnisse heraus. Perceval ist ein Sinnbild meiner Generation, oberflächlich, schnell, smart. Ich mußte ihn sogar noch daran hindern, sich mit einem Artikel über die Oper (er hat bis jetzt zwei Arien gehört) lächerlich zu machen.

‹7›

Lektüre: Zum zweiten Mal die Rororo-Monographie über Mussorgski; dazu laut und dröhnend seine ‹Chowantschtschina› und ‹Salambo› gehört.

25. Mai, Montag

⟨1⟩

Zu Besuch bei K. B. Hat eine toll geschnittene Wohnung geerbt, dann die darunterliegende dazugemietet und durch eine Wendeltreppe verbunden. Ich war ziemlich neidisch. Belangloses Gespräch. K. war beunruhigend glatt. Redet selten über sich. Seltsam – an ihm stört mich diese Tugend. Ich wüßte gern etwas über seine Prägung, seine Herkunft. Jedem Ansatz weicht er aus. Ich vermute: niederbayrischer Handwerkersohn mit Provinzkomplex. Danach weiter zu Wolfgang, lieh mir 100 Mark, um ein paar dringende CDs zu kaufen. Der Soundtrack zu den Melodien ist bald fertig, nur Ugolini fehlt noch, aber ich weiß jetzt, daß es etwas gepreßt gibt von ihm.

⟨2⟩

Weiter in Melodien gelesen. Alptraum. Bin am Boden zerstört. O je... Das 5. Buch – totale Kacke – geschludert, hingeworfen. Dreck. Muß es noch mal schreiben – ganz neu, darf mich nicht von ein paar gelungenen Sätzen zu einer bloßen Korrektur verleiten lassen. Das ist sehr deprimierend. Ganz neu... 160 Seiten. Zeit: fünf Wochen. Das wird, in meiner momentanen, müden, saturierten, ‹fertig› geglaubten Stimmung problematisch. Dazu noch der Ovid. So eine Scheiße... Ich hatte mich so auf den reinen Genuß des Sommers gefreut. Komme mir nun vor wie ein Fabrikarbeiter. Wo ist meine Faul- und Freiheit hin? Schachturnier ist gestrichen. Die gesamte Personenkonstellation Nicole – Täubner – Mendez – Stancu muß anders strukturiert werden, *so* wirkt es nicht logisch genug.

Werde versuchen, T.P.s Essay «Im Trickstudio» einzubauen, obwohl – es ist zu lang für ein Motto. Was tun? Wem es in den Mund legen? Alles Scheiße. Hätte Lust, den ganzen Kram hinzuschmeißen und Kritiker zu werden.

‹3›

Habe an der Höhle gegraben. Keltenfunde. Ich befand mich an einem magischen Ort, was unter anderem heißt: Ein Ort, dessen Kraft sich proportional zu seiner Verborgenheit verhält. Niemand kann mir erzählen, daß z. B. ein orpheischer Kultplatz, an dem pro Tag 1000 Touristen vorüberschreiten, auch nur ein Hundertstel seiner Strahlung behält. Magie ist die Kraftlehre, die wirkt, wo wenige mit ihr beschäftigt sind. Deshalb gehört Hermetik auch unbedingt zu ihrer Strategie der Äußerung. Der Gedanke der elitären Kundschaft ist dabei zweitrangig bis nicht vorhanden.

Einfachste Definition von Magie (als Phänomen): Jedwede Wirkung ungenügend erforschter oder unerforschbarer Ursache. Ganz simpel.

‹4›

Grenzdenker, peripherieverhaftet, faltbare Fanale im Gepäck und aufblasbare Mücken, Stretchfaktor eins zu zehntausend. Mit einem Meilenstein um den Hals im Sumpf versenkt. Truppenbewegung am Ortsrand. (Gedichtentwurf)

‹5›

Bilder aus Kroatien, Fernsehbilder voller Entsetzen. Ich ertappte mich bei maßlosem Zorn, wünschte stante pede schwere Bomber herbei, die die serbischen Faschisten zerfetzen; breite Bomberteppiche, Tod um Tod – als ob das Gerechtigkeit brächte. Nach einer Weile erschrak ich sehr über meine plötzliche, nur aufgrund von ein paar fernen Bildern entstandene Violenz. Mir wurde mal wieder meine Bestie bewußt. Sie ans Licht zu locken, bedarf es grauenhaft wenig.

Die Goëtie des Schmerzes; sie wertet binnen Sekunden die Wahrhaftigkeit einer jahrzehntelang gereiften Erfahrung ins Gegenteil um, läßt die eben so mühsam ausgehandelte Friedensmilde umschlagen in Haß und Blindwut; alle Konzepte gehen verloren; man nimmt Rache, denn es bleibt sonst nichts mehr, das einem gegeben werden könnte.

Ich muß mir sagen: Einer von vielen Kriegen. Das wirkliche Problem sehen. Das kommende deutsche Auslandsengagement. Die Wiederkehr der selbstgerechten Krieger. Ausgerechnet über die Matrizen des Humanismus kehrt der Krieg ein; Gewalt wird wieder hoffähig unter dem Mäntelchen der Hilfeleistung. Auch der Abgrund hat seine Moral.

Und ich? Fragen wie die zur Balkanintervention sind leicht zu beantworten, wenn man sie deutlich und kompromißlos auf den Punkt hin stellt: Würde ICH gehen? Nein. Basta.

‹6›

Spaziergang am Geisenbrunner Weiher. Mittelalterliche Landschaft, kaum betreten. Mittlere Depression. Alles ist verfälscht, kondomüberstülptes Fühlen und Denken. Mein Mißtrauen, Selbstkreuzigung. Nägel ohne Köpfe tuns genauso. Gedanken, der Sicherheit abgewonnen im Kompromiß, der Kühnheit vortäuscht – mit einem Schuß Nostalgie – aus dem Fundus verschütteter Jugendgefühle errettete Schemen, die kaum mehr wissen, wie sie entstunden – sie kokettieren keimfrei mit der Zersplitterung des Erreichten, ohne je wieder die Kraft aufzubringen, auch nur den Sockel wegzuschlagen, auf dem das eigene Asyl, vormals als kurzes Ausruhen getarnt, Modellbau wurde.

‹7›

Das narrative Schreiben kommt mir manchmal so hofnärrisch vor. Dabei – ich wollte immer Hofnarr werden... Aber die nehmen nur Zwerge.

Lektüre: Bukowski – The Roominghouse Madrigals: archaisch wilde Frühwerke, ungeschliffen, formlos, aber kraftstrotzend. In jedem Wort pulst die Existenz. Es hat genau ein Jahr gedauert, bis das Buch, bei Wordsworth bestellt, endlich aus Amerika herüberkam. Ich lese den gesamten Buk jetzt noch mal im Original; bin mit den flapsigen, hippieesken, simplifizierenden Übersetzungen Weißners nicht mehr einverstanden, schon gar nicht mit der tendenziösen Gedichtauswahl der deutschen Ausgaben.

Entlehnte aus dem Flaubert einen kurzen Satz für Melodien.

Konnte nicht einschlafen, packte den Retsina und ging (4 Uhr 30) in den Wald. An manchen Stellen hatte ich Angst; keine Ahnung, warum. Dann wieder war es wie früher, als ich meine Nächte so oft im Wald verbracht hab und nie (fast nie; die eine Ausnahme steht in Fette Welt) Angst spürte; wovor auch? Was hat sich seitdem verändert? Ich weiß es nicht genau, weil ich mich nicht gründlich genug an mich erinnern kann. Das schmerzt, man kommt sich so neu vor, so entworfen. Ich habe einiges von mir zerstört, das ich mir nun gern noch einmal quasi per Video reinzöge, weniger zur Selbstbelustigung, als um mich besser nachvollziehen zu können.

Aber wie sieht eine Schlange aus, die ihre alten Häute, zu einem Bündel verschnürt, mit sich durch die Gegend schleift?

26. Mai, Dienstag

⟨1⟩

Scheußlich langweiliger Tag. Kurz mit M.F. telefoniert; vereintes Schimpfen auf Alles und Jeden. Hab Lust, mir ein Gewehr zu kaufen und in Darmstadt ein wenig herumzuwüten, das würde Spaß machen, das korrupte Viehzeug vom Literaturfonds einzeln abzuknallen. Gespräch lief ungefähr so: Die Demokratie wird zunehmend dirigistisch; weil *allen* verboten ist, was nur auf *viele* schädlich wirkt, werden die kreativen Freiräume der Eliten gekappt, eine große Nivellierung findet statt, aus der für alle Unheil droht. Am erfolgreichsten beschneidet man die Freiheit unter dem Vorwand, irgendwas beschützen zu wollen. Auf der Suche nach einem kämpferischen Lebensinhalt, einer ideologischen Beschwichtigung der Seins-Ödnis, schießen Verbände jeden denkbaren Zwecks aus dem Boden – und schützen Spatzen mit Kanonen. Überall liegen die Scharfschützer im Hinterhalt. Stichwort: Gesundheitsfaschisten. Sowie ausgereiztes Pflichtprogramm: Meldepflicht, Schulpflicht, Wehrpflicht, Versicherungspflicht, sogar die Pflicht, auf einem Friedhof begraben zu sein. Die Zensur, getarnt als ⟨Jugendschutz⟩ (zensiert sind aber meist Werke, die trotzdem erst ab 18 freigegeben sind...). Angeblich soll, ich würde mich kranklachen, wenn das geschieht – die Mutzenbacherin wieder auf den Index kommen. M. erzählt vom Ärger, den Buttgereit in Berlin mit einer schrecklich betroffenen Richterin erlebt. Die arme Schockierte will seinen Film PHYSISCH vernichten, will alle Exemplare EINSTAMPFEN. Ich finde, wenn es dahin kommt, muß auch sie eingestampft werden, dann sind Fanale nötig. Wir werden zu Tode geschützt. Neues Beispiel: Vergewaltigung des Ehepartners soll strafrechtlich genau wie jede andere Vergewaltigung verfolgt werden. Absurd. Das kommt einer Abschaffung der Ehe gleich. Neinnein, keine Verharmlosung des Tatbestands, Quatsch – aber die Ehe, das war von jeher ein Stück Freiraum gegenüber der Staatsgewalt, z. B. wird das archaische Recht hinfällig, gegen seinen Ehepartner nicht vor Gericht aussagen zu müssen. Verdammt noch mal, wer den Fehler begeht, einen potentiellen Vergewaltiger zu heiraten, hat eben einen Fehler begangen, traurig, kann den Täter ja verlassen, basta, sollen sich halt länger prüfen, die sich fesseln. Was ist daran falsch? Hauptproblem: Beweislast. Die Basis des demokratischen Strafrechts, das *in dubio pro reo*, gilt anscheinend nicht mehr. Indizienherrschaft. Und die Nazi-Feministinnen («Kauft nicht bei Männern!») johlen begeistert. M. Tyson muß sechs Jahre in den Knast, Desirée Washington konnte vor Gericht überzeugender heulen als er, das ist der einzige Grund. Bloß weil Tyson ein Arschloch ist, soll dieser Fakt hinweggewischt werden? Und ich kenne Frauen, die nennen sechs Jahre noch zuwenig! Das ist der Moment, von dem ab ich für die weibliche Empfindsamkeit wirklich kein Verständnis mehr aufbringe. Sechs Jahre! Die sollten sich mal eine Woche lang in die Zelle setzen, um ein Gefühl für Gitterzeit zu bekommen. Höhepunkt der Perversität: Desirée werden 15 Millionen Dollar Schmerzensgeld verschrieben; jetzt suchen natürlich jede Menge Nachahmer nach *ihrem* prominenten Vergewaltiger. Ich wette, das wird der neue Sport werden: Fuck & Cash.

Am besten: Sich vor dem Fick eine Beischlafseinverständniserklärung unterschreiben lassen. Noch was zum Punkt Beweislast: man sieht ja jetzt – wenn sich geschiedene Partner um das Sorgerecht für ihre Kinder streiten – jeder dichtet dem anderen einen sexuellen Mißbrauch des Kindes an; auch entdeckt plötzlich angeblich jede fünfte Frau, daß sie auf irgendeine Art als Kind mißbraucht wurde. Ist doch alles neurotisch, hundertfache Übertreibung. Katharina Rutschky auf dem F.-Diner: Alles mehr oder weniger ein Stellenbeschaffungsprogramm für Sexualpsychologen. Ich bezweifle nicht einmal, daß viele vermeintliche ‹Opfer› ernsthaft an ihre Opferschaft glauben; da werden Gründe fürs schräggeratene Leben gesucht. M: Bald wird auch der Besitz von Kinderpornographie strafbar!

Ja, fragte ich, warum auch nicht? – aber der Witz ist ja – Kinderpornographie IST verboten, man HAT jede Handhabe, um gegen die Schänder vorzugehen; da wird nur ein justizialer Pleonasmus gefordert. Und was ist Kinderpornographie eigentlich? Das wird ja eben kaum näher definiert, das wird nicht nur Filme und Fotos betreffen, auch Bücher, sogar Cartoons und Gemälde, auch wird nicht getrennt werden zwischen Gewalt an Kindern und Kindersexualität, kurzum: ein verschwommener, hirnrissiger Vorstoß, der den Machthabern und Scharfrichtern Tür und Tor zu jeder Brutalität im Namen der Moral öffnet, zur Beschneidung der individuellen erotischen Phantasie. Irgendwann wird das dann damit enden, daß eins meiner Bücher verboten werden wird, weil darin steht, was für tollen Sex ich als Zehnjähriger hatte! Und so weiter. Das Kreuz mit unseren tränenerstickten, sturzbetroffenen, so edelmeinenden Schützern: Sie denken nicht weiter als sie pinkeln! Wie mich das alles ankotzt... Und die netten Nachbarn? Ja, die... rufen wegen jedem Scheiß die Polizei: Verlust der Streitkultur, der Zivilcourage; Unfähigkeit zur Konfliktbewältigung. Zombies.

Romero wußte es. Zombies. Von hinten der Staat, von vorne die Werbung. Wie Spielzeug von Kindern verschlissen wird, zerreiben sich die Mechanismen der Konsumdemokratie zwangsläufig gegenseitig. Weimarer Gespenster häufen sich. Wird das wieder so werden? Daß bei jedem Urnengang Untergang droht?

‹2›

Telefonat tat gut, hab es in Stichpunkten notiert – und denke mir: Das gleiche würde ich so keiner Zeitung sagen, das wäre unklug – was wiederum zeigt, welches Labyrinth aus Tabus über die öffentliche Diskussion gestülpt ist. In Deutschland existieren extreme Unterschiede zwischen dem Jargon im Freundeskreis und dem im Medium. Bedenklich. Natürlich nimmt man am nächsten Tag immer viel von dem zurück, was man im Zorn hinausposaunt hat, ganz klar; die Frage ist aber vielmehr, ob durch das Kondom der Vorsichtigkeit der Gesellschaftstalk nicht so verlangweilt und geglättet wird, daß dadurch weit größerer Furor entsteht – Verdrossenheit an der Glätte und Raffinesse, am Understatement, an dämpfenden Präambeln. Zu jeder Aussage wird gleich eine Abwertung derselben mitgeliefert. Niemand will mehr Feinde haben. Viel Feind, wenig Geld.

‹3›

Keine Lektüre. Vorbereitung zur Lesung. Dauernd läuft der Fernseher. 12 Seiten Buch V. Meine Finger sind so zittrig, ich könnt' mich als Vibrator verdingen.

27. Mai, Mittwoch

‹1›

Abends reichlich verspätete Präsentation von Fette Welt in der Autorenbuchhandlung – der Roman kam Mitte Februar raus. Ich las nur 25 Minuten, weil es kein Honorar geben sollte. Als eine Zugabe gefordert wurde, fügte ich das Forellenduett an. Ideales Biergartenwetter, dennoch 35 Leute da, ganz in Ordnung soweit. Einige ließen sich per Telefon Exemplare reservieren und signieren – eine Unsitte. Hätte am liebsten abgelehnt.

Danach Gelage in der gegenüberliegenden Wirtschaft, rustikal, bayrisch, einigermaßen angenehm. Unangenehm aber eine grellgeschminkte, schnell besoffene Frau Ende Vierzig, die auf Präsentationsabenden angeblich regelmäßig auftaucht und lallend ihre reichlich banalen Ansichten zur Literatur äußert. Weil ihr sonst bald alle aus dem Weg gingen, war nur noch Beatrice so nett, sich mit ihr zu unterhalten. Ich sah das nicht gern, zog sie irgendwann da weg, woraufhin die Schreckschraube Portaferrum mit Beschlag belegte. Portaferrum war recht angetan von meiner Art des Lesens. Was dann kam, überraschte mich sehr: Er habe sich aus eben genanntem Grund(!) entschlossen, Melodien zum Spitzentitel des Frühjahrs zu machen, was bedeutet: zehnfache Werbung, ausgedehnte Lesetour, Aussicht auf einen Verkaufsschlager. War hin und her gerissen. Was kommt da auf mich zu?

Der Abend verlief recht lustig; saß mit Th., K., I., Ch. und deren Freund zusammen und nur L. ging mir etwas auf die Nerven, als die Sprache auf die Seitenzahl der Melodien (1000) kam; er meinte, er würde von keinem zeitgenössischen Autor 1000 Seiten lesen; wenn er schon 1000 Seiten lesen müßte, dann von Musil. Na gut, wieder ein Freiexemplar gespart.

Die beiden Buchhändlerinnen waren sehr nett und niedlich, vor allem, als sie mir einen Scheck über 400 Mark zuschoben, den ich nicht erwartet hatte. (Danach erzählte mir jemand, die machten das immer so.)

Ich war erst einmal in der Autorenbuchhandlung bei einer Lesung gewesen, das war 1984, bei Jörg Fauser; ich hab ihn, damals wie heute, sehr bewundert für «Alles wird gut». Daran mußte ich die ganze Zeit über denken. Ein gutes Gefühl. Er hat damals nur 300 gekriegt, fällt mir ein. Und es hat nur acht Jahre gedauert, bis ich auf seinem Platz saß.

Weil ich am Samstag im Lotto noch einen Vierer hatte, sind meine Finanzen erfreulich prosperiert.

Bernhard und Petra boten ein Sinnbild der Verliebtheit. Hat mich entzückt.

‹2›

Zu betrunken für Lektüre. Aber noch eine Seite Buch V geschafft. Wundert mich selbst, wie das geht. Musikrausch aus Janacek, von Einem, Vitali (Padre e figlio), Strauss, Mozart.

Schlafen gegangen um halb acht Uhr morgens, was in dieser Jahreszeit nicht in Ordnung ist. Lesungen bringen meinen Tagesablauf immer arg durcheinander.

Nachtrag: Muß mich morgen um die Höhle kümmern. Muß sie weitergraben und stützen. Sonst unterspült sie der Regen, und alles stürzt ein.

28. Mai, Donnerstag

‹1›

Hatte gerüchteweise vernommen, Maxim Biller würde Fette Welt gnadenlos verreißen. Bin deshalb am Hauptbahnhof vorbeigegangen, wo schon die Tempo-Juni-Ausgabe vorlag. Was ich dann las, haute mich um. Kein Verriß, sondern eine Hymne. Nennt mich den ‹Großmeister eines neuen Fin de Siècle›, nennt den Roman ein ‹Fantastisches Meisterwerk› usw. Was ist da passiert? Und wozu? Und während ich lesend durch den Hauptbahnhof stolpere, wen sehe ich?

Fred. Einen der Berber, denen ich in Fette Welt (einem fantastischen Meisterwerk des Fin de Siècle) Denkmäler gesetzt habe. Zufall? Omen? Warnender Zeigefinger?

Hätte Fred mich erkannt? Ist fast sieben Jahre her. Er selbst hat sich gar nicht verändert, vielleicht ein wenig schwerer geworden, doch im Gesicht kaum gealtert, was bei einem Kerl, der anderthalb Liter Schnaps säuft pro Tag, merkwürdig ist.

Ich hätte ihm gern einen Zehner in die Hand gedrückt, schon als Tantieme für seine Existenz, hatte aber, bis auf fünfzig Pfennig, kein Geld mehr bei mir. (Hätte ich nur ein eigenes Konto, ich hätte den Scheck von gestern einlösen können, verflucht!)

Stahl mich fort, denn ohne ihm etwas zu schenken, wäre ich mir schäbig vorgekommen bei einem Gespräch. Es gehört zur Berberehre, daß einer, der den Absprung schafft, die alte Familie einmal aushält, mit Bier und Fritten. Werde das nachholen.

‹2›

Las Beatrice die Kritik gleich vor. Sie war sehr stolz auf mich, und wir lachten die ganze Zeit. Kann sein, daß diese Rezension andere nachzieht. Ich dachte immer, ich müßte einem Kritiker mit der Erschießung seines Kindes drohen, bevor er sich zu

so etwas durchringt. Kenne Biller dabei gar nicht; seine Artikel waren mir meistens auf den Nerv gefallen. Wahrscheinlich ist alles ein Mißverständnis. Einige Sätze klingen danach.
Egal.

‹3›

El Conde ruft aus Berlin an. Er und Ludmilla sind beklaut worden, das ganze Auto hat man ihnen ausgeräumt in Italien.
Und wo? Kurz hinter Pomposa, in den Dünen vor Ravenna, just an der Stelle, an der man Castiglio einst das Leben geraubt hat. Tja.
Die Mythen fordern noch heut ihre Opfer.

‹4›

Glück korrumpiert das Denken, stimmt. Aber Leiden noch viel mehr.

‹5›

Am Frühabend zur Höhle gegangen. Ist anscheinend unentdeckt geblieben.
Die Stützen machen mir Sorgen, habe von Statik keinen Schimmer, weiß nicht, wie ich den Druck berechnen muß. Ein Weiterbau scheint gefährlich. Der Boden wird in der Tiefe lehmiger als ich dachte. Habe etwa zwei Kubikmeter geschaufelt – und die Lösung verschoben.

‹6›

18 Seiten Buch V. Rekord! Komme erstaunlich gut voran. Hab den Dreh gefunden und wundere mich, wieso ich nicht vorher draufkam – denn alles ist ja stringent, logisch und naheliegend. So war die Episode aus Barry Levinsons «American Diner» schon vorhanden, aber ohne jeden Bezug zu Alban – wo

sich die psychologische Kohärenz doch geradezu aufdrängt!
Lektüre: Flaubert, Versuchung des hl. Antonius.

29. Mai, Freitag

‹1›

Von überall kommen Glückwünsche wegen der Billerkritik, man raunt mir zu, das sei der Durchbruch, na ja, von mir aus, ich geb's zu, die Kritik hat mich gerührt, obwohl da jede Menge Mißverständnisse zu lesen waren; was soll's... Warum Biller Hagen (nicht etwa mich, sondern Hagen!) letztendlich bürgerlich nennt, nur weil der beschließt, mit seiner errungenen Judith (in menschenverachtender Weise als ‹harmlos› bezeichnet) eine steinerne Bleibe zu suchen – das bleibt wohl sein Geheimnis. Auf die Rolle Herodes' nimmt er keinen Bezug – will wohl schweigend Philosoph bleiben. Mein Verdacht geht dahin, daß er vieles nicht kapiert hat. Was soll's? Hab ihm eine Grußkarte geschickt, das wird in Ordnung sein.

Vielleicht ist Portaferrums Vorstoß, aus Melodien den Frühjahrsspitzentitel zu machen, viel eher so was wie ein Durchbruch, aber ich kann noch nicht daran glauben, hab zuviel Scheiße erlebt mit Verlagen. Bin mir sogar nicht einmal sicher, ob der Roman überhaupt kommen wird, rechne immer mit dem Schlimmsten. Ch. bestätigte mich in meinem Pessimismus. Nichts sei gewiß.

Dennoch: bin sehr aufgeregt. Endlich tut sich was. Habe zur Erfolgswelle der letzten Tage ein Poem geverst, werde es ‹Anklang› nennen. So schade – ich habe kaum Zeit für Lektüre, keine Zeit für Gedichte, dieses beschissene fünfte Buch kostet mich jede Minute, elender Druck, werde nie wieder so einen fetten Schinken schreiben, niemals. Das Buch muß im Frühjahr erscheinen, sonst werden fünf andere kommen und mir das Thema stehlen, es hängt schwer in der Luft und will sich entladen.

‹2›

Vorgestern, bei der Lesung, verkaufte ich an meine treuesten Fans ausgewählte Schamhaare, in niedlichen Plastikdosen, Stück für zwanzig Mark.

Wo soll das noch hinführen? Die Schamlosigkeit kennt keine Grenzen mehr...

‹3›

Anklang

Der Gunstdünger schuf Früchte;
schnell noch ein Geflügelwort
vor der Weihrauchvergiftung;
steil ragt das Selbstgefälle aus dem Boden.

Ich habe Plätze gesehen in London
die waren zehnmal so groß wie
mein Zimmer. Und größer.
Wenn man so lange auf Sehnsuche war,
scheint jede Idylle ein Zwischenhalt.

Draußen, im Erreichten – das aufgebahrt Erlebte,
dazu die pralle Ordnung der Kraft,
Wiese voll Geschlechtsakt.

Nun könnte man begraben werden,
ohne sich in Grund und Boden zu schämen.

Der Erfolg ist ein projiziertes Dia, dessen
aufgeblasenes Bild man aus der Leinwand
schneiden und mitnehmen will.

Kunststücksmakler haben mich sortiert
in ihre Kataloge. Denen werd' ich
ein wenig ihr Geschäft verderben.

‹4›

Jedes Hoffen entzieht dem Sein die Gegenwärtigkeit. (Ferri?)

‹5›

Ich benutzte Billers Lobeshymne gleich zum Sportsticheln, kopierte sie, sandte sie an die Darmstädter Ganoven, mit folgendem Text:

«An die Damen und Herren der Jury – jene undurchschaubaren und in ihren Urteilen schwer nachzuvollziehenden Hüter des Geldes und des irdischen Glücks. Sie werden es hoffentlich nicht als Häme oder Unverschämtheit empfinden, sondern sich vielmehr mit mir freuen über eine solch schwelgerische Kritik zu einem Buch, dessen Förderung Sie abgelehnt haben.

Denn bedenken Sie bitte – erhält schon ein förderungsunwürdiges Buch solche Lobhudeleien – wie gut, wie hervorragend müssen dann erst jene von Ihnen unterstützten Werke sein? Fürwahr, um die deutsche Literatur scheint es bestens bestellt.

Mit freundlichem Gruß...»

Bea: Mit so was schaffst du dir nur neue Feinde, die werden um so trotziger reagieren, das bringt nichts...

Doch! widersprach ich. Es macht Spaß!

Darum geht's allein.

‹6›

Lektüre: Camille Paglia, Sexual Personae; Flaubert, Versuchung (fertig).

30. Mai, Samstag

‹1›

Laut Beschluß des obersten Gilchinger Revolutionstribunals ist der Mai von diesem Jahr an nur noch dreißig Tage lang. Der ehemals 31. Mai wird ab sofort dahin verlegt, wo Mai am dringendsten benötigt wird – Ende Februar. Habe keine Lust mehr auf Tagebuch. Ist Blödsinn, so ein Tagebuch, hab auch keine Zeit dazu. Und am Ende siegen die Bakterien, wenn überhaupt irgendwer...

‹2›

Kopf. Schreib:
Design. Schreib:
Kälte. Schreib:
Kompression. Schreib:
Verfolgung. Jetzt schreib:
Einen ganzen Satz.
Ganzer Satz?
Mit Prädikat!
Balancieren?
   Gut!

Finis

JUNI
Tagebuch des Juni 1993

Est quaedam vox ad auditum accommodata,
non magnitudine, sed proprietate.

Quinctilianus

1. Juni, Mars

‹1›

Intensiver Traum ohne Menschen, noch auffällige Dinge: Schillernde Netze, die die Sonne auf dem blaugekachelten Grund des Bassins auswirft. Tanzende Lichtseile, glitzernde Schlangen. An der Wasseroberfläche dagegen: Sonnenölfilme, fette Schlieren, treibende Kastanienblätter.

‹2›

Neue Abrechnung; Verkäufe von Melodien nicht schlecht, schon über 12000. Ein Durchbruch scheint geschafft (z. Z. Platz 42 der Spiegel-Liste). Im letzten Monat drei Angebote, ein Drehbuch zu schreiben. Alle abgelehnt. Kino, das ist Mannschaftskunst. Nichts für mich. Ich hätte auch bei besserem Willen keine Zeit.

Heute ist der letzte Tag von Beas Urlaub. Um 15 Uhr unterzeichneten wir den Mietvertrag unserer ersten gemeinsamen Wohnung. Die Nebenkosten waren plötzlich um 300 Mark höher, als vorher annonciert. Ich war ziemlich sauer deswegen, es gab einen kleinen Streit, ich wollte dem Immobilienhai schon an den Kragen. Dann, notgedrungen, beruhigte ich mich, es hilft ja nichts, es wäre äußerst lästig, jetzt noch nach was anderem zu suchen. Und Beatrice muß endlich zu Hause raus.

Der Makler war so widerlich... Ich tat ihm Weisheit aus der Zukunft kund, daß dereinst ein wütendes Volk ihn aus dem Bett zur Laterne tragen werde, wo er dann hinge und verfaule. Allein, er tat das sehr gelassen ab, der Tag sei lang noch nicht gekommen.

‹3›

Ich: Ich hab doch gar nichts gesagt.
Bea: Dein Gesicht hat gesprochen. Du hast mal wieder dein Gesicht nicht halten können.

‹4›

In die Stadt. Mir gegenüber in der S-Bahn saß ein Bauarbeiter, der las Agrippa von Nettesheim. Was es nicht alles gibt.

Im Plattenladen meinen Ärger auf dem Konsumwege abreagiert, 300 Mark für CDs verpraßt. Böhms Tristan von 1966, Mahlers Zehnte unter Simon Rattle, Glass' Echnaton – den ich schon als LP besaß. Noch etliches andere.

Über die Ladenlautsprecher lief Manon Lescaut, 4. Akt, es klang wundervoll... Ich fragte den Verkäufer, welche Aufnahme das sei; es war die altbekannte mit Tebaldi und del Monaco – die hab ich ja selber! Was eine gute Anlage alles ausmachen kann – ich hab' das bisher unterschätzt; nächste Anschaffung wird eine ebensolche.

‹5›

Huysmans gebraucht für Nutten das Wort ‹Liebesfleischerinnen›. ‹Erometer› (für Penis) ist übrigens von Lichtenberg. Ich verwende von nun an in meinen Texten immer weniger Wortspiele, die Gefahr eines ungewollten Plagiats ist verdammt groß. Neulich hab ich Glück gehabt. Den schönen Satz: *Wer eigentlich hat seinen Tod schon erlebt?* hätte ich beinah irgendwo in den Melodien verwendet, zum Glück fand sich keine passende Stelle. Nun nämlich lese ich bei Wittgenstein: ‹Noch niemand hat seinen Tod erlebt.›

So ein Satz liegt eben nahe, da kommt jeder irgendwann drauf. Und bei Wittgenstein will ich nun wirklich nicht klauen. Was sich sagen läßt, läßt sich niemals klar sagen, sonst ist es dumm – und worüber man nicht reden kann, davon soll man singen. Wo die Wörter stocken, beginnt die Musik.

(Apropos, jetzt fällt's mir ein: «*Noch niemand hat... gibt's witziger schon bei Epikur [wirklich Epikur?]: Ich habe keine Angst vor dem Tod – denn solange ich da bin, ist der Tod nicht da, und wenn der Tod da ist, bin ich nicht da.*)

(2. Nachtrag: *Was fürchtest du den Tod, Väterchen? Es hat ja noch keiner erlebt, daß er gestorben ist.* Russisches Sprichwort, gefunden im Lipperheide [Berlin 1907].)

‹6›

Die CDs im Schließfach abgelegt. Um 20 Uhr in der Riemer Charterhalle, Konzert meiner alten Lieblingsband, des Gun Club. Das neue Album (‹Lucky Jim›) ist allerhöchstens ordentlich. M. Fuchs-Gamböck erzählt mir von seinem Interview mit Jeffrey Lee Pierce, er soll erschreckend aussehen, ausgelutscht und abgewrackt. Ich entgegne, daß er so schon seit 10 Jahren aussieht. Und wirklich springt Jeffrey mit einer ungeheuren Energie auf die Bühne, ‹I hear your Heart singing›, er trägt Nickelbrille und Maoistenkappe, geriert sich wie ein Derwisch. Das Konzert ist längst nicht ausverkauft, im Gegensatz zur großen Nachbarhalle, wo INXS spielen. Eine nostalgische Mücke schwirrt um meinen Hals. Es gibt Unmut im Publikum, wenn Songs der neuen Platte gespielt werden, kaum wird dann geklatscht. Jeffrey macht seinem Ärger darüber mit obszönen Gesten Luft, kündigt die alten Fetzer in verächtlichen Worten an («Here's for you, suckers...»). Die letzte Zugabe, den Titelsong des neuen Albums, nennt er: «The best song I've ever wrote». Das hat etwas rührend Trotziges, Junggebliebenes, und natürlich stimmt es nicht, aber das macht nichts, er hat trotzdem recht.

‹7›

Gedanke: Es wird eine Musik geben aus elektrisch-chemischen Impulsen, die direkt ‹ins Blut› geht, die nicht nur auditiv, sondern auch, und vor allem, neuronal funktioniert, eine

Mischung aus Musik und Nervendroge, eine interaktive Giftsymphonie.

‹8›

Das Klischee, musikhistorische Wendepunkte / Meilensteine seien durchweg von den Stigmata des Unverständnisses gezeichnet, ist schlichtweg falsch; viel häufiger war braver Applaus (wie zum Beispiel beim Orfeo, oder bei Nozze di Figaro), wenn nicht gar Begeisterung (Tristan oder Salome).

Lektüre: Strindberg, ‹Der Pelikan›.

2. Juni, Merkur

(– seltsam, daß so viele Geschäfte am Mittwoch achmittag geschlossen sind)

‹1›

PRINZ ruft an, ich soll einen Artikel über Horrorfilme schreiben. ELLE ruft an, will irgendwas, danach ein Jungregisseur, was soll das alles? Dauernd klingelt das Telefon. Dann Falcke, ich soll auf dem Sommerfest des Foraums lesen. Na schön, das war letztes Jahr lustig. Mit Studnitz verabrede ich, daß wir uns am 7. August in Salzburg die ‹Poppea› ansehen. Paul ruft an, lädt mich auf eine Geburtstagsfete ein, abgesagt, will endlich meine Ruhe. Nächstes Jahr gern. Gina ruft an – die englische und französische Ausgabe von ‹Me, Myself and I› ist da, die englische Übersetzung soll großartig sein.

Ich amüsiere mich beim Frühstück über den neuesten Schwung von Lesungsrezensionen. «Ein schlaksiger Typ», steht da über mich, «mit Seidenschal» (Baumwolle, 4 Mark 50) und «teuren italienischen Schuhen» (29 Mark 90 bei Reno, Pasing). Ähnlich windige Urteile und pseudoseidene Vermutungen finden sich über meine politischen Affinitäten.

Kein Rezensent bisher ist den Geheimnissen der Melodien auch nur nahegekommen, abgesehen von Borchmeyer, der Ansätze zeigte. (Was mich vor allem verblüfft: Bisher hat niemand die Analogie Castiglio – Bemboni bzw. Castiglione – Bembo erwähnt, dabei wird mit so was doch nur allzu gern geprotzt.) Lutz Hagestedt hat immerhin eine schöne Kritik geschrieben, mit großem Atem, dennoch detailhaltig. Und stilistisch brillant.

‹2›

Mythos – ein von der Linken sehr mißtrauisch beäugtes Wort, bedeutet bei mir einfach nur: die Wirkung des Gewesenen auf die Rezeption des Gegenwärtigen.

Ein Küchenmesser des späten neunzehnten Jahrhunderts gewänne stark an Wert, wüßte man, daß es sich um das von Jack the Ripper handelt. Die Bedeutung, die ein Objekt nach Bekanntgabe seiner ‹Prominenz› (finde grad kein besseres Wort) hinzugewinnt, nenne ich dessen Mythosgehalt. Mythos ist die Differenz von Ding und Sprache, von Sein und Sage, ist immer etwas Zugetragenes. Lange Meditation über die Verbbildung, ‹sich zugetragen haben› für ‹geschehen sein›, ‹passiert sein›.

‹3›

Im letzten Interview vor seinem Selbstmord 1978 (!) sagte Jean Amery sinngemäß, daß Links und Rechts längst leere Begriffe geworden seien, daß sich aber die Linke immer über ihre Feinde definieren könne: das Militär und die Kirche. Demnach muß ich ein Linker sein.

‹4›

Heute gehört: Beethoven, 10. Sinfonie, 1. Satz. Es ist ein bißchen Grabschändung, ein bißchen verwerflich, ziemlich aufregend, zu schlechter Letzt enttäuschend, wie eine Frau, die man ein Leben lang haben wollte, die als Greisin dann endlich ja sagt.

‹5›

Es gibt jetzt ‹Tür›-Klingeln für den Schreibtisch, die bedient man selber. Es habe geläutet, sagt man dem lästigen Gesprächspartner. So 'n Ding muß ich mir unbedingt besorgen.

‹6›

Bea: Ich hab heut einen Rabenbaum gesehen, der war voll dicker, reifer Raben.

‹7›

Spätnachmittags das Schlußkapitel zu *Thanatos* geschrieben. Mit dem Schlußkapitel hab ich auch bei Melodien begonnen, ich muß wissen, worauf alles hinausläuft.

‹8›

Wieder CDs gekauft: 1. Symphonie von Havergal Brian, die ‹Gotische›. ‹Is this real?› von den Wipers. ‹Der Mond› in der tollen Eichhorn-Aufnahme. Alle wichtigen Platten kaufe ich nach. Für lamentierende LP-Fetischisten, die immer noch dem Vinyl nachtrauern, habe ich nicht das geringste Verständnis. Daß das Plattencover ein wichtiger Raum für Designkunst war, bezweifle ich nicht, aber ich bin mir sicher, mit der Zeit wird man sich auch bei den Compact Discs etwas einfallen lassen, vielleicht Leporellos oder ähnliches.

Hänge viel herum und träume. Der Trubel war so groß, daß ich jede Minute Ruhe ausnutzen muß. Morgen nach Leipzig, kotz auf Leipzig, die Lesungen werden immer unerträglicher, aber darf man sich beschweren? Von den bisher geplanten 40 Terminen sind erst 17 abgeleistet. Die ersten 10 haben Spaß gemacht. Andere Städte, in die es einen nie verschlagen hätte, Menschen, viele verwertbare Anekdoten. Noch habe ich nichts von dem Bielefelder Freak gehört, seltsam; ich sandte ihm *Fette Welt*, und noch nicht mal ein Dankeskärtchen kam zurück. Wir waren mit Günther Butkus flippern, dort war ich mit ihm ins Reden gekommen, er erzählte von seiner Freundin, die er, welch grandioser Zufall, schon in seinem letzten Leben gekannt und schmählich an die Nazis verraten hätte – weshalb er ihr im jetzigen Leben dienen müsse, um ein wenig seiner Schuld abzutragen. Er selbst, sagte er, könne sich an jene Sache nur noch sehr undeutlich erinnern, aber seine Freundin, die wisse alles noch ganz genau, na ja, schließlich sei sie ja damals ins KZ gekommen, nicht er, und was sie davon vergessen hatte, das sei ihr nach Rückführungshypnose wieder eingefallen. Dies alles erzählte er mit traurigem Ernst.

Günther und ich hatten uns angesehen, und, obwohl wir schon reichlich getrunken hatten, zusammengerissen. Erst später, als sich die Runde aufgelöst hatte, brach das Gelächter aus uns hervor, wie aus berstenden Deichen, und wir tranken noch einen auf die Frauen der Welt.

‹9›

Faszination der Präfix-Vielfalt von ‹brechen› (aus, auf, ab, ein, unter, entzwei, an, er, weg, drein, rade, ver). Ist das Rekord?

‹10›

Genieße eine kräftige Spülung Puccini. Das Duett Ruggero-Magda ‹Bevo al'tuo fresco sorriso…» – «Ich trinke auf dein frisches Lächeln…» aus La Rondine, zweiter Akt, es zählt zu P.s reifsten Leistungen.

‹11›

Lektüre: ‹Pelikan› fertig. Schwach.

3. Juni, Jupiter

‹1›

Gegen 13 Uhr Ankunft auf dem Leipziger Flughafen. Taxifahrt zur Messe. Erster Eindruck der Stadt bestätigt Klischees von Dreck, Zerstörung und Tünchwerk. Hier wird die Abrißbirne nicht genügen, alles scheint verseucht zu sein auf lange Zeit hin, selten zuvor hat eine Stadt so negativ auf mich gewirkt. Die Messe – im Gegensatz zu Frankfurt sehr überschaubar; beim Merlin-Stand Célines ‹Die Kirche› gekauft; fehlte noch in der Sammlung. Der Verlagsvertreter wollte mir das einzige Exemplar nicht mitgeben, wenigstens nahm er die 10 Mark in bar an, so hab ich mir die Nachnahmebeschwerlichkeiten gespart, habe andererseits nichts in der Hand. Wenn das Buch nicht kommt – Pech. Beim Gang zwischen den vielen Ständen spürte ich öfters Lust, dies und das zu stehlen, seltsam, ich kann mir doch nun wirklich alles leisten. Aber es ist ein aufregendes Gefühl, das ich schon vergessen hatte. Im obersten Stock Treffen mit M. Verhandlungen wegen dem Paperback von Spielgeld. Habe mich nachdrücklich für Franz' *Tollwut* eingesetzt, M. verspricht, es ins TB-Programm aufzunehmen, es wenigstens zu versuchen; ich bin saumäßig stolz auf mich.

Der erste Tag der Messe. Am Abend finden in Leipzig 22 Lesungen statt, dennoch ist die kleine Buchhandlung im Messebau gefüllt bis auf den letzten Platz, was heißt: 24 Hörer. Ich lese eine Pasqualini-Passage, danach ergibt sich eine politische Diskussion mit dem Publikum, die Ch. für mich beendet, weil sie Hunger hat und in Auerbachs Keller ein Tisch reserviert ist. Die Jungs von Wist & Ressel stellen sich vor, bei denen, in Potsdam, les ich irgendwann im September. Nette Kerle.

Auerbachs Keller – wohl unvermeidlich. Wie vieles ‹Unvermeidliche› eher enttäuschend. Gutbürgerliche Küche in leicht morbidem, feintuendem Herrensaal. Biedermeierlich, doch wie mit zarten schwarzen Schleiern verhängt; es wirkt einfach merkwürdig, wenn ein befrackter Kellner, die Serviette schulmäßig über dem angewinkelten Arm, einen Teller Gulasch an den Tisch bringt. M. und Ch. richteten während des ganzen Abendessens kein direktes Wort aneinander. M. verabschiedet sich schnell, muß noch nach Berlin zurück. Ich ging mit Ch. noch einen trinken und lamentierte die ganze Zeit. Bin für niemanden eine lohnende Unterhaltung. Meine Nerven liegen bloß.

Besonders unangenehm: Alle Hotels sind besetzt, ich kam nur noch privat unter. Bed and Breakfeast nennt man das neudeutsch: 7. Stock eines widerlichen, trübsinnigen Selbstmordkastens, die kleine Wohnung ist aber nett eingerichtet, und der Vermieter gibt sich Mühe, zuviel Mühe, hält es für seine Gastgeberpflicht, mir ein Gespräch aufzudrängen. Ich schaffe es nicht, mich dem zu entziehen, und komme erst eine halbe Stunde später zur Ruhe. Zum Glück hatte ich genug Wein besorgt, die Stimmung wieder zu heben. Einige Skizzen zu Gedichten. Dann, um 3 Uhr morgens, passierte etwas höchst Enervierendes, als wolle man mir noch eins draufgeben: Meine beiden Feuerzeuge gaben exakt in derselben Minute ihre Geister auf. Wie nun rauchen? Die Hilflosigkeit machte mich verdammt wütend. Zuletzt schlich ich mich wie ein Dieb in die Küche der Wohnung und suchte nach Streichhölzern, fand, triumphierend, welche in der letzten Schublade. Im Zimmer gleich die Neubauten in den Scheibenmann gelegt, «Zerstörte Zelle», Blixa singt: «Ich bin Prometheus / Nur meine Leber wächst nicht nach / Hol mein Geschenk zurück / Zerstörte Zelle / Der Adler muß verhungern...»

Rauchen ist Liebe.

Je unglücklicher ich bin, desto kitschiger werd ich.

Sie fragten den Verurteilten, ob er noch etwas sagen möchte. Er antwortete ja, etwas, das er schon sein ganzes Leben lang einmal hätte sagen wollen – aber ausgerechnet jetzt fiel es ihm ums Verrecken nicht ein.

Wecken um 7. Wenigstens hatte der Tag ein paar Erfolgserlebnisse zu bieten. Aber der Begriff ‹Erfolg› wird immer januskörpfiger. M. versteht übrigens nicht, wie ich mich entschließen konnte, nach Klagenfurt zu fahren. Meine Begründung ist äußerst simpel: Neugier. Wenn ich nicht fahren würde, würde ich mich ein Leben lang fragen, wie das wohl geworden wäre. M. stimmt schließlich zu: Klagenfurt könne niemandem ernsthaft schaden.

Von Leipzig wenig gesehen. Gefühl: Gut so.

4. Juni, Venus

‹1›

Anruf bei einer Wiener Theaterdirektorin. Höre eine laszive Stimme: «*Ich bin die Anrufbeantworterin. Sprechen sie auf mich drauf...*» Hab vor lauter Lachen aufgelegt.

‹2›

Hier in Gilching gibt es kaum noch eine junge Frau, die nicht durch ein Kind entstellt ist. Tatsächlich steht in der Zeitung, es wäre die gebärfreudigste Gemeinde im ganzen Landkreis. Furchtbar: Überall Kinderwägen, kreischende Bälger, abgestempelte Frauen, nur noch Mütter gibt es hier, Mütter, es ist widerlich. Für das ganze Gewürm braucht es Kindergärten, Schulen, Supermärkte, Häuser – und irgendwann Friedhöfe. Vielleicht nehm ich mir bald wieder 'ne Stadtwohnung.

‹3›

Valentins 111. Geburtstag, das ist einen Bananenschnaps wert.

Im Schachclub Mannschaftsbesprechung für die kommende Saison, lasse mich freiwillig vom 1. ans 2. Brett versetzen, meine Spielstärke hat unter *Melodien* ziemlich gelitten. Jetzt geht es langsam wieder aufwärts, aber Klaus K., der dieses Jahr oberbayerischer Meister geworden ist, muß ich den Vortritt lassen.

Habe im Club ein *Thanatos*-Bruchstück skizziert. Der Stoff wächst, ich spüre neue Schreibgeilheit, muß mich aber bändigen. Nicht vor Dezember!

Zu Hause passierte etwas sehr Ärgerliches, das mir wirklich leid tut. Jemand aus einer Journalistenschule rief an – er möchte gern ein Interview mit mir führen, zu Übungszwekken. Ich sagte, daß ich für so was leider keine Zeit hätte, und legte auf; kam mir danach vor wie ein Schwein. Vielleicht hatte sich der Mensch Mühe gegeben, meine Bücher gelesen, einen Fragenkatalog zusammengestellt... Ich schäme mich wirklich, so etwas darf nie wieder geschehen, wenigstens sollte ich mir endlich ein neues Telefon besorgen, eins, bei dem man den Stecker aus der Wand ziehen kann.

Genug geschämt, die Leute sind teilweise auch wirklich unverschämt. Fast jeden Morgen klingelt irgendwer vor 10 Uhr an, danach kann ich meist nicht mehr einschlafen und humple bleich wie ein Zombie durch die Gegend. Kleine Rache: Bei PRINZ angerufen und drei Mille für den Horrorfilmartikel verlangt. Schweres Schlucken am anderen Ende der Leitung. Aber sie zahlen, bin zur Zeit en vogue...

Ich muß diesen Artikel schreiben, weil er Möglichkeiten bietet, aufzuklären und gegen die Zensur zu wettern. Jetzt ist mir endlich mal ein Podium an die Schuhsohlen gewachsen, dann muß ich es auch nutzen.

‹4›

Bea: Gibt das viel, viel Marienkäfer? Ihr Synonym für Moneten.

‹5›

Die Boulevardzeitschriften sind voller Debatten über den Film ‹Ein unmoralisches Angebot› – darf man eine Nacht fremdgehn, wenn man dafür eine Million Dollar kriegt? So was diskutieren die ernsthaft, manche behaupten sogar ‹nein›. Probleme über Probleme... Daneben das hypochondrische Gerede um die Rezession.

‹6›

«Ich würde gern eine vorwiegend sexuell geprägte Beziehung zu Ihnen eingehen.»

Das sind so Sätze, die eine Geschichte um sich formen. Plötzlich ist eine Idee da, die motorisiert werden will.

‹7›

Trotz des Termindrucks ist es mir irgendwie gelungen, die Freitage einigermaßen freizuhalten. Abends wieder in den Club, Blitzschach bis 2 Uhr morgens, Aggressionen abbauen. Das Schachspiel ist wirklich das einzige intellektuell hochwertige Substitut für den physischen Kampf, man sollte es zum gesellschaftlichen Pflichtfach machen. In letzter Zeit merke ich, daß ich es nicht mehr so ernst nehme wie früher, der Kampfgeist fehlt, ich füge mich achselzuckend in eine Niederlage, bin noch süchtig, aber ohne Biß.

‹8›

Mit einem meiner Schachschüler diskutiert über Elitarismus und Demos. Es störe ihn an der Demokratie, daß jeder Idiot genau wie er eine Stimme habe, die er bei Wahlen abgeben dürfe. Diese Auffassung von Egalität hielt er für bedenklich, ja fatal und stellte ein Ständewahlrecht in den Raum, das die Zahl der abzugebenden Stimmen nach Bildungsgrad differenziert, z. B. bei Hauptschulabschluß eine, bei mittlerer Reife zwei, bei Abitur drei, bei einem akademischen Grad vier Stimmen o. ä. Diese Gedanken hatte ich als Sechzehnjähriger auch. Ich antwortete ihm, er dürfe nicht übersehen, daß numerische Egalität nur formal bestünde, daß gebildete Menschen auch über die viel größeren Möglichkeiten verfügten, andere zu beeinflussen, daß von daher alles schon ganz in Ordnung sei, solange sich die Gebildeten nur engagieren.

‹9›

Am frühen Morgen die letzte Seite vom *Rekontraktach* neu geschrieben.

Eingeurnt in katzengraue Tage – da klammert man, krallt sich fest an der wehenden Mähne der Nacht; mein Daimon, Taschendaimon mit Pferdemaske, irisierender Kauz, galoppiert den Tresen entlang in ein Morgen aus Aspirin und Amnesie.

Oh, das ist schön. Lektüre fällt wieder einmal flach. Marcel gab mir Martin Amis ‹Gierig› mit – ich las die ersten 20 Seiten, fand sie toll, finde dennoch keinen Nerv, weiterzulesen, hab kaum Konzentration für Geschriebenes, fühle mich entsetzlich. Ambjörnsen hat mir damals in Oslo gesagt, es gebe nichts Gefährlicheres als Erfolg. Jetzt hab ich begriffen, was er damit meinte.

‹10›

Erfolg ist, wenn man dreimal hintereinander den Nobelpreis gewonnen hat – und den Wanderpokal endlich mit nach Hause nehmen darf.

‹11›

Man geht an der Öffentlichkeit zugrunde wie ein an Land gezerrter Fisch. Es sei denn, man gehört zur seltenen Gattung, die sowohl über Lungen wie über Kiemen verfügt (Beatrice: «Dipnoiformes».).

‹12›

Credo: Passion entschuldigt alles. Fleiß nichts.

‹13›

Dennoch: Sprache ist ein Kultobjekt. Die Suche nach dem vollkommenen Satz ist ein Gottessurrogat. Der Roman ist ein Haus behängt mit Votivtafeln. Das hat immer etwas zugleich Erhabenes und Peinliches. Wie das Leben ist. Jeder Schriftsteller will geliebt werden; Schriftsteller, die sich zu ernst nehmen, werden mit Respekt bestraft. Mir geht es so, wenn ich Nabokov lese, Proust, Joyce oder Thomas Mann. Ich hege Respekt für sie alle, lieben kann ich sie nicht. In meiner Rangliste des Jahrhunderts tauchen sie nicht auf. Kafka dagegen, Andrejew, Fante, Céline, Hamsun, Bukowski – Autoren, manche mit Schwächen, manche mit Fehlern, die ich dennoch immer leidenschaftlich verteidigen würde, weil ich sie liebe, weil sie meine Paten sind.

‹14›

Ich verachte Märtyrer und Faustverschnitte, in sich gekrümmte Fäustlinge, die ihr Leben kompromißlos der Kunst widmen, deren Besessenheit in der Zwingburg eines Zieles endet, die unmenschlich werden und doch nicht göttlich.

‹15›

Lektüre: Per Daniel Atterbom, ‹Reisebilder aus dem romantischen Deutschland›. Leider keine Gegend dabei, die für *Thanatos* interessant wäre.

5. Juni, Saturn

‹1›

Beatrice betreibt magische Hypochondrie, indem sie nämlich eine ihrer kleinen Magenverstimmungen nacheinander für ein Symptom von Mumps, Gelbsucht, Salmonellenvergiftung, Schwangerschaft etc. hält. Sie meint, wenn man alles Mögliche in Erwägung zieht, tritt alles das nicht ein. Sehr schlau. Übrigens ein Glaube, dem man häufig begegnet. Die Vorgehensweise des Schicksals wird für ziemlich hinterfotzig gehalten, wo es uns doch sowohl mit dem Erwarteten als auch dem Unerwarteten in die Pfanne hauen könnte.

‹2›

Satz des Tages: Neolog ist neolog, aber neolog dann schon nicht mehr. (Kapiert das jemand?)

‹3›

Herrlich wenig getan, endlich einmal zum Ausspannen gekommen. Schlüpfrige Farben geiern ums Gewölk. Spaziergang beim Kies- und Quetschwerk. Giftblauer See, darüber, an den Zäunen, hausen Ab- und Aussteiger in alten VW-Bussen. Ich sah mir das näher an. An einer Stoßstange hing ein Sack Kartoffeln, einfache Hocker aus Baumsegmenten standen um eine Feuerstelle. Bei Regen wird das giftblaue Wasser gifttürkis. Nahe am Zaun gibt es auch tausendmal geflickte Bretterbuden, Gärten, in denen ein wenig Mais, Kohlrabi und sonst nur Unkraut gedeiht. Große Kieshaufen, überall liegen Flaschen – billige Rauschmittel wie Kellergeister. Geister für die letzten Keller.

War im ‹Skorpion› beim Flippern, bin danach durch die Stadt geschlendert.

Dialog, auf der Filmbörse belauscht:
«Vierzig Mark is' zu teuer.»
«Aber es ist 'n echt menschenverachtender Film!»
«Ja?»
«Klar. Und es gibt drei Kopfschüsse in Großaufnahme.»
«Na schön, sagen wir dreißig!»
«Es gibt auch herausquellende Eingeweide.»

Langer Samstag; hab ein neues Diktaphon erworben, das letzte ist kaputtgegangen. Im Endeffekt hat es wenig gebracht. Ich kann beim Sprechen nicht formulieren, meine Mündlichkeit ist lausig, besonders nach ein paar Bieren, wenn der Kopf noch klar ist, aber die Zunge quer steht. Dann häufen sich die skeptischen Blicke, die fragen: «Das is 'n Schriftsteller?» Na ja, ich weiß schon, warum ich schreibe und keine Reden halte, und in der Tat, die Grenze vom Künstler zum Penner ist zaunlos und visafrei. Vielleicht sitz ich in 10 Jahren wieder auf der Straße, keiner kennt mich, und ich erzähl den Saufbrüdern: «Je – ich hab mal Bücher geschrieben, 6, 7 Stück. Nina Ruge wollte ein Interview mit mir!» Dann werden sie fragen: «Und – wie war's mit Nina?» Und ich: «Nix war's. Hab ihr abgesagt!» Sie werden grinsen und sagen: «Ach so...»

Hab mir in einer Kneipe das Bayernspiel angesehen, danach Spaziergang am Fluß. Werde dreimal um eine Mark angehauen, gebe jeweils zwei. Ich bin, um mit Zarathustra zu reden, noch arm genug, Almosen zu geben.

Weit nach Mitternacht zu Hause eingetrudelt, pathetisches Zeug zu *Thanatos* gekritzelt, weggeschmissen.

‹4›

Opferstellen der Zensur (Folge I):

Da sprach Gott, der Herr, zu der Schlange: Weil du das getan hast, seist du verflucht, verstoßen aus allem Vieh und allen Tieren auf dem Felde. (Und Gott fesselte die Schlange und hieb ihr mit einer scharfen Axt beide Beine und Arme ab. Und er

sagte:) Auf deinem Bauche sollst du kriechen und Erde fressen dein Leben lang.
(1. Mose 3.14)

‹5›

Parsifal – das Lied des Todes, des Abschieds. Grenzmusik.

Es ist wesentlich das Drama des Amfortas, des Marsyas der Idee – den die Tat erlöst vom uneingelösten Wort. *Melodien* beginnt vor dem Dom in Siena, wo Wagner die Idee zum Parsifal gehabt haben soll, und endet damit, daß Täubner ziemlich exakt hundert Jahre nach Nietzsche in ein deutsches Irrenhaus eingeliefert wird.

‹6›

Lallend entäußert sich der Mund des Zwanges zur Sprache, nähert sich der Zeit, als Wörter noch mit jedem Male neu ihrer Notwendigkeit überführt werden mußten, noch keine Ketten bildeten, als die Welt noch nicht übersetzt war.

‹7›

Schattenspiele: Wand wird in Leinwand verwandelt.

‹8›

Lektüre: Achternbusch, ‹Es ist niemand da›. Quer gesprungen. Zu Bett um 5 Uhr 30.

6. Juni, Sol

⟨1⟩

Nach dem Aufstehen ein paar telefonische Recherchen zum Horrorfilmartikel. Tatsächlich weist die Gattung relativ wenig Glanzlichter auf, die aber strahlen dafür um so heller: *Dawn of the Dead* und *Day of the Dead* stehen in meiner persönlichen Liste der 15 besten Filme aller Zeiten. Schwierige Frage, ob man dem Genre auch Filme wie Henry, Nosferatu oder Body Snatchers zuordnen soll. Serienkiller-, Vampir- oder Alien-Filme, von anderen Sub- und Übergangsformen ganz abgesehen, machen klare Grenzen unmöglich. Werde mich auf Splatter- und Fun-Horror beschränken. Frage zu Body Snatchers: Ist ein Alien-Film, der in der Gegenwart spielt, eigentlich unter SF zu rechnen?

Beatrice erzählt einen Satz, den sie aufgeschnappt hat: Die Zeit gibt es, damit nicht alles im selben Moment geschieht. Sie sagt, das leuchte ihr ein. Mir, widerstrebend, auch.

⟨2⟩

Habe auf dem Planegger Trödelmarkt die herrliche, um Gravierendes vermehrte Zweitausgabe (1862) der ‹Parerga und Paralipomena› erstanden – 1a-Zustand, für zweihundert Mark. Auf demselben Markt noch eine unglaubliche Begebenheit, vorne, bei den festen Ständen. Beatrice und ich redeten über ein Ölbild. Schließlich kam der Standbesitzer. Ich: «Sagen Sie, nur mal interessehalber – was kostet das?» Er: «Fürs bloße Interesse geb' ich keine Auskünfte.» So viel hochnäsige Frechheit hatt' ich schon lang nicht mehr erlebt. Ich schlitzte ihn auf der Stelle auf, erwürgte ihn mit seinen eigenen Eingeweiden, quetschte seinen Kopf ab und kickte ihn durch die Gegend. Na ja, nicht ganz.

Nachmittags mit Bernhard und Petra im Etterschlager Biergarten. Haben ‹Labyrinth› gespielt. Die großen Augen von Beatrice: instinktweckend wie die Rachenfarbe eines Vogeljungen, fütter mich, fütter mich. Eine peinliche Dreimannkapelle vertrieb uns. Danach in die Stadt, vorm Gärtnerplatztheater Treffen mit J. Er war wieder sehr nett, hat uns Karten für die Ariadne besorgt. Über die Inszenierung gab es nur Gutes zu hören, aber meine Erwartungen wurden noch weit übertroffen. Die beste Ariadne, die ich je sah. Fulminantester Einfall des Regisseurs Matiasek: Zum Finale gehen Ariadne und Bacchus hinaus in den Garten, wo das Feuerwerk im Gange ist, genial werden beide Handlungen wieder zusammengeführt. Noëmi Nadelmann als Zerbinetta enttäuschte stimmlich etwas, machte aber sonst eine tolle Figur, verspielt, anmutig, vor Witz und Liebreiz sprudelnd. Die Personenregie war in den Details unglaublich einfallsreich. Allein die Gesten der Echo (Elaine Arandes) waren den Abend wert – grandios niedlich, wenn man die beiden Worte zusammenführen darf. J. erzählte wieder eine Menge Anekdoten aus der Staatskanzlei, wo er als Redenschreiber arbeitet. Das «Saludos Amigos!», das Streibl den Hals brach, war seine Idee; zunächst hatte es ein Freund Streibls herausgestrichen, später ein Feind Streibls wieder eingesetzt. J., dem ich seit 10 Jahren 700 Mark schulde, hatte immer offen für die SPD geworben. Nun scheint er seinem Job Tribut zu zollen, will von alten «Pauschalisierungen» nichts mehr wissen.

Ich hake nicht nach. Die 700, schwör ich mir, zahl ich bei nächster Gelegenheit endlich zurück, obgleich damit eine Ära enden wird: Krausser schuldenfrei.

‹3›

Beatrice sagt Erdquak für Erdbeben und Ententrainer für Entertainer. Wir entwickeln langsam unseren privaten Dialekt. Ich sollte alle diese Beispiele mal sammeln.

‹4›

Jedes Schwebeteilchen der Sprache an seinen Platz beordern, dabei aber den Bodensatz des Gesagten aufrühren zur Ekstase.

Zentripetale Sprache, drängend, anschaulich, stemmt sich gegen die Kurve, dringt ein ins Herz.

‹5›

Zur eventuellen ‹Schweine›-Neufassung: Das Stakkatakk muß durch Bängalängs gestreckt werden, zuviel Poesie entzieht dem Erzählten den Boden.

‹6›

Eine übereifrige Baukolonne hat gestern das Sterbebett von Friedrich Hebbel verbrannt.

‹7›

Für *Thanatos*: Spielt auf der Schwäbischen Alb, den dortigen Dialekt werde ich aber unberücksichtigt lassen. Seltsam, daß es in einer Gegend, in der schwäbischer Dialekt gesprochen wird, überhaupt zu Zeugungsakten kommen kann.

‹8›

Lektüre: Schopenhauer, ‹Versuch über das Geistersehn und was damit zusammenhängt›.

7. Juni, Luna

‹1›

Heute 150. Todestag Hölderlins. Vor zwei Wochen las ich in Tübingen, besuchte zum ersten Mal den Turm, schrieb auch einen Gruß ins Buch. Heute früh das Gedicht beendet, das ich damals begann: «Den Getürmten», hatte dabei zu gleichen Teilen an Hölderlin und Nietzsche (der im nächsten Jahr seinen 150. Geburtstag feiert) gedacht, ohne daß es explizit ein Text über die beiden geworden wäre. Gedanke: Starke Vision entsteht aus starkem Unbehagen an der jeweiligen Gegenwart.

Zu spät Geborene, die man ‹später› zu früh Geborene nennt, weil ihre Energie reichte, die Zeit in ihre Richtung zu ziehen.

Umwertung oder Abwertung. Ist der u. der zurückgeblieben? Oder steht er kurz davor, die anderen Läufer zu überrunden?

Habe im Wald ein Glas auf den Jubilar getrunken.

Auf dem Steinberg. Landschaft, menschenleer. Inhuman schön. Die heftigen Märzstürme haben mehr als die Hälfte der Bäume geknickt. Der Wald bietet ein Bild völliger Verwüstung. Allerdings werden durch die kreuz und quer liegenden Stämme auch viele Spaziergänger abgehalten. Man muß in allem Positives sehn.

Ich kämpfte mich mühsam durch den Fichtenfriedhof, die Augen auf den Boden geheftet. Plötzlich standen drei Rehe vor mir. Hier, fünf Kilometer von der Stadtgrenze, sind Rehe ziemlich selten. Nun gleich drei auf einmal. Keine fünf Meter entfernt. Rehe sind sehr feige Tiere. Diese drei aber standen da und sahen mich an und liefen nicht weg. Ich machte einen Schritt auf sie zu. Möglicherweise hatten sie das veränderte Ambiente noch nicht realisiert, oder wollten es einfach nicht wahrhaben. Die Bäume, die ihnen vorher als Deckung gedient hatten, streckten ihr nacktes Wurzelwerk in den Himmel.

Vielleicht hatten die Rehe die Schnauze gründlich voll vom Verstecken und Weglaufen.

Wir sahen einander eine Zeitlang an.

Dann endlich sprangen sie fort. Zierlich, ästhetisch, wie man das so kennt.

Ich bin beinahe froh, daß sie mich nicht angegriffen haben.

Lustig: die Jägerstände sind durchweg unbeschädigt. Die Förster haben sie alle an gesunde Bäume montiert.

Schlaue Kerlchen sind das. Es sieht wirklich sehr komisch aus. Der ganze Wald besteht aus Jägerständen.

Nachmittags Anruf vom SZ-Wochenmagazin. Die Redakteurin fragt mich, ob ich für 500 Mark vierzig Zeilen schreiben möchte, was immer ich wolle, nur sei mir der erste Satz vorgegeben: «Sechs Gäste lud Guggenheim zum Essen ein, doch sieben erschienen.» Sie meinte, schon andere, sehr namhafte Autoren hätten zugesagt. Ich antwortete, daß ich es mir überlegen wolle. Nichts gegen 500 Mark, aber so ein erster Satz... Empfinde den Antrag als ziemlich unverschämt. Sind wir denn nur noch Medienhuren? Am Abend sprach ich ihr auf den Anrufbeantworter, daß mir eine solche Veranstaltung doch ein wenig zu sportiv sei.

Gabriele und Ingvar schicken mir eine Karte. Bei der Lesung im April hab ich die beiden gar nicht sprechen können. Dieser blöde Pöbler saß am Tisch, sagte mir offen ins Gesicht, daß er's beschissen fand, und stellte eine dumme Frage nach der andern. Es war verdammt heiß für April, bei der Lesung hab ich geschwitzt wie ein Schwein, die Schweißtropfen perlten an mir herunter, brannten in den Augen. Nachdem ich die Lesung hinter mich gebracht hatte, entdeckte ich den Grund, entdeckte hinter mir die Heizung, die irgend jemand volle Kanne aufgedreht hatte. Die Welt ist grausam. Gabriele schreibt, daß *Fette Welt* in Hamburg eine Art Kultbuch ist.

‹2›

Zu *Thanatos*: Johanser entpopt die Welt, dreht sie ins 19. Jahrhundert zurück, ins vorwilhelminische Zeitalter. Er ist kein rechter Visionär, er predigt nicht den Aufstand Europas gegen die amerikanische Kultur. Er ist ein romantischer Reaktionär, der einzig in der Sprache lebt. Sein Scheitern ist vorprogrammiert, weil er im Grunde nichts anderes will, weil gar nichts anderes möglich ist, und es nur noch um den stilvollen Vortrag des Scheiterns geht. Das mag er aber nicht wahrhaben und beharrt auf seiner Existenz.

‹3›

Im Intercity Malaga-Madrid haben Schaffner Hautfetzen, Eingeweide und eine riesige Blutlache gefunden, aber keine Leiche. Die Täter müssen ihr Opfer offensichtlich zerstückelt und die Leichenteile aus dem Fenster des fahrenden Zuges geworfen haben.

‹4›

‹Palestrina›, Vorspiel erster Akt, von Pfitzner selbst dirigiert: Musik aus fernem, gebrochenem Licht, wie es auf Holz, Stein und Staub längst versunkener Zeiten fiel. Licht, in dem man die Substanz einer ganzen Epoche sehen – und riechen kann. Man visioniert einen alten römischen Kirchturm herbei, durch dessen Luken heiße Sonne in Säulen auf die Stiegen fällt.

Leider taugt die Oper wenig, jedenfalls nicht in der Kubelik-Aufnahme. Kubelik verhudelt das Vorspiel fast so schlimm wie Sawallisch; ich versteh das nicht – die Noten müßten sich einem hier doch aufdrängen, ihre Tempi erzwingen...

⟨5⟩

Gedicht:

Den Getürmten

Der Zorn des in der Zeit zu Späten / spaltet die Äcker, wirft Furchen auf, geduldig / wechselt der Stein die Seite und Inschrift. / Vor alle Kriege sind Lieder gesetzt, / es kommen, verwesen die Völker, / mischen einander ihr Blut und die Kulte. / Wiederholung, sagt einer vorab, entschuldigt: / Der Pilz, der bald am Moder frißt, / wird Nahrung werden scheuerer Tiere. Mag sein. / Oft, beim Ausholen zum Wort, schlich Zweifel / in die Saat, ob alles das wert sei, / inmitten der Kämpfe beständig, stark noch, / wenn Gutgemeintestem Gemeinheit entspringt. / Heraufbesinger, zu spät geboren alle, nehmen, / was an Vergangenheit verloren scheint, der Zukunft / vorweg, mischen die Spiele, tauschen die Kreise, / teilhaftig zu werden am Spiel. / Und steht nicht dem Schweigen der Toten / Applaus gegenüber, der lebenden Chöre, des Nachhalls? / Und müßte dem Chor nicht bekannt sein, es gibt, wo er hingeht, / kein leisestes Ja? / Leuchtschrift und Sternbild verleugnen sich dann, / belassen die Tempel im Dunkel, keine Kerze wird gestiftet, / wo Fackeln zuvor, Brandherde, Scheiterhaufen – / Stille. / Zornig sprengt, wer früh genug das Regelwerk / durchschaut, Maß und System, mischt Widerspruch / ins Gekelchte, benagt sich, der Schuld / zu entfliehen hofft er, die / Schönheit zu trennen vom Schicksal. / Umsonst. Hanswurste trifft Verfügbarkeit / noch mehr; in viele Flaggen reiht sich ihre / Farbe, verfärbt sich, mißbraucht. / Und wer von allen, frag ich, nimmt / den keuschen Renegaten ernst, der, verschanzt im Ich, / menschenleere Bilder reimt, des Spiels entsagt, / das Licht der Welt / vom Leiden trennt, darin es blüht?

⟨6⟩

Lektüre: Schopenhauer, Achternbusch.

8. Juni, Mars

‹1›

Telefonat mit Karl, wegen des Velvet-Underground-Konzerts. Er fährt auch nicht nach Paris, wird sie aber in London erleben, auf Kosten der SZ.

Neid! Ich sollte nach Paris fahren, ich sollte es wirklich. Ich weiß nicht, was mich davon abhält. Ach ja, Lesungen. Nein, nur am 16. wäre eine. Ach, ich weiß es nicht. Vielleicht wär's auch enttäuschend.

M.F. kommt mich um halb zwei Uhr mit dem Fahrrad besuchen. Wir gehn Pizza essen. Führen ein interessantes Gespräch über Ewers. Danach Flippermatch. Ich verliere und ärgere mich. Er hat bloß Glück gehabt.

16 Uhr Telefonat mit A., wir vereinbarten einen Besuch, irgendwann im Sommer. «Du klingst so verschnupft.» «Ja, halt den Hörer ein bißchen weg, sonst steckst du dich noch an.»

Lese, daß zur Zeit die härteste, direkteste Anmache in den Diskotheken schlicht aus «Ficken?» besteht. Ob dem ab und an Erfolg beschieden ist? Könnte sein, überwältigt es doch sekundenlang, täuscht Selbstbewußtsein vor, und wenn der Fragende gut aussieht, warum nicht?

Man muß auch nicht krampfhaft in jedem schönen Körper nach Geist suchen, der schöne Körper ist anbetungswürdig genug. Nur Prüderie kann darin Menschenverachtung sehen. Die ‹Degradierung› des Menschen zum Lustobjekt ist in Ordnung, solange die ehrliche Absicht besteht, Lust nicht nur zu gewinnen, sondern auch zu verschaffen. Männer scheinen mir selbstloser in diesem Punkt als Frauen.

‹2›

Peter ruft an: Wir seien beide um 4000 Mark reicher, der Taschenbuchvertrag für ‹Spielgeld› sei unterschrieben. Siehste, sagte ich, jetzt haste mit dem Bändchen sogar noch ein Geschäft gemacht, da bin ich aber froh.

‹3›

Abends sehr unerfreuliches Treffen mit R.K. in den Fraunhoferstuben. Wirkte violent und gefährlich («...jetzt mußt du ganz vorsichtig sein...» «Wieso – schlägst du mich sonst?» «Ach...» Ich hatte das Gefühl, daß er die Idee erst verwarf, als ich sie zur Diskussion stellte.). Wir sprechen nicht die gleiche Sprache. Ich bot ihm von meinem Wein an, er tat, als wär das ein Affront gegen den Antialkoholiker in ihm («...warum versuchst du, mich zu verändern?»). Bernhard kam und erlöste mich. Wir ließen K. sitzen und gingen. Er rief uns nach: «He – ich kann aber nicht für euch mitbezahlen!» – dabei hatten wir längst bezahlt.

‹4›

Entwurf für Pamphlet (E.f.P.):
 Ein Buch, das mir viel gegeben hat, als ich sechzehn war, ist nicht deshalb schlechter geworden, weil ich heute achtundzwanzig bin. Sich nachträglich für einen überwachsenen Jugendgeschmack zu entschuldigen, ist ein häufiges wie dummes Unternehmen. Nicht die Zeit des Buches, meine Zeit für das Buch ist vorbei. Im Zweifelsfall leben die Bücher immer länger als ihre Bestatter. Ein Buch, das mir einmal wichtig war, behalte ich in ehrendem Angedenken. Wenn es mir beim Wiederlesen mißfallen sollte, trage ich die Schuld, niemand sonst. Beschämt stelle ich es ins Regal zurück und lasse es in Ruhe.

‹5›

E.f.P.:
Anders verfahren viele Feuilletonkritiker, die ihre Rang-

listen oft aus einer etwas überreifen Haltung heraus kreieren, welche sich klüger glaubt, wo sie nur älter ist.

‹6›

Nachts noch Korrespondenz erledigt, darunter ein Brief an A. Dazu Tannhäuser gehört – sind schon enorme Längen drin, die werden auch in einer Juninacht nicht kürzer.

Keine Lektüre.

9. Juni, Merkur

⟨1⟩

Das Leben gerät mir immer absurder. Heute, um 8 Uhr 30 (!!) aus dem Schlaf geklingelt worden, am Telefon war die Sekretärin Wolfgang Wagners. Aha, dachte ich, jetzt stellt sie mich gleich zu ihrem Chef durch, aber iwo, sie ließ ausrichten, daß Wolfgang Wagner sich für das ‹Melodien›-Exemplar bedanke – aber Karten für die Festspiele seien deswegen auch keine übrig. Ich war wirklich vor den Kopf gestoßen. So eine unverschämte Beleidigung hab ich schon lang nicht mehr erlebt. Ich sagte der Sekretärin, Wagner solle das Buch in sein Regal stellen und vergessen; dann legte ich auf. Er scheint ein paar Unarten seines Opas geerbt zu haben. Dabei hab ich, wenn ich mich recht erinnere, im beigelegten Grußbrief ausdrücklich geschrieben, daß ich Bayreuth meide; vielleicht gab ich den Kartenmangel als höfliches Alibi an, weiß nicht mehr.

War danach nicht mehr fähig, einzuschlafen, hätte im übrigen gar nichts genutzt. Bald darauf rief M. an, wegen seiner bevorstehenden Heirat, danach Ch. – bin jetzt auf Platz 39 der Spiegel-Liste.

⟨2⟩

Februar 1990 sah ich in Berlin ein Schild: «Ossi, willste Benz fahren? Taxischein machen!» Und das in der Nähe vom Prenzlauer Berg.

⟨3⟩

Mittags im Verlag, MAI kopieren. Portaferrum meint, daß es mir schaden würde. Wir werden sehen. P. erzählt von seiner New-York-Reise. Er sei an einem Shop vorbeigekommen, der hieß «*Krausser's Gifts and Flowers*», das habe er als gutes Omen genommen.

Schrecklicher Fehler: Ich ging über den Marienplatz. Haßanfall. Kirchentag, die gesamte Fußgängerzone ist zugeschissen mit häßlichen Christenmenschen. Die halten sich an den Händen und singen. Auf einem Bus in großen Lettern der alte Blödspruch:

«Gott ist tot» — «Nietzsche ist tot»
Nietzsche   *Gott*

Hätt' ich nur eine Bombe gehabt, um dieses Gesocks gen Himmel zu schicken. Zehn Gläubige auf einem Quadratmeter, Fahnen wurden geschwungen, Lautsprecher trugen ihre widerlichen Lieder, von Gitarren und Blockflöten begleitet, über die ganze Stadt, nichts mehr ging vorwärts, ich entkam nur mit knapper Not, halb plattgequetscht. Oh, wie grausam das war, diese geweihräucherten Massen, bärtig und bezopft, mit ihren Rucksäcken und Jesuslatschen, ihren Kreuzen um den Hals. Daß so etwas heute noch möglich ist. Noch in der knallvollen S-Bahn diskutieren einige über ihr Verhältnis zu Jesus, über ihre spirituellen Bedürfnisanstalten, ihre metaphysischen Kaschperletheater. Heiß ist's, Gewitter liegen über der Stadt. Wetterleuchten am Horizont.

Lustlos beginne ich den Horrorfilmartikel, denke noch einige Zeit an ausgewählte Szenen aus ‹Quo Vadis›, die schönen hungrigen Löwen... Immer wieder das Telefon. El Conde berichtet, daß die Platte (Love, Sister & Hope – And then the Angel kicked Ass... – Strangeways Records) sich nicht besonders verkauft, dafür sind die Kritiken recht gut. «Ihr solltet», rate ich ihm, «doch wieder auf deutsche Texte umschwenken», und biete mich als Texter an, worauf er nicht eingeht. Es müsse alles aus der Band kommen, sonst sei es von vornherein faul. Ich erzähle ihm meine fast mystische Lotto-Story, da grummelt er, Neid klingt durch, – ich hätte zur Zeit das Glück wohl gepachtet? (Ich war freitags vom Flughafen zurückgekommen, hatte die S-Bahn genommen und war am Hauptbahnhof umgestiegen. Weil mir ein paar Minuten Zeit blieben für den nächsten Zug, schlenderte ich durchs Bahnhofsuntergeschoß. Plötzlich sah ich den Lottokiosk und begriff, daß ich zu spielen vergessen hatte. Freitag, 18 Uhr 59. Tja, scheiße. Dann begriff ich, daß jener Kiosk Münchens einzige Annahmenstellenausnahme bildet und man dort bis 19 Uhr seinen Schein abgeben kann. Ich griff mir einen, füllte ihn in rasender Eile aus und stellte mich in die Schlange, war der letzte, der, Punkt 19 Uhr, drankam. Am nächsten Tag sagte ich zu Beatrice: «Wenn wir heute was gewinnen, wär's eine echte Anekdote.» Und wir hatten einen Fünfer, einen hochdotierten dazu: 11 000 Mark. Ich saß die ganze Zeit still im Sessel und dachte, wie es gewesen wäre, wenn ich nicht, zufällig, am Bahnhof... Unglaublich: seit Jahren dieselben Zahlen gespielt, niemals einen Termin vergessen, ich wäre am Boden zerstört gewesen, ausgetrickst und ausgelacht. Ich bin dem entgangen, das zählt, viel mehr als das Geld. Sende El Conde einen Scheck über 2500 Mark. Die Story hat ihn endlich mal dazu ermutigt, sich was von mir zu leihen. Er will sich jetzt doch eigene Gitarren kaufen, schade. Daß er immer nur auf geliehenen spielte, kam publizistisch gut.

‹4›

E.f.P.:

Wollte man die deutsche Literaturkritik grob in zwei Hälften zerteilen, und wer wollte das nicht, so könnte man von einer Popfraktion und einer Klassikfraktion sprechen. Die eine, die Popfraktion nämlich, versucht, immer hip und up to date zu sein. Süchtig nach Neuem, durchsucht sie die Zeitgeistmagazine nach Trends und Symptomen von Trends. Diese Fraktion hat schreckliche Angst, alt zu werden, sie bebt vor dem Moment, an dem sie sich eingestehen muß, daß sie irgendeinen Trend der Folge-Generation nicht mehr nachvollziehen und assimilieren kann. Das wichtigste Kriterium, das sie an Literatur legt, ist das des Originären, schnell ereifert sie sich, begeistert über den größten Quatsch, solang er ihr tricktechnisch vorgaukelt, formal neu zu sein. Und es gibt die andere Fraktion, die Klassikfraktion, die Goethe- und Thomas-Mann-Liebhaber, die im Grunde nichts lieber möchten als immer neue Thomas-Mann-Romane. Ihr Geschmack ist eingefroren, 30 bis 40 Jahre aufholbedürftig, dünkt sich aber zeitlos. Sie hält viel auf Tradition, weil nur die Tradition ihr eine Stellung gibt, ihr ein Überleben ermöglicht. Die Klassikfraktion ist unfähig, über junge Literatur zu schreiben, geschweige denn zu urteilen. Wenn sie dennoch einmal dazu gezwungen ist, kommt es regelmäßig zu den unglaublichsten Peinlichkeiten. Ich habe nichts gegen das literarische Quartett, aber ich plädiere seit Jahren dafür, doch endlich im Privatfernsehen ein junges literarisches Parallelquartett einzurichten, mit Leuten, die die wichtigen literarischen Strömungen der letzten zwanzig Jahre verfolgt haben und kompetent sind, über wirklich gegenwärtige Literatur zu debattieren.

‹5›

Lektüre: Schopenhauer (fertig), Wackenroder: Werke und Briefe.

10. Juni, Jupiter

‹1›

Fronleichnam, Bernhard ist in Irland.

Anruf bei Biller: ob er meine Erzählungen schon gelesen hat? Er will erst gar nicht reden, wir hatten zuletzt, wie jedesmal, über Wagner und Jünger gestritten. Biller gibt sich sehr, sehr ermüdet. Wenn man mit ihm über Antisemitismus spricht, kommt regelmäßig ein Satz wie: «Du, ich erleb das nun seit 2000 Jahren...»

Diesmal gab ich ihm ziemlich scharf Kontra, um rechtzeitig vor Klagenfurt die Positionen zu klären, aber alles blieb merkwürdig unbestimmt, so als wäre da etwas, von dem ich nichts weiß. Um 17 Uhr dann ruft Biller zurück: Er habe inzwischen die Erzählungen gelesen; ‹Wege des Brennens› gefalle ihm sehr, sei ganz großartig, das müsse ich unbedingt nehmen. Selbst hatte ich eigentlich zu ‹Fragen – Fragment einer Arbeitsunfähigkeitserklärung› tendiert, aber dieser Text müßte, um richtig zu wirken, von einer Frau vorgetragen werden. Ein Auszug aus ‹Durach› – nein, da hat Biller recht, Auszüge werden keine Chance haben. Und gegen einen 2. oder 3. Preis hätte ich ja nichts. Also ‹Wege des Brennens› – die Arbeit an diesem Text geht jetzt schon ins vierte Jahr und ist immer noch nicht ganz abgeschlossen. Sauber abtippen muß ich ihn auch.

Biller gibt übrigens zu, daß er Jünger nie gelesen hat, aber das ändere für ihn überhaupt nichts. Dieser Mensch – was soll ich bloß machen mit ihm? Manchmal mag ich ihn sogar, dann wieder... Um seine Eloquenz beneid ich ihn. Ehrlich. Und er hat Witz. Das ja.

‹2›

Mit Beatrice im Uttinger Biergarten. Wir kauften einen steinernen Bierkrug der Brauerei Kaltenberg – wunderschöne, schlichte Farbgebung, ich trinke mich kaum losch an diesem

Ding. Normalerweise ist es mir hier ein bißchen zu schicki, aber heute sind auch 'ne Menge Proleten da, darunter drei echte Sturzkampftrinker, jeder von denen schafft binnen anderthalb Stunden vier Maß, danach wanken sie zu ihren Motorrädern. Verbrecher.
Wir gingen baden, im Allinger Weiher.

‹3›

Irgendeine Akademie hat einen Wettbewerb ausgeschrieben. Man sucht ein geeignetes Antonym zu durstig. Mein Vorschlag ist schon lange: ‹losch›. Ich hab es in meinem Bekanntenkreis eingeführt. Es wurde ziemlich schnell akzeptiert.

‹4›

Brasilien – Deutschland 3:3, nach 3:0 Führung der Brasilianer, ein merkwürdiges Spiel.

‹5›

Lehrbeispiel, wie man geschickt das Thema wechselt:
– «X hat sie einen Faschisten genannt.»
– «Oh, er meinte wahrscheinlich Fetischist und hat nur mal wieder das Fremdwort verwechselt, es stimmt, ich bin ein Fetischist, in vielen Dingen, z. B. blablabla...»

‹6›

TV-Zapping. Wenn Kafka vorlas, haben sich seine Zuhörer gebogen vor Lachen. Wer heutzutage Kafka vorträgt, der setzt dazu so ein Antje-Vollmer-Gesicht auf, daß einem Lesen und Hören vergeht.

‹7›
Die Riesen im Rheingold einmal als Priester zu deuten, fände ich reizvoll und ziemlich stringent. Sie bauen den Göttern die Behausung, den Tempel, die Kirche, sie schließen einen Religionsvertrag. Für diesen Dienst erwarten sie Freia, die ewige Jugend, eine andere Form des ewigen Lebens, der Erlösung. Fasolt und Fafner könnte man dann verschiedenen Konfessionen zuschlagen, die in der Machtgier ihre Brüderschaft vergessen. Szenisch würde diese Deutung von den Stelzen, Trägern und sonstigem Schnickschnack befreien. Irgendwann möcht ich mal den Ring inszenieren, in zwanzig oder dreißig Jahren.

‹8›
Von Mitternacht bis 2 Uhr 30 schrieb ich die Hälfte des PRINZ-Artikels, endlich ein bißchen Pflichtarbeit gemacht. Hinaus! Es ist eine warme Nacht, Retsina, Sterne.

‹9›
Schneller Sechszeiler, fünf Uhr morgens:
> Vor tausend Jahren hat schon einmal
> einer diesen Satz notiert.
> In tausend Jahren wird er wieder
> gültig sein wie ehedem.
> Ein Wesen wird, das anders lebt,
> denselben Schluß draus ziehn wie wir.

‹10›
Lektüre: Baudelaires ‹Fleurs du Mal›, nach Jahren wieder. Eindruck: stark schwankende Qualität, ähnlich Rilke. Die Reclam-Übersetzung (Monika Fahrenbach-Wachendorff) ist aber auch wirklich zu grausam; muß mal wieder meine eigenen Versuche hervorholen, aus der Schulzeit.

Las Beatrice aus ‹Gamiani› (angebl. de Musset) vor. Nicht arg erregend.

11. Juni, Venus

‹1›

Endlich mal halbwegs ausgeschlafen. Neuer Schwung Rezensionen in der Post. Ein Haufen Gefasel, überwiegend euphorisch. Wenn Verrisse, dann gleich richtig böse. So wünscht man es sich.

Letztere stammen leider größtenteils von nicht ernst zu nehmenden Spinnern, die teilweise Absurdestes beanstanden. Beispiel: Edwin Hartl in der Wiener Presse: «*Warum der Autor ausgerechnet so langweilige Musikstücke wie Allegris Miserere und Palestrinas Missa per Papae Marcelli zur Mystifizierung gewählt hat, ist unklar.*» Da kann man doch einfach nur noch lachen. Oder weinen.

Nach den Jubelhymnen wird jetzt wohl die Automatik der Gegenbewegung folgen, ich bin darauf gefaßt. Oderint dum scribant! Die einzig mögliche Haltung.

‹2›

Die deutsche Altväterkritik gebraucht liebend gern zwei Hammersynonyme: ‹Kalauer› für Witz und ‹pubertär› für sexuell. Dahinter steht Prüderie und Humorfeindlichkeit. Deutschtum pur.

‹3›

Im Club war wenig los. Franz K. besiegt mich 6:5 beim Blitzen. Das ist ein Alarmsignal.

Ich rufe Michael an, teile ihm mit, daß die Wahl auf ‹Wege des Brennens› gefallen ist. Er hält die Geschichte für ein wenig zu komplex; in Klagenfurt liebe man einfache Sachen, die etwas Überschaubares focussieren und sich im zentralen Detail verlieren. Er hat schon recht, ‹Wege...› ist eigentlich ein 20-Seiten-Kurzroman. Was soll's? Viele Alternativen gab es ja gar nicht. ‹Kuppelgeschoß› geht nicht, wegen der Rückgriffe auf einen anderen Text, ‹Rekontraktach› und ‹Die Auswahl...› sind schon veröffentlicht. ‹Der Förster, der Mörder & Ich› ist der mir vielleicht liebste Text, aber von dem rät mir jeder ab, Klagenfurt habe für Symbolismus nichts übrig, die Ironie darin würde bestimmt auch keiner verstehen. Ja, aber – wenn das so ist – alle meine Sachen sind doch ironisch... Vielleicht ist es wirklich ein Fehler, dahin, nein, dorthin zu fahren.

‹4›

Neuen Term entworfen, sowohl im Deutschen wie im Englischen einsetzbar: UNID (= Unnatürlicher Informativdialog).

Das ist, wenn zwei Schauspieler zur Aufklärung des Zusehers ein Faktum erwähnen, welches sie in realiter nie erwähnen würden, weil es ihnen selbstverständlich ist.

Beispiel:
Mike: Er ist mein bester Freund, und er steckt tief in der Klemme...
Donna: Falls du es nicht weißt, Laura war meine beste Freundin...
(Dialog aus Pilotfilm ‹Twin Peaks›)
Oder:
«Dich mag dein Job im Hospiz vielleicht nerven, aber mich kotzt meine Arbeit als Krankenpfarrer regelrecht an.» (Mann im Bett zu seiner Frau; in Chabrols ‹Alle Vöglein sind schon da›)

‹5›

Rückfall in den Punk: zehnmal ohne Pause über Kopfhörer die Wipers: ‹Upfront› – hart, treibend, aggressiv. Musik, um sich vor einem Kampf in Stimmung zu bringen.

Gegen Arbeitsunlust hilft es nichts. Im Amis geblättert.

Oft entscheidet über das Urteil, das man sich über ein Buch

bildet, die Musik, die beim Lesen im Hintergrund läuft. Wenn sie paßt, unterstützt, ergänzt, Fehlendes ausgleicht – gewinnen die mittelmäßigsten Werke. Wenn sie stört, dazwischenschreit, ametrisch pulst, wirkt das Beste oft schräg. Selbst wenn man bei absoluter Stille liest, klingt noch die Musik von gestern nach.

Die Welt ist der Torso des Gesamtkunstwerks.

‹6›

Feintaktil, wie der Jagdgang eines Insektes auf der Haut, haptisch nur zu ahnen, kleinste Einheit des Unangenehmen.

Bin auf eine fiebrige Weise apathisch, verplempere die Tage, weiß das und kann die Verschwendung nicht einmal genießen. Bin wie ausgedünnt von feinen Sieben.

Warum mir bloß alles so gleichgültig ist? Äußerlich merkt es mir bestimmt niemand an. Auf meinem Hemd steht ‹Hektik›, auf dem Schal ‹Passion›, auf dem Hosenlatz ‹Inbrunst› – mehr und mehr vorgeschützte Begriffe. Habe schreckliche Angst, weil mein Gedächtnis immer öfter aussetzt, weil mir Wörter nicht einfallen wollen, weil ich irgendwann wieder zu Dreckjobs gezwungen sein könnte, Beatrice nicht frei sein würde, etc.

Und dann – ist mir wieder alles so egal, blick ich kühl in meinen Abgrund, leiste eine Libation, sage: Fallen ist ein Flug ins Gewisse, mehr nicht.

‹7›

In sich eingekrümmt, zum Zehennägelkauen biegsam – gebogen, Kopf auf dem linken Knie, die Hände auf dem rechten, in hoheitsvoller Ruhe, die eine Begnadigung des Delinquenten aussprechen könnte, aber es nicht tut, in schroffer, unbestechlicher Dunkelheit. Warten auf die Erkaltung des Körpers, es müssen, so stellt er sich vor, Zehen und Fingerkuppen zuerst absterben, taub müssen sie werden, pelzig und grau, und auch in der Bauchmitte, glaubt er, erschiene solch ein grauer, kalter Fleck und wanderte auf- und abwärts. Das Hirn wird zuletzt einfrieren, das Hirn ist stark und wehrt sich, schaut traurig auf den verlorenen Körper, wähnt sich unabhängig von ihm, bereitet die Flucht der Seele vor, das Exil – und plötzlich bricht die Kälte auch ins Heiliggeglaubteste ein, Koffer werden fallen gelassen, das Entsetzen im Moment des Todes beschwört ein verlogen diabolisches Gelächter herauf, selbst die letzte Wahrnehmung ringt sich nicht durch zu jämmerlichem Geschrei.

Türen werden geöffnet, Licht bricht ein und durchsucht den Raum nach Stehlenswertem. Ihm folgen Müllentsorger nach, reinigen den Boden vom gekrümmten Kadaver und bereiten das karge Bett für den Neuen, der nichts weiß von dem, was geschah, aber Zeit haben wird zu ahnen, genug.

Lektüre: Keine.

12. Juni, Saturn

⟨1⟩

Wir haben den Rohbau unserer künftigen Wohnung besucht, uns wild gekost dabei, danach den halben Tag im Bett verbracht, wie frisch Verliebte, sehr spannend und entspannend. Mir wird klar, trotz der Affären, zu einer echten Zweitbeziehung (Ja! Das richtige Wort!) werde ich nie fähig sein. Beatrice läßt mir alle Freiheiten, obgleich ich selbst saumäßig eifersüchtig bin. Wenigstens nutze ich diese Freiheit nur sparsam. Ich sag zu ihr: «Simenon soll fast tausend Geliebte gehabt haben, Graham Greene immerhin 32. Über was sollen sich die Biographen bei mir mal das Maul zerreißen?» «Hättest mich ja nicht heiraten müssen», antwortet Beatrice, und es klingt ein bißchen, als würde sie meinen Satz als Vorwurf verstehen. In einem Augenblick war die Stimmung angefault. Wenn ich schon relativ monogam bin, sollte ich mir solche Witze wohl sparen. Oder grade eben nicht?

⟨2⟩

Gespräch mit Beatrice. Die Natur ist unendlich grausam und gleichgültig. Die Menschen sind vielleicht nicht die Krone der Schöpfung, aber immerhin das Ende der Nahrungskette. Drum können sie die Natur als idyllisch empfinden. Wenn man es so betrachtet, ist es eigentlich nur ausgleichende Gerechtigkeit, daß sie sich das Leben selber zur Hölle machen.

⟨3⟩

Interessante Methode: Jemandem ein unbekanntes Wort durch sich selbst bzw. durch ein (ebenso unbekanntes) Synonym erklären. Beispiel: Pleonasmus. Pleonasmus ist dasselbe wie Tautologie. Wenn ich etwas einen tautologischen Pleonasmus oder eine pleonastische Tautologie nenne, begehe ich eben den Fehler, den jedes einzelne dieser Wörter benennt.

‹4›

Für *Thanatos*: Der Graf: «Erde, das ist so ein pathetisch mißbrauchtes Wort. Ist Ihnen jemals aufgefallen, wie übel Erde eigentlich riecht? Oder wonach sie schmeckt? Erde ist eine Mischung aus Kot und Leichen. Der Erdball ist ein Verwesungssilo. Riechen Sie doch mal! Riechen Sie!»

‹5›

Die Satzzeichen werden zu ungenau, wo Sprache komponiert ist. Für meine Lyrik möcht ich später mal die gängigen Satzzeichen durch musikalische Signata ersetzen. Also: den Punkt durch den Taktstrich, das Komma durch die Achtel-, den Gedankenstrich durch die halbe, den Absatz durch die ganze Pause et cetera. So wäre es möglich, eine Lesepartitur zu schaffen, in der die Autorintentionen viel klarer werden. Auch würde ich gern das Fragezeichen wie im Spanischen handhaben, wo ein Fragesatz auch am Satzbeginn markiert ist – ¿Kennt ihr das?

‹6›

Abends ruft A. an, plötzlich bin ich froh um die 200 Kilometer Distanz. Es scheint mir nicht mehr erstrebenswert, Sex mit einer Frau zu haben, die im Sex per se keinen Genuß haben kann. Käme mir wie ein Dieb dabei vor.

‹7›

Stolz verweist er auf Seitensprünge, geradlinig verfolgt er den Weg der Beiläufigkeit. Jede Nacht durchhetzt er die Stadt nach Mädchenfleisch. Ein Mann, dessen Ehre am seidenen Höschen hängt.

‹8›

Bin noch im Skorpion gewesen, habe Tetris gespielt, ziemlich intelligentes Spiel, das für den Preis einer Mark viel Spielzeit abgibt.

Der heutige Tag verlief beinah unglaublich ereignislos. Die erste Welle – ist sie vorbei?

Mir fällt auf, ich habe mich in diesem Monat fast ausschließlich von gegrilltem Fleisch ernährt. Habe gut abgenommen dabei.

‹9›

Zwischen die auf Vorrat gehäuften Wurfsteine schleicht sich Mörtel. Arsenal wird Hauswand.

Meine Großmütter starben, bevor ich sie gegen irgendwas eintauschen konnte, schade, ich bekam von zu Hause wirklich verflucht wenig Kapital mit, sieht man von den Folterungen ab, die ein Leben lang Zorn spenden und nicht hoch genug zu bewerten sind.

Verpfuschtes Dorther, freies Dorthin. Mein achtzehnter Geburtstag. Frühstart trotz vereister Tragflächen, mit vielen zermanschten Vögelchen im Propeller.

‹10›

Gedicht fertig:

Amnestie, Amnesie, Sonne trinken / aus dem Becher weit offener Arme, / verwilderte Grenzen der Hoffnung, / wie im Licht Befreite wühlen, / Seele zum Zelt gefaltet, / zur Ader gelassene Farben.

Dem Entkommen bereits entspringt die / Verzeihung, Rache bleibt, von Angst gewürgt, / im Kerker zurück, das Jetzt ist die Gnade, / nichts sonst. Nackt schwanken auf / dem trennenden Seil, hier war, dort wird, / kein Plan stand zwischen Morgen und mir.

Doch vom gestern im See Versenkten / fressen morgen zu

angelnde Fische, / kein Geschehenes zähmt sich, / ruhelos kaut es am Seil, zwingt, / Faser für Faser das innerste Mich, / den Abgrund herauf.

‹11›
Schönes Gedicht, aber zeitlos – das heißt, zur Zeit unzeitgemäß. Wirkt erst, wenn diese Mischpoke Gegenwart überstanden sein wird.

‹12›
E.f.P.:
Mir sind starke Epigonen allemal lieber als schwache Originäre. Warum gerade heute in der Kunst das technische Fortschrittsprinzip so brachial Geltung sucht, ist mir unklar. Es gibt Zeiten, da Originäres nicht nur nicht erwünscht, sondern auch von Nachteil ist, indem es nämlich zur Unzeit Verwirrung in nichtausgestandene Prozesse trägt. Antizipation ist manchmal sinnlos. Beispiel: Was hätte sich geändert, hätte Büchner seinen Woyzeck fünfzig Jahre später geschrieben? Nichts, höchstens, daß der Autor um einiges glücklicher hätte werden können.

‹13›
E.f.P.:
Im Autor findet der Konvent seiner Ahnen statt, für die er, im günstigsten Fall, Zeremonienmeister spielen darf. Der Dichter ist immer ein Anachronismus; wenn er Glück hat, zu beiden Seiten der Zeit hin.

‹14›
Mag keine Jammerlappen, will, wenn ich alt bin, von einem Glück erzählen, aber es darf kein Glück jener Sorte sein, das

man nur aufgrund von Glück erreicht hat. Hier sitz ich, trotzig wie der Frosch, der auf die Bernsteinfliege wartet. Schnalze mit der Zunge ins Leere, bis der Hunger mich vom Schilfblatt schmeißt.

Lektüre: Martin Amis, Wackenroder, Adorkheimer: Exzerpte über den Mythos, aus ‹Dialektik der Aufklärung›.

13. Juni, Sol

‹1›

Trotz des gestrigen Tages, der so leer und entspannend war, bin ich müde und schlapp. Ondulierte Landschaft, hitzegebeugt. Wir fuhren nach einem Pizzafrühstück zur Plattenbörse FFB, ich vervollständigte dort meine Wipers-Sammlung. Danach nach München, Film-Casino am Odeonsplatz: ‹Tango Mortale›. Fühle mich um mein Geld betrogen. Zusammengestopselter Quatsch, der, erschreckend genug, teilweise hervorragende Kritiken bekam. Nicht mal Noiret hat den Film retten können. Von den Vorgängerwerken des Regisseurs Leconte war ich recht angetan gewesen, ‹Monsieur Hire›, das war ein wirklich bittersüß schöner Film, und ‹Der Mann der Friseuse› war, bis auf den aufgepreßt tragischen Schluß (eine Krankheit unserer Zeit), auch recht gut.

Aus lauter Frust noch bis Mitternacht Tetris gespielt und Bier getrunken; dann ‹Wege des Brennens› neu getippt, entziehe dem Text die letzten Borsten.

‹2›

Wie aus Kleinstem Größtes wird, studiert man am anschaulichsten anhand des 4. Satzes von Bruckners Fünfter. Ein Motiv aus zwei Noten, das dreist zur Welterlösung schreitet, als hätte es grad nichts Besseres zu tun – und die Erlösung findet statt, im Hintergrund, von den Posaunen hingeworfen, nicht wiederholt, als sei es selbstverständlich und nur der Vollständigkeit halber hier erwähnt. Dabei zielt die gesamte Symphonie auf jenes Posaunenmotiv ab, arbeitet ihm entgegen. Anderthalb Stunden komplexester Musikarchitektur münden in eine Apotheose von drei Sekunden Länge. Solch verschwenderische Gesten gönnen sich nur domestizierte Titanen, die ad maiorem deorum gloriam arbeiten, denen irdische Adressaten eigentlich egal sind.

‹3›

Femtosekunde ist gleich 1/1000el einer Billiardstelsekunde. Daraus abgeleitet: ‹Femtobildung› als Schimpfwort für Durach.

‹4›

E. f. P.:

Ich denke, jeder Autor sollte wenigstens einmal eine traditionelle Geschichte schreiben, seinen Prägungen eine Reverenz erweisen, sollte wenigstens einmal die Schutzzone seines Sprachmixtur-Konstrukts verlassen und Handwerk beweisen, ohne Tricks und Spielereien.

Sprachmixtur-Konstrukt? Doch, ich glaube daran, daß alle Texte nur Mixturen der jeweiligen Autoridole sind. Was aufregend scheint und neu, ist nur eine bisher nicht dagewesene, besonders raffinierte Mischung. Eine Sprache ist mir nicht genug. Jeder Erzählband von mir beinhält deshalb zwölf stilverschiedene Texte, mir alle wichtig. Zwölf Apostel der Sprache. Pessoa kam noch mit sieben aus, Kafka mit vier. Die Stimmen im Kopf mehren sich, vielleicht deutet es eine Geisteskrankheit an. Verflucht ist der Poet, der seinen Stil gefunden hat. Er wird bald in ihm erstarren. Ich – um Rimbaud zu modernisieren – *sind* andere. Nur *ein* eigener Stil ist unzeitgemäß. Wozu soll ich an jedem Abend die gleiche Sprache in die Maschine hacken, wenn vorher so unterschiedliche Filme im Fernsehen gelaufen sind? So verschiedene Musik durch meine Boxen dröhnte, so verschiedene Menschen mich besuchten. Stileinheit wirkt auf mich wie ein Rollstuhl, natürlich – man hat immer seinen Sitzplatz.

Ich will, daß sich jedes meiner Bücher von dem vorhergehenden völlig unterscheidet. Denn würden zwei sich ähneln, wäre eines davon sicher unnötig.

‹5›

Gedicht:

Während du so liegst und schläfst, / weiß, dem Mond zur Leinwand bloß, / schieb ich zwischen Licht und Haut / zehn verliebte Schattenspieler, / jeder fingerdick gefüllt / mit obszöner Phantasie.

Spürst du das? Dann räkle dich, / blinzle, streck die Arme aus, / gib mir phantastische Namen, / halt mich, zieh mich / tief in deinen Traum hinab.

‹6›

Lektüre: Achternbusch (fertig).

14. Juni, Luna

‹1›

Kein guter Traum. Ich war ungefähr 15, 16 Jahre alt und allein in der Wohnung meiner Eltern, es war einer der Tage, bevor sie aus irgendeinem Kurzurlaub zurückkehrten, da also alles blitzblank sein mußte und die Spuren der Feste gut verwischt. Es wurde Abend, plötzlich kroch ein Käfer durchs Zimmer, ein großer brauner. Ich nahm ihn und warf ihn zum Fenster hinaus. Aber gleich waren da noch mehrere ähnliche Käfer, wie eben aus einem verborgenen Nest geschlüpft. Ich durchsuchte das Zimmer, und während ich so auf dem Teppich herumkroch, brachen überall Käfer hervor, wanderten ohne erkennbares Ziel hin und her. Schließlich waren es Tausende, alle Wände waren mit Käfern gefüllt, alle Objekte im Raum schienen aus Käfern geformt, es wogte und krabbelte, eine dunkelbraune Masse, ich hatte jede Gegenwehr längst aufgegeben.

Just in dem Moment kehrten meine Eltern zurück – ich lief ihnen entgegen und schrie, daß ich nichts dafür könne, daß ich ganz bestimmt nicht schuld sei. Beide blieben merkwürdig ruhig. Standen sie unter Schock? Ich glaube nicht. Bleich zwar, doch gefaßt, sahen sie sich das verkäferte Zimmer an, während ich vor Scham und Angst im Hausflur stehenblieb und meinen Kopf in den Armbeugen verbarg.

Der Traum wurde hier unterbrochen. A. rief an. Sie war wieder sehr schüchtern und unverbindlich. Ich faßte mich ziemlich kurz. Es hat ja keinen Sinn. Was sie braucht, kann ich ihr nicht geben und umgekehrt. Wahrscheinlich ahne ich gar nicht, wie sehr sie sich, für ihre Verhältnisse, aus dem verkrusteten Fenster lehnt. Ihre sanfte Stimme höre ich lieber als das, was sie eigentlich sagt.

‹2›

Ch. ruft an. Platz 42 auf der Spiegel-Liste. Das Gros der Kunden liest lieber Mulisch, im Quartett besprochen, wie übrigens auch die Byatt, der andere ausländische Schinken. Muschg und ich – die deutschen Schinken eben – bleiben von daher links liegen. Neulich hat mir S. anvertraut, Bücher, in denen Käfer vorkommen, würden von Reich-Radetzky (so nennt ihn A. Neumeister) ausnahmslos verrissen, Käfer könne er partout nicht ausstehen. Ha, das paßt gut zu diesem Morgen.

Habe Ch. das Wort ‹Rekontraktach› erklärt. Eines Tages war ich blau und hatte eine Vision. Ein Engel erschien mir und sagte: «Rekontraktach. Schreib das.» Und ich fragte: «Na schön, aber was soll das?» Und er sagte: «Ist völlig egal. Schreib das und alles wird gut.» Daraufhin mußte ich das Wort irgendwo unterbringen, hab einen Roman mit Französin geschrieben, – *Melodien*, dort brachte ich es unter, Seite 545 («Ich dacht', du würdest dir haben letzte Anstand bewahrt und unsre Kontrakt achten!»).

Manche Romane haben wirklich eine merkwürdige Konstruktionsgeschichte.

‹3›

Jussi Björling zu hören, heißt, mit den Ohren zu schlürfen.

Es ist wieder mal Zeit, zu begreifen, welche Gnade es ist, nur auf zwei Knöpfe drücken zu müssen, und Musik nach Wahl erklingt, Stimmen, deren Lungen längst zu Staub zerfallen sind.

‹4›

In die Stadt gefahren, vergeblich tragbare Schuhe gesucht. Neues Sakko gekauft, das alte hing schon in Fetzen herunter, ich kann mich von solch angewachsenen Kleidungsstücken immer nur sehr schwer trennen.

Im Hugendubel (Marienplatz) war für die Melodien ein ganzes Regal reserviert. Sah gut aus.

‹5›

In der Post lagen, Geschenk Marcels, die Erzählungen von Brodkey. Hab sie Beatrice zum Lesen gegeben, ihr Urteil besitzt einiges Gewicht für mich, obgleich sie sich nicht einmal die Namen der Autoren merkt.

Seit ich Geld habe, verfalle ich von einem Konsumrausch in den nächsten. Sechs Calvin & Hobbes-Bände gekauft, die Bahnfahrt durchlacht. Wieder zehnmal ‹Upfront› gehört. Für mich das Nonplusultra des Punksongs.

‹6›

Wenn ein Spießerhirn wie meines mal mit Geld konfrontiert ist... Heiner Meyers Bild ‹Hommage à Canaletto› – es ist ein Jahrhundertbild – kostet nur fünftausend Mark, ich hätte das Geld gerade da, aber irgendwie denke ich gleich, wieviel Zigaretten, wieviel Weinflaschen man für diese Summe kaufen könnte...

Heiner Meyer, m. W. das einzige junge Genie der deutschen Malerei zur Zeit. Spontan rief ich Günther an. Ich will dieses Bild. Ließ es mir reservieren.

‹7›

Im Fernsehen: ‹Nikita›. War überrascht; so gut – und so gewagt – hatte ich ihn mir nie vorgestellt. Die Hauptdarstellerin ist ungewöhnlich gebrochen gezeichnet, nach den ersten 5 Minuten, sie hat eben einen wehrlosen jungen Polizisten erschossen, haßt man sie bis auf den Tod – aber nach und nach gelingt es dem Film dann, diesen Haß wieder zu zerstreuen. Von der Kommerzsicht her hätte man sie viel unbelasteter auf ihren Weg schicken, hätte jenen Mord rausstreichen oder ihn wenigstens in einen Totschlag umändern können. Fast ein Wunder, daß das unterblieben ist. Imponiert mir, selbst wenn die Gründe dafür vielleicht abscheulich gewesen sein mögen.

‹8›

‹Wege des Brennens› fertiggetippt. Wenn dieser Text gewinnen sollte, wäre es ein Wunder, wenn er nicht gewinnt, die übliche Frechheit.

‹9›

E. f. P.:
Vision fußt auf Tradition. Da halt ich es mit den Romantikern. Ich liebe den Dichter, der der Tradition Tribut zollt, ohne sich restaurativ in ihr abzuschotten. Ich liebe auch den Visionär, wenn er mir wirklich Neues unter der Sonne zeigt und mir nicht irgendwelches verkrümmte Gewäsch, formale Attitüden, verquaste Bauchspiegelei als originären Meilenstein verkaufen will.

Noch einmal, in aller Deutlichkeit: Alles, was heute in den Literaturen der abendländischen Kultur entsteht, ist zwangsweise epigonal; was nicht epigonal scheint, das ist nur eine besonders raffinierte Mixtur des Gewesenen, und was tatsächlich nicht epigonal *ist*, das ist unnötiger, verkrampfter Mist. Es wird bald wieder Zeiten geben, die originäre Schübe ermöglichen, doch treten die eben nur periodisch auf. Zwischen ihnen liegen Phasen des Manierismus. In diesen hat es der Literat am schwersten, Gutes und Bleibendes zu schaffen. Er muß die bisherigen Mittel vollständig adaptieren und die Ergebnisse seiner Vorgänger, unangreifbar musealer Spötter, noch übertreffen, muß sie alle in sich haben und aufeinanderprallen lassen, die beste, aufregendste Mixtur finden aus der Kollektion der Duftstoffe. «Das Parfum» ist ein symptomatischer Buchtitel.

‹10›

E. f. P.:
Die Avantgarde war, von wenigen Großen abgesehen, zu lange eine Kolonie von Künstlern, die aus ihrer Mittelmäßig-

keit in die Unüberprüfbarkeit geflohen sind. Sie haben Stäbe ohne Maßeinheit gesetzt, wollten nicht mehr Beste sein, nur Erste. Das krampfhafte Originalitätsprinzip unseres Jahrhunderts hat zu einem starken Qualitätsverlust geführt. Jetzt, im Manierismus, wird Tradition zum Schlüsselwort. Alle Mätzchen sind durchprobiert. Avantgarde ist Mundgeruch.

‹11›

Lektüre: Keine.

15. Juni, Mars

‹1›

Per Einschreiben kommen Unterlagen zu Klagenfurt; werde deswegen um 8 Uhr 30 geweckt. Ich trat dem Postboten schweißgebadet entgegen, hatte böse Träume gehabt. Es ging darum, mich vor dem Wehrdienst zu drücken, ich irrte durch die Straßen und suchte ein passendes Versteck. Ein Richter verhängte eine Gefängnisstrafe von 24 Monaten ohne Bewährung, im Prozeßpublikum erkannte ich das feiste Schweinsgesicht, welches mich damals bei der Gewissensprüfung durchfallen ließ. Und die Szene ging in eben jene Gewissensprüfung über. («Ihr Vater ist Offizier, und Sie, Sie wollen nicht dienen? Aber beim Papa die Füße unterm Tisch haben, was?» Ich antwortete, daß ich meine Eltern seit Jahren nicht gesehen hätte und längst für mich allein sorgen würde. «Ach? Wie denn?» Ich gab an, Texte für den Rundfunk zu schreiben. «Ach? Im Kinderfunk oder was?» rief er und lachte dieses fette diabolische Lachen, und ich, ganz kontrolliert, bin ruhig geblieben, habe ihn nicht getötet, genutzt hat das auch nichts.)

‹2›

In der Post das Video von Maries Band, läppisch & antiquiert, Sixties-Gedudel, handwerklich ungenügend. Hörenswert ist nichts, sehenswert nur die schöne Marie. Schade, daß ich nicht auf ihre Hochzeit kommen kann, findet am 16.7. statt, wenn ich im FORAUM lese.

‹3›

Heute ist das VU-Konzert im Olympic in Paris. Bis zur letzten Minute kämpfe ich mit mir. Ich sollte hinfahren, auch wenn es mich zweitausend Mark kostet, ich sollte es tun. Und tue es nicht.

‹4›

Zwei neue Hosen gekauft und zwei CDs, darunter die ‹Birthday Party-Best-of-Compilation›. Erstaunlich, daß ich das mal toll fand. Jetzt war es kaum zum Aushalten.

‹5›

Telefonat mit P. Gespräch über Leipzig. Gegenseitige Loyalitätsbekundung. Von den neuen Texten findet er vor allem *Durach* gut, das andere scheint nicht so sein Fall. Mir geht es eher umgekehrt. Er hat sich gewundert, daß der Text schon drei Jahre alt ist.

Durach entstand im Frühjahr 1990, und ich trachtete danach, den Text baldmöglichst erscheinen zu lassen. Leider kam es nicht dazu, da der Text als zu hart und weltfern empfunden wurde. Durach spielt auf der Silvesterparty eines Berliner Filmmoguls, einem Intellektuellentreff, alle Fraktionen der Stadt sind dort anwesend. Das eigentliche Thema der Erzählung ist, wie durch die Ödnis der Décadence ultrarechtes Gedankengut wieder in Mode kommt, im Schutzgewand der intellektuellen Provokation. Folgerichtig mündet die Party in eine Bücherverbrennung. Vor vier Jahren wurde mir das als Geschmacklosigkeit angekreidet, als spekulative Kolportage. Inzwischen brennen wieder Menschen.

‹6›

Jüngers letzte Werke: nur noch Stil, inhaltlich kaum Neues. Wie ein verlassenes Meerschneckengehäuse, schön, aber leer und leblos. Hält man es ans Ohr, tönt das ferne Rauschen der Kläranlage.

‹7›

Über eine Stunde lang Tetris gespielt, dann zwei Videos ausgeliehen: ‹The Borrower› (‚Der Alienkiller') von John Mac-

Naughton, dem ‹Henry›-Regisseur sowie ‹Phenomena› von Dario Argento. Beide waren ziemlich in Ordnung. Argento bringt perfekt einen archaischen Alptraum ins Bild, die Grube mit Schleim, Blut und Leichen gefüllt, in die man hineinfällt und zu ersaufen droht.

In Ordnung auch endlich den Schreibtisch gebracht, der ein einziges Chaos gewesen ist. Kurzer Brief an A. mit einer Skizze zu *Thanatos*, ‹Schweres Licht›.

‹8›

E. f. P.:

Wenn die Sprache zufriert, vor Edelmut und Kälte, ersäuft in ihr kein Leser.

Der Dichter ist keine moralische Instanz. Warum sollte der Pen-Club etwas ethisch Wertvolleres zu sagen haben, als der Metzgerverband Südhessen? Wo Dichter sich zusammenscharen, um mit einer Stimme etwas zu verkünden, plädiere ich sofort für die Abschaffung der Dichter. Trotzdem: Kunst – und nur die Kunst – verändert die Welt.

‹9›

Lektüre: ‹Frauenbriefe der Romantik›, ‹Leben unter heißer Sonne› (Reiser).

16. Juni, Merkur

‹1›

Bleierner Schädel, die nächtlichen Exzesse fordern Opfer. Im Briefkasten ein nicht netter Bescheid: wieder kein Stipendium vom Darmstädter Lit.-Fonds. Dafür gibt es andere, die nun schon das neunte eingefahren und immer noch kein gutes Buch geschrieben haben.

Anruf vom Frankfurter Literaturhaus. Habe für Herbst eine Lesung ausgemacht (Warum? Warum hab ich das bloß getan? Ich Idiot!). Barbara bringt mir die Polanski-Kassette zurück, erzählt so ganz nebenbei, am Sonntag sei ihr großer Auftritt gewesen, fünf Trakl-Lieder für Alt und Orchester. Komponist und Dirigent: ihr Freund, den ich bisher noch nicht zu Gesicht bekam. Sie hat mir die Uraufführung verschwiegen, weil sie mich nicht dabeihaben wollte; ich hätte nicht gedacht, daß sie wegen mir nervös wird. Ist das Opus so schlecht geraten, daß sie mein Urteil fürchtet? Barbaras Stimme ist wirklich gut geworden, das hab ich ihr schon beim Pergolesi gesagt, nur müßte sie sich endlich ein bißchen bei den Institutionen anbiedern, das Kreuz der Akademie auf sich nehmen.

L. ruft an: Auch das Münchner Literaturstipendium bekomme ich nicht. Zeitweise hatte ich drei der fünf Stimmen, gegen Ende dann nur noch zwei – L. berichtet, man hätte Skrupel gehabt, mir ein Stipendium zu geben, weil ich «ja schon so berühmt sei». Das ist die Höhe! Das ist unglaublich! Keinen einzigen Preis hab ich bisher gekriegt! Und dann das. Es ist der blanke Hohn. Und die Feuilletonisten fragen sich noch, warum es um die deutsche Literatur so schwach bestellt ist. Dabei können sie bloß nicht lesen, in Wahrheit ist die Münchner Literatur (von der deutschen will ich gar nicht reden, von der weiß ich zuwenig) weltführend. Kapiert das denn niemand? Kein Ami, kein Kolonialbrite, niemand kann mit der Münchner Literatur konkurrieren. In

50 Jahren wird man von München '93 wie von Weimar 1800 sprechen.

Ch. fragt an, ob B-Flat nun ein H sei oder ein B.

⟨2⟩

Man sieht einem Künstler zu, der eine Skulptur erschafft, und schon die Rohfassung begeistert einen so, daß man dem Meister zurufen möchte: «Hör auf! Es ist doch gut!», denn man bekommt Angst, der Künstler könne zuviel tun und das Erreichte noch verderben. Dann aber beginnt man jeden kleinen Handgriff, der folgt, zu verstehen. Begeisterung mischt sich mit Scham.

⟨3⟩

Abends Lesung in Pasing. Vorher Interview mit Gerald Moser vom ORF, läuft ganz gut, aber wieder kann ich mich nicht zurückhalten und werde gegen einige Kollegen ausfällig, bitte darum, das rauszulassen. Mein Gott, ich muß bedenken, daß dieses Interview auf 5 Minuten zusammengeschnitten wird. Sicher also die falsche Gelegenheit, zu behaupten, daß Kafkas ‹Schloß› ein ausgeuferter, mißratener, psychotisch geprägter Roman ist, mit erheblichen stilistischen Schwächen. So was muß man schon ausführlich begründen, auch muß man darauf hinweisen, daß die ersten fünf Kapitel des Romans zum Kafkabesten gehören.

Zum Besten bisher gehört auch diese Lesung, der Saal ist voll mit 100 Leuten, und ich bin in Laune. Kein Versprecher. Eine alte Bekannte wiedergetroffen: Uta, Exfreundin von Komo. Auch Birgit ist da, W. W.s Schwester, die übrigens ihrer Mutter unglaublich ähnlich sieht. Ein Mädchen spricht mich an, sie will ihre Facharbeit über *Melodien* schreiben. Zweimal werde ich gefragt, ob ich Schauspielunterricht gehabt hätte. Etwas unangenehme Situation: Es gibt kein Geld, bzw. es gibt das Geld später, per Scheck, oder über den Verlag, irgend so etwas. Das nervt. Die Barbezahlung nach Lesungen sollte heilige Tradition bleiben.

Frage: «Wie würden Sie sich rangmäßig einordnen?» – «Wenn ich mir drei Finger abhackte, wäre ich wahrscheinlich der beste lebende siebenfingrige Schriftsteller der Welt.»

Ging mit Uta und zwei Unbekannten zum Pizzaessen in das alte Billiglokal, wohin damals die Band immer nach dem Üben gegangen ist. Uta erzählt aus einer bewegten Vita, abgründige Stories aus Crystal Palace/London. Da möcht ich auch mal wieder hin. Seltsam, jetzt hab ich endlich mal etwas Geld, doch der ganze Sommer ist für Arbeit verplant, längere Freizeit nur im August, das Berliner Schachturnier.

‹4›

Es wird in der Zukunft nur mehr sehr wenige posthume literarische Entdeckungen geben, die Flut der Bücher ist dazu zu riesig geworden. Nur Autoren, die zu ihren Lebzeiten schon heftige Diskussionen auslösen, haben eine Chance, ihren Tod heil zu überstehen.

‹5›

Sehr betrunken gegen Morgen das Beethoven-Streichquartett G-dur, Opus 18, genossen und zum erstenmal in seiner Hintergründigkeit verstanden. Auf Lektüre verzichtet.

17. Juni, Jupiter

‹1›

Selbstdarstellung – ein blöder Vorwurf. Wen soll ich denn sonst darstellen, wenn nicht mich selbst?

‹2›

E. f. P.:

Wahrheit hat in der Kunst nichts zu suchen. Ein Synonym für Wahrheit wäre: keine Kunst, nicht die geringste. Wenn einer über seine schlechte Geschichte sagt, so sei es eben passiert, heißt das nur, daß die Realität meist unerträglich ist. Wenn die Literatur ein Spiegel der Realität sein sollte, müßte sie kitschig, grausam, absurd und unglaubwürdig sein und enorm sexuell.

Zur Zeit ist die Literatur allerdings ein Stück zu weit von der Realität entfernt.

‹3›

In Deutschland parodistisch zu arbeiten, mit leiser Ironie, das ist ein Kreuz, da kann man eingehen dran. Für so was gibt es in Deutschland keine Tradition, die Kritiker verstehen keinen Spaß. Aber ich auch nicht. Wer mich schlecht rezensiert, der stirbt. Früher oder später.

‹4›

Am Hauptbahnhof eine Sonnenbrille gekauft, wofür bloß? Ich trag sie ja doch wieder nicht. Kam um 15 Uhr in Augsburg an, ging noch spazieren, kurzer Blick in zwei Antiquariate, danach Treffen mit Franz. Wir hatten ein gutes Gespräch über Literatur, die Zukunft im allgemeinen und im speziellen. Ihm stünden alle Türen offen, nur muß er hinaus an die Front und arbeitenarbeitenarbeiten. Mir ist schleierhaft, wie einer mit Frau und Kind so unbekümmert dahindümpeln kann. Vielleicht ist es gut so, gut, wenn der große Schub noch zwei, drei Jahre auf sich warten läßt. Er trägt eine Videokamera bei sich, für ein kleines Projekt, in welchem alle möglichen Schriftsteller, die ihm begegnen, etwas über sich erzählen. Ich sage, ich könne das nicht, vielmehr – es ist mir zuwider. «Frag mich was Konkretes!» schlage ich vor, aber das paßt ihm nicht ins Konzept. Dann eben nicht. Hinterher mach ich mir Vorwürfe deswegen. So vielen Leuten geb ich irgendwas, Interviews, Artikel, Stellungnahmen, und ausgerechnet bei ihm, dem Freund, stell ich mich stur. Es ist nicht wirklich schlimm, aber ich müßte in Zukunft konsequenter sein.

‹5›

Um 20 Uhr ist die Lesung, in einem großen Büchereisaal, weit über 100 Leute, das tut gut. Vorher gibt's Musik vom Didgeridoo (? – wie schreibt man das eigentlich?), dann komme ich, dann kommt ein böser Zwischenfall. Während der Kastrationsszene in der ‹Vita Pasqualini› wird ein Mann in der 3. Reihe plötzlich gelb (ja, gelb!) und fällt vom Stuhl. Seine Freundin schreit, beugt sich über ihn, schüttelt ihn, macht Mund-zu-Mund-Beatmung. Ich unterbreche, stehe auf, trete neben das Podium, beginne zu zittern, denke: Der Mann stirbt. Er stirbt vor deiner Nase. Nun wird sein Gesicht blau, bläulicher, dunkelblau, ich kann nicht hinsehen, setze mich abseits. Es gibt nichts zu tun für mich. Jemand hat bereits nach einem Arzt telefoniert.

Dann, ganz unerwartet, erholt sich der Mann wieder, wird hinausgetragen, rappelt sich im Vorraum wieder auf und verläßt, auf seine Freundin gestützt, das Gebäude. Alle sehen ihn weggehen, alle beruhigen sich. Es besteht kein Grund, die Lesung abzubrechen. «Bin ja immer froh, wenn es bei meinen Lesungen zu Reaktionen kommt», sage ich ins Mikrofon, «aber solche... Nun, ich les einfach den letzten Absatz nochmal!» Tu's und denke, Gott, klang das kühl. Manchmal mag ich meine tiefe Stimme nicht. Das Publikum gibt sich in der Folgezeit überraschend aufmerksam, am Ende schenkt es mir heftigen Applaus. Fast alle Bücher werden verkauft. In den Gesprächen hinterher fragen gleich drei Zuhörer, mit nur leicht ironischem Ton, was ich dem Mann denn für seinen Zusammenbruch gezahlt hätte. Es gibt noch Wein und Häppchen, im Innenhof, bei Fackelschein, ich genieße unverhohlene Bewunderung; die üblichen ein, zwei Rüpel, die bei fast jeder Lesung ankommen und ausdrücklich zu verstehen geben, daß es ihnen *nicht* gefallen hat, bleiben diesmal aus.

Nach der Lesung noch erotisches Treibgut aufgelesen, ohne irgendwas dafür tun zu müssen, ergab sich ganz organisch, im Wortsinn, wortlos, nicht übel – dennoch, lastende Fremdheit hinterher, kein Wunsch nach Wiedersehen.

Überall die Strategie der verbrannten Leidenschaft: Take it and leave it. Ich mag das an mir nicht. Will das in Zukunft vermeiden.

‹6›

Morgens um 4 zum Bahnhof. Labernde Taxifahrer gehn mir auf die Nerven. Im Benz hinten einzusteigen deutet doch wohl ausreichend an, daß man kein Gespräch sucht.

Keine Lektüre.

18. Juni, Venus

‹1›

Beatrice ruft nicht an. Ich habe sie gestern abend nicht mehr erreicht. Jörg sagt mir, sie sei mit dem Auto unterwegs, müßte aber längst in der Firma angekommen sein. Das macht mir panische Angst, ich durchleide Höllenqualen. Sie hat eine Verspätung von über drei Stunden. Endlich, um 14 Uhr, tritt sie durch die Tür, sich keines Problems bewußt, hat wieder mal, über irgendwelchen botanischen Raritäten, die Zeit vergessen. Ich schließe sie in die Arme und verspreche mir selbst, ein Leben lang bei dieser Frau zu bleiben.

‹2›

Telefonat mit Wallmann: findet MAI (hab ihm die Fahnen geschickt) echtes Lesefutter. Freut mich.

‹3›

Unsere Zeit ist darauf getrimmt, hinter allem Tun zuerst die übelsten Motive zu vermuten. Der Zweifel ist ihr organisch geworden, Skeptizismus verstellt die spontane Rezeption. Ich kann mir vorstellen, daß es bald eine Gegenbewegung geben wird, die Ehrlichkeit, Unverstelltheit und echte Gefühle propagiert.

‹4›

Beatrice und ich fuhren zum Unterpfaffenhofener Waldfriedhof und besuchten das Grab von R. R., dem Protagonisten aus ‹Wege des Brennens›.
   10. 7. 63 – 1. 7. 87.
   Man hat ihm einen schönen Spruch von Matthias Claudius auf den Grabstein gemeißelt:

Der Adler besuchet die Erde / doch säumt nicht / schüttelt vom Flügel den Staub / und kehret zur Sonne zurück.

‹5›

Danach in den Club. Langeweile. Bin viel zu müde, eine vernünftige Partie zustande zu bringen. Schach fatal, mein Nimbus zerbröckelt.

Anruf bei Ch. *Melodien* auf Platz 49 der Spiegel-Liste, scheint so, als würde es in diesen Regionen hängenbleiben, das ist schon verdammt schade, es hätte mindestens soviel wie der Norfolk verkaufen können, aber Mulisch hat, von der ‹Holländischen Welle› getragen, das Rennen gemacht. Was will ich eigentlich? *Melodien* ist fürs große Publikum doch viel zu schwierig, ich hab ja überhaupt keinen Bestseller gewollt, sonst hätt ich's um mindestens 300 Seiten kürzen müssen. Das Buch beschert uns zwei, drei sorgenfreie Jahre, immerhin.

‹6›

Mit dem Wennwirsnichttun eines Erschießungskommandos brat ich mir Steaks von heiligen Kühen. Zum Dessert verbotene Früchte.

‹7›

Johannes (16) findet die Wipers-Cassette, die ich ihm aufgenommen habe, fad, gibt mir im Gegenzug Metal-Musik mit. Bin sehr unhöflich geworden, was mir nachträglich leid tut.

‹8›

E. f. P.:

Ich stelle mir vor, ein Alien (der Tod ist ein Alien) würde sich von uns ein Bild machen wollen, aus dem, was wir ihm überliefert haben. Seltsame Wesen, müßte er denken, habe ich da vernichtet, gar nicht so schwach, viel reflektierter, als es auf den ersten Blick aussah.

‹9›

E. f. P.:
Wir leben nicht literaturparametrisch, wir handeln und reden über 95 Prozent des Tages banal und nicht besonders überliefernswert, wir neigen, wenn wir mit der Freundin allein sind, zu nicht druckreifer Albernheit und ziehen die bärtigsten Kalauer heran, um abends in der Kneipe die Stimmung zu heben. Wenn wir verliebt sind, geraten wir ins Schmachten, wenn wir traurig sind, denken wir nicht daran, *cool* zu sein. Oder doch? Es stimmt, wir haben die Kamera im Kopf und sehen uns selbst in einen imaginären Medienspiegel transponiert. Meist aber ist Understatement ein Fremdwort für uns, wir palavern, wir schreien, wir flennen. Literatur ist eine Lüge. Davon bin ich überzeugt. Die besten Lügen haben die längsten Beine. Lange Beine sind schön. Man lese einmal Dostojewski und vergesse, daß es sich bei ihm um einen Klassiker handelt – das ist wirklich erschreckend *uncool*, das grenzt ans pure Leben, das ist schon fast peinlich. Es gibt Kritiker, die können nichts weniger ausstehen. Je ärger ein Text sie ans ehrliche Menschsein erinnert, an alle damit verbundenen Unzulänglichkeiten, um so mehr hassen sie ihn. Die Pop- und die Klassikfraktion, Schmalspur-Gegenwärtige und Breitwand-Nostalgiker, ich hege eine Antipathie gegen beide. Ich will in allen Zeiten zu Hause sein. Die Vergangenheit ist mein Arsenal, die Gegenwart eine Fensterscheibe.

‹10›

Die Schlußmusik zu *One flew over the Cuckoo's Nest* – zwanzigmal hintereinander, mein armes Herz zerschmilzt, träumt sich in einen Strudel aus Liebe und Versöhnung, zum Heulen schön... Diese Musik ist pure Magie, stärker noch als die Twin

Peaks-Erkennungsmelodie. Ach, ich bin froh, daß ich dem Kompositeur Jack Nitzsche durch den Kauf der Platte ein bißchen Tantiemengeld zukommen ließ. Es ist wirklich so, man möchte das Geld für die Platte eigentlich nicht dem Händler geben, sondern sich beim Künstler direkt bedanken, eine stärkere Geste setzen als den ordinären Kaufritus eines Massenprodukts. Dabei ist interessant, einmal das Verb ‹kaufen› durch ‹danken› zu ersetzen, da taucht man schnell ins Archaische hinab, in die Vorzeit der Finanzterminologie. ‹Anbieten› heißt dann ‹schenken›; ‹das Angebot prüfen› bedeutet schon, ‹das Geschenk anzunehmen›, selbst wenn man sich dann doch nicht zum Kauf (zum Dank) entschließt.

‹11›

In der Nacht, beim Kramen im Schrank, einige alte Gedichte gefunden. Sofort weggeschmissen. Unter prächtigem Sternenhimmel die Walküre gehört, auf dem Scheibenmann. Nur ein Gedanke: wie ich meine Frau liebe, alles andere ist peripher. Massiv getrunken, beinah eingeschlafen auf freiem Feld, dann plötzlich, mitten in die schmachtendste Glückseligkeit, ein Angstkeil: Wie werd ich den nächsten Roman bewältigen? *Thanatos* soll ja fast klassisch werden, müßte mich dann schon ein bißchen apollinischer gebärden, aber wie? Die Sucht schraubt sich exponential aufwärts, Dosis liegt bei fast 4 Litern. Das pocht aus dem Inneren an die Schädeldecke, wölbt sie, bricht durch, zerteilt sie wie die Schale eines Eies. Raus kriecht ein verrückter Vogel mit nassen Schwingen, und das erste, was er tut – er putzt sich, fliegt nicht weg, räkelt sich im blutverschmierten Haar und will gefüttert werden.

‹12›

Lektüre: ein paar Seiten Wackenroder, genauer gesagt: Tieck. Gleich Qualitätsverlust.

19. Juni, Saturn

‹1›

Kritik aus dem ‹Bund deutscher Unternehmer/Manager-Magazin› von Michael Madl: wirklich recht intelligent; er ist der erste, dem auffällt, daß Alban ein Anagramm von banal ist, auch vermutet er richtig, daß ich vor den Mythen eher warne, als sie auf Teufelkommraus herbeizurufen. Ich plädiere für einen vernünftigen Umgang mit dem unleugbar Vorhandenen, doch allein das geht vielen zu weit, denen scheine ich «irgendwie rechts» zu stehen, allein die Erwähnung Ernst Jüngers im Roman genügt ihnen schon als Indiz.

‹2›

Man muß die Zeit erkennen, in der man lebt. Es gibt eine Saison für Originäre und eine für Ordnende. Geister wie Nietzsche z. B. sind nur am Beginn großer weltgeschichtlicher Umwälzungen denkbar, als Visionäre des radikal Neuen. Heute würde Nietzsche untergehen in der Masse der selbsternannten Propheten, die nichts zu sagen haben, weil nichts zu sagen ist, weil die Zeit in eine Rückbesinnung mündet, weil sie Kräfte sammeln muß zum nächsten Fanal, das, obgleich die Zeit an Geschwindigkeit immens zugelegt hat, noch länger auf sich warten lassen wird. Das sogenannte Interim ist keineswegs das Ende der Geschichte, aber doch wohl eine Ruhepause, ein Aufatmen, Sammeln, Ordnen, ein nachträgliches Gestalten des Gewesenen, die Schaffung eines klärenden Status Quo, von dem aus wieder alles, restlos alles möglich sein wird. Es ist in diesem Sinne eine entscheidende Zeit, entscheidend nicht in der Tat, sondern in dem zur Tat führenden Wort. Eine Zeit für Erzähler. Ich bin hier richtig. ‹Ruhepause› gilt natürlich nur für die höchste, metaphysische Ebene. Der dritte Weltkrieg, die große Auseinandersetzung zwischen Europa und Amerika, scheint mir weniger und weniger vermeidbar. Er wird nicht nur auf kulturellem Gebiet ausgetragen werden. Aber Schlachtfelder, so hoffe ich, wird es hierbei nicht geben. Viel eher ist ein Wirtschaftskrieg zu vermuten. ‹Economic Warfare›, das mit dem Aushungern eines der beiden Kontrahenten endet. Der kalte Krieg wird hier Schule machen. Der Verlierer wird den aufbegehrenden Drittweltstaaten zum Fraß überlassen, der Sieger wird sich einmauern und langsam zerfallen, es sei denn, der Weltstaat wird Wirklichkeit. Ich bin kein Prophet; ich weiß, was alles möglich ist. Hölle, Paradies oder alle Facetten dazwischen.

Es ist eine fabelhafte Zeit, weil die Zukunft sowohl höllisch wie mittelmäßig wie paradiesisch werden könnte. Diese Unvorhersehbarkeit, diese Weite des Spektrums – heißt Freiheit. Wüßte ich, es kommt das Paradies, ich wäre neidisch, es nicht mehr zu erleben, und wüßte ich, es kommt die Hölle, hätte ich keine Motivation mehr, an der Gegenwart zu arbeiten.

‹3›

Der dritte Weltkrieg – wird er ein ‹Dritte-Welt›-Krieg? Quatsch. Gedanke, aus dem Wortspiel geboren. Führt hier zu nichts. Diese Geburtsmethodik hat aber auch erstaunlich oft Erfolg.

‹4›

Post von Ch. Sie hat mir das ‹Adreßbuch Literaturpreise Deutschland› vom Richter-Verlag geschickt. Hätte nicht gedacht, daß so etwas tatsächlich existiert. Über 300 Adressen. Nun ist mir auch klar, warum ich noch nie einen Preis bekommen habe: Man muß sich schlicht dafür bewerben (oder bei Suhrkamp verlegen lassen). Ich blättere ein wenig, stoße auf wunderbare Kuriositäten, z. B. der ‹Wilhelm-von-Scholz-Preis› der Stadt Konstanz. Jeder Preisträger erhält je ein Werk des Dichters Wilhelm von Scholz sowie zwei Bücher zeitgenössischer Schriftsteller im Gesamtwert von 80 Mark. Oder

‹Förderpreis des deutschen Kulturwerks europäischen Geistes›, Dotierung: 500 Mark als Druckkostenzuschuß und Abnahmegarantie für 100 Bücher. Oder der ‹Weinpreis für Literatur›, für ein außergewöhnliches, im Jahr der Preisvergabe erschienenes Buch. Der Preisträger erhält 99 Flaschen Wein, die Vergabe erfolgt jährlich.

Ich bitte Beatrice, mir ein Formblatt auszudrucken: «Schikken Sie mir bitte von Ihrem Preis eine kostenlose Probe zu. Falls ich nicht binnen zwei Wochen storniere, können Sie mir den Rest des Preises an obige Adresse senden.»

‹5›

In Kaltenberg. Beatrice trägt einem Baum auf, unser Auto zu bewachen – er solle auf etwaige Diebe einen seiner Äste schmeißen. Der Baum nickte ihr zu, hab's deutlich gesehn.

‹6›

Am Spätnachmittag baden gegangen im Allinger Weiher, der sich stark abgekühlt hat. Viele nackte Frauen strecken ihren Pelz in die Sonne.

Ein veramselter Frühabend in Nachtneige, der See ist eine Steilkurve, der Himmel kippt aus den Schienen.

‹7›

Lasches Telefonat mit Bernhard, der aus Dublin zurück ist. Das einzige, was er erzählt, ist, daß die Mädchen dort alle sehr festes Schuhwerk trügen, Dublin eine ausgesprochene Fußgängerstadt sei…

‹8›

Die Heisenbergsche Unschärfe-Relation (daß die Messung eines Phänomens das Phänomen bereits verändert) gilt auch für das Schreiben eines Tagebuchs. Im Moment der schriftlichen Aufzeichnung ist das Gefühl des erzählten Moments schon nicht mehr rekonstruierbar, längst haben sich dem Eindruck Mechanismen zur Nutzbarmachung des Geschehenen aufgestülpt. Bezugnahme und Auswertung heißen die Phasen II und III des Sehens. Heutzutage sind diese Phasen schon beinah ineinander verschmolzen. Das Sehen ist nicht mehr Erkennen, das Sehen ist Glorifizieren und Fälschen geworden. Siehe zweites Motto zu *Fette Welt*: Aus der dauernden Übung einer Verstellung entsteht zuletzt Natur: Die Verstellung hebt sich am Ende selber auf, und Organe und Instinkte sind die kaum erwarteten Früchte im Garten der Heuchelei. (Nietzsche; Morgenröte) Hier wird ein Kardinalproblem der Kultur angesprochen: Der Identitätsschwund des Menschen beim Reflektieren virtueller Welten. Das schon, bevor es ein Kino gegeben hat. (Das Buch ist einmal mindestens so stark gewesen, daran zweifle ich nicht.) Kultur schwächt, geht zwangsläufig in Décadence über. Das gehört sich so, der Untergang ist die Krönung des Systems. Nur wer stirbt, wird beerbt.

‹9›

Hab den PRINZ-Artikel fertiggeschrieben, fast fertig jedenfalls. In der Post lag übrigens auch ‹Wege des Brennens›, von Ch. lektoriert. Erstaunlich wenig Änderungen. Ch. hat sonst immer so viel zu maulen, aber diesen Text findet sie durchgehend toll. Ich muß sagen, ich kenne kaum eine Erzählung, in der annähernd soviel enthalten ist. Vielleicht zuviel. Von den zehntausend Anspielungen werd ich ein paar herausstreichen, die sowieso keiner versteht. Der Text enthielt in seiner ersten Fassung genau 90 Sätze, entsprechend den bis dato verflossenen Jahren unseres Jahrhunderts. Jeder dieser Sätze ahmte eine andere literarische Schule nach, die in diesem Jahrhundert einmal eine Rolle gespielt hat, und das chronologisch. Es findet also eine sprachliche Metamorphose statt, die, aber nicht durchgängig, vom Pathetisch-Erhabenen hinunter ins Amerikanistisch-Lässige zielt. Einige Sätze bestehen aus nichts als einem simplen: Und. (Für jene Jahre, in denen die amerikanische Erzählstruktur diktatorisch wurde.) Zwischendurch, als der Text immer länger wurde, habe ich jedem Jahr zwei Sätze gegönnt, dann drei. Nun habe ich dieses Prinzip aufgegeben bzw. gelockert. Es sind jetzt genau 276 Sätze, eigentl. drei zuwenig ($3 \times 93 = 279$), pfeif drauf!

‹10›

E. f. P.:

Selten war die Literatur so weltfern wie heute. Ihre Figuren sind künstlich, blutleer und idealisiert, haben keinen Unterleib, sie gleichen Filmcowboys, die niemals vom Pferd steigen, um in die Prärie zu pissen. Die Literatur ist ein Sattel im Sand. Der Cowboy, dem man den Pegasus unterm Hintern weggeschossen hat, schleppt seinen Sattel durch die Wüste, die Wüste wächst, das wissen wir. Der Sattel ist ihm liebgeblieben aus irgendeinem Grund. Die Postmoderne besteht aus einem Cowboy, einem Sattel, sehr viel Wüstensand und einem zufällig gefundenen Teppich. Man legt den Sattel auf dem Teppich ab, setzt sich auf den Sattel und befiehlt dem Teppich zu fliegen. Mein Lieblingsbild der Postmoderne stammt aus Apocalypse Now: Die Luftkavallerie der USA hat ihre Pferde gegen Hubschrauber getauscht, beim Angriff fliegen sie aus der tiefstehenden Sonne, mit dem Walkürenritt aus Tausend-Watt-Boxen. Während sie noch auf die Landzunge Feuer speien, surfen unten am Strand junge GIs, und Robert Duvall trägt einen schwarzen Stetson.

‹11›

Gedicht:
Dein Schatten ist hier. Ich schmieg mich ihm an.
Windüberlassene Lust. Fügt, was zwei war, in eins.
Scheue Hände öffnen Blatt für Blatt die Nacht.

So träumte ich mein Leben.
Sag deinen Namen, leg ihn mir vorn auf die Zunge,
daß ich ihn schmecke beim Sprechen, kein Wort an ihm
vorüberkommt.

‹12›

Die Spinnen im Zimmer verhungern alle, weil ich die Fliegen selber freß.

‹13›

Lektüre: Keine.

20. Juni, Sol

‹1›

Gegen halb drei trifft Beatrice ein. Wir sehen uns zusammen ‹Day of the Dead› an, ich zum zwölften, sie zum zweiten Mal. Sie hält die Augen nun selbst bei den schlimmsten Metzelszenen offen, hätte ich vor Wochen noch nicht für möglich gehalten. Danach fuhren wir zum Hauptbahnhof und schwelgten in Luxus, kauften für 90 Mark Comics, lasen sie auf einer Wiese, waren sehr aufgedreht und kindisch, schrecklich verliebt, kosten uns wie die Baumkänguruhs. Ich machte überhaupt keine Anstalten, den Tag für Arbeit zu nutzen. Es ist gut so.

Die Berührung ihrer Hand gleicht dem Aufprall eines Grashalms nach 10.000 Meter freiem Fall.

‹2›

Waren in Maria Eich. Kurz in die Kapelle gesehen. Votivbildchen sagen Dank für die bestandene Mittlere Reife oder den glücklich gefundenen Ausbildungsplatz.

‹3›

Bernstein hat man mit der Partitur von Mahlers Fünfter begraben, erfahre ich eben. Seltsam, die Fünfte ist m. E. die schwächste der Mahlerschen Symphonien.

‹4›

Im Jahr 2000 wird eine Mini-CD mit allen Symphonien Beethovens 5 Mark 95 kosten.

‹5›

Meine These: DADA ist ein periodisches Phänomen. Ich denke an Domenico di Giovanni – ‹Il Burchiello› – Dichter ‹alla Burchia› (15. Jh.). Reime ohne Sinn. Auch die makkaronischen Verse sind DADA. Von Wilhelm von Aquitanien (12. Jh.) gibt es ein Gedicht:

> farai un vers de dreit nien:
> no er de mi ni d'autra gen
> non er d'amor ni de joven,
>   ni de ren au,
> qu'enans fo trobatz en durmen
>   sus un chivau.
> (Ein Lied will ich machen, rein aus nichts,
> nicht von mir noch von anderen spricht's,
> nicht von der Liebe noch der Jugend bericht's
>   solange es währt,
> denn ich fand die Verse dieses Gedichts
>   im Schlafe, auf einem Pferd.)

So geht das noch fünf Strophen sehr hübsch weiter; Michael hat mir den Tip gegeben. Hat nur leider mit DADA nichts zu tun. DADA in der römischen Welt. Bestimmt hat es so was gegeben – und es hat nicht überlebt, so wie auch die Dadaisten des zwanzigsten Jahrhunderts keine Überlebenschance besitzen.

‹6›

Im Radio, im Nachtkonzert: Franck, ‹Le chasseur maudit› – schöner Anfang, verplätschert dann, ich hörte das Werk zum letzten Mal mit 18, damals war der Eindruck gleich 0, jetzt 0,5.

    Doch noch einiges am Horrorfilmartikel verfeinert, spät noch Anruf bei Thomas G., wegen ‹Bad Taste› und ‹Braindead›, die beiden kenn ich noch nicht. Bernhard lieferte mir dann eine ziemlich präzise Inhaltsangabe.

Nyman und Greenaway, erfahre ich, haben sich getrennt, wollen nie wieder etwas zusammen machen. Das könnte für Greenaway schlimm enden, seine Filme gewinnen ihre Qualität ja vor allem daraus, daß sie als Opern zu begreifen sind.

‹7›

Noch ein Liebesgedicht geschrieben, viele, viele Liebesgedichte in letzter Zeit. Wenn ich dran denke, daß wir uns vor fünf Jahren beinah einmal getrennt hätten, daß alles ausweglos schien – bei der Erinnerung wachsen meinem Herz Stacheln, wachsen nach innen. Im Endeffekt war es nur Glück: kein Anderer / keine Andere kam während der Krisis und beendete uns. Und plötzlich lief alles wieder gut, ist mir heute noch ein Rätsel.

‹8›

Übermorgen muß ich fahren.

Blätterte im Typoskript meines ersten Romans ‹Schweine und Elefanten› (1987). Fand folgende Passage: «Deutschland, die große Klagenfurt. Seichtes Gewimmer. Keine Subjektivität, keine Geschlechtlichkeit. Lauter sächliche Autoren. Die Lieblingssynonyme der Heuchelei heißen Sensibilität und Dezenz. Schönberg hat behauptet, Kunst käme nicht von ‹können›, sondern von ‹müssen›. Wirklich – dringende Bedürfnisse füllen die Regale, von führenden Ärschen empfohlen. Lauter nebensächliche Autoren. Deutschland stinkt. Unter fauligen Greisen gelte ich gern als unreifer Junge.»

‹9›

Vorm Schlafengehn Gedanken über eine künstliche, robotoide Mutter gemacht – eine Art Plastikkörper / Brutkasten, in den man Sperma und Eizelle einlagert und nach 9 Monaten die ‹Ernte einfährt›. Wird es so was geben? Was frag ich? Ich denke daran, also wird es das geben.

‹10›

Lektüre: s. o.

21. Juni, Luna

‹1›

Der PRINZ-Redakteur weckt mich um 10 Uhr 30. Über 5 Stunden Schlaf komm ich einfach nicht mehr hinaus. Wie weit der Artikel sei, will er wissen, ich sage, fast 12 Manuskriptseiten, ich schicke sie ihm noch heute ab. Er verlangt, ich solle um 40 % kürzen, ich antworte, er solle doch erst mal lesen.

‹2›

Danach gleich Anruf von Ch. – ob ich heut schon in die SZ geguckt hätte. Nee, sag ich, versuche wieder einzuschlafen, aber das Telefon steht nicht mehr still. Wenn man mal denkt, jetzt ist grad nix los, passiert die nächste Schweinerei. Maxim (Ahasver) Biller, der für meine Einladung nach Klagenfurt verantwortlich zeichnet, hat sich in der SZ von mir distanziert, einzige Begründung: «Der ist über seinem Erfolg verrückt geworden.» Was ist nun das? Bis 12 Uhr mittags riefen mich deswegen schon vier Leute an, wollten wissen, was los sei, was ich denn angestellt hätte. Keine Ahnung, antwortete ich. Will mir einreden, daß es mich nicht interessiert, aber es interessiert mich doch. Schließlich, um 16 Uhr, ruf ich bei Biller an. Er ist überraschend freundlich, kichert die ganze Zeit, tut, als sei Dreckschmeißen das Normalste auf der Welt. Ich sage, hör mal, du kannst dich, einen Tag vor Klagenfurt, nicht einfach von dem Autor, den du einlädst, distanzieren. Er antwortet, Quatsch, das sei doch gut – Hauptsache, im Gespräch bleiben! Ich sage, für solche TV-Maximen habe ich nichts übrig, er lacht bloß, ich kann mich nicht dazu durchringen, den Hörer auf die Gabel zu knallen und Klagenfurt abzusagen. Wenigstens erfahre ich den Grund für seine Äußerung: Jene SZ-Redakteurin vom Wochenendmagazin, die mich vor knapp zwei Wochen aufgefordert hatte, am kleinen literarischen Wetthuren teilzunehmen («Sechs Gäste lud sich Guggenheim usw.»), beklagte sich bei ihrem Freund Maxim, wie arrogant ich sei, weil ich für 500 Mark nicht mal 40 Zeilen abgesondert hätte. (Dabei bin ich noch so höflich zu ihr gewesen.)

Ist das alles lächerlich. Biller redet davon, wie TODESNERVÖS er ist, Fuld, mit dem er gestern geredet habe, sei auch TODESNERVÖS, ob ich nicht auch TODESNERVÖS bin? Ich verneine, er nennt mich einen Schwindler. Was soll ich machen mit ihm?

‹3›

Sah heute, tatsächlich zum ersten Mal, ‹Citizen Kane› – und war etwas enttäuscht. Daß *Rosebud* den Schlitten meint, wußte ich schon nach 5 Minuten. Der beste Film aller Zeiten? Quatsch.

‹4›

Ich führe inzwischen eine lange Liste von Leuten, die ich morgen abend anrufen muß, um ihnen gleich nach der Auslosung meinen Klagenfurter Lesetermin durchzusagen. Ich hab große Angst, einen um 9 Uhr früh zu erwischen.

‹5›

In der Stadt zufällig gesehen und gekauft: Michael Nymans Oper *The Man who mistook his Wife for a Hat*. Zu Hause gleich dreimal hintereinander gehört. Phantastisch. Ich sag's ja, die Oper holt auf, wird ihre Krise, wie all ihre früheren Krisen, überwinden.

Ich hatte Nyman ein Exemplar der ‹Melodien› geschickt, mit freundlichem Brief. Bisher kam leider keine Antwort. In ‹The man who…› taucht ein Lied aus Schumanns ‹Dichterliebe› auf: ‹Ich grolle nicht…› Koinzidenz in der Zeitung: Es wird bald zwei URAUFFÜHRUNGEN von RAVEL geben: frühe Kantaten und Schumanns ‹Carneval› in der Ravelschen Orchestrierung.

In Nymans Oper kommt auch eine Blindschachpartie vor, deren Züge (in der schwierigen englischen Notation) von den Spielern gesprochen werden. In der Übersetzung des Librettos steht für ‹Castle› (Rochade) einfach nur, völlig sinnlos: ‹Turm›. Die Übersetzer hätten wirklich mal ins Lexikon schauen können. Uwe Wittstock hat mir neulich eine Schachgeschichte von Süskind zugesandt, in der wird Damengambit mit Damenopfer verwechselt. So etwas Hyperpeinliches darf einfach nicht passieren. Ich sagte Wittstock, daß ich mich künftig jedem deutschen Verlag kostenlos als Schachexperte zur Verfügung stelle, solange ich nur so etwas nicht mehr lesen muß.

Übertrug die Partie aus dem Nyman in deutsche Notation. Ein Steinitz-Gambit; würde mich interessieren, wer diese Partie gespielt hat. Datieren würde ich sie auf die siebziger oder achtziger Jahre des letzten Jahrhunderts. Es ist nicht eindeutig zu sagen, welches Niveau sie besitzt, ob sie überhaupt von irgendwem gespielt oder nur ausgedacht worden ist.

1. e4 e5 2. Sc3 Sc6 3. f4 ef: 4. d4 Dh4+ 5. Ke2 d5 6. ed: Lg4+ 7. Sf3 0-0-0 8. dc: Lc5 9. cb:+ Kb8 10. Sb5 Sf6 11. Kd3 Dh5 12. Kc3 Ld4:+ 13. Sd4: Dc5+ 14. Kb3 Db6+ 15. Lb5 Lf3: 16. Df3: Td4: 17. Dc6 Da5 18. c3 Td6 19. Dc4 g5 20. Kc2   1–0

An dieser Stelle gibt der Schwarze auf, m. E. zu voreilig. Er kann dem Weißen noch einige böse Fallen stellen; der Anziehende muß sehr genau spielen, um seinen Materialvorteil zu realisieren. Denkbar wäre z. B. folgende Fortsetzung:

20. ...Thd8! und wenn nun z. B. 21. b3?, so Sg4!, gefolgt von Se3, mit Gewinn. Gut ist allerdings 21. b4! Db6 22. Lf3 Sd7 23. Te1 f6. Auch hier kann Schwarz noch reichlich tricksen.

‹6›

E. f. P.:

Man schreibt – ich denke, das ist der kleinste gemeinsame Nenner – weil man von Gefühlen bewegt ist; solange aber dem Gefühl mißtraut wird, gerät die Literatur in einen Verdacht, der Schatten auf sie wirft, sie in ein Schattendasein zwingt.

‹7›

E. f. P.:
Die achtziger Jahre waren geprägt von Anglizismen: von Understatement und Coolness. Man hat die Zynik begrüßt und jeden Text als prätentiös verfemt, den man eines Anliegens verdächtigte. Gefühle wurden gestrichen oder veralbert, man räumte auf mit der Nabelschau-Prosa, mit der Innerlichkeit, mit der Stirnhöhlen-Forschung. Lakonik (die zivilisierteste Form des Zynismus) wurde fahnenführendes Kriterium. Ein interessanter Text mußte fortan in den Metropolen spielen, im Neonbunt der nächtlichen Szenelokale. Das war, bevor es zur Hybris kam, begrüßenswert, allerdings führt zuviel Lakonik bald zu noch größerer Langeweile. Inzwischen formiert sich eine Gegenbewegung, die mir zum jetzigen Zeitpunkt sympathisch ist. Sie wird wieder zu Innigkeit fähig sein, sie wird Gefühle zulassen, sie wird sich der Gefahr aussetzen, peinlich zu sein oder am Rande des Kitsches zu manövrieren. Sie wird sich Größe anmaßen und gleichzeitig all ihr Triviales – das dann gar nicht mehr trivial sein wird – eingestehen. Die Koexistenz von Erhabenheit und Lächerlichkeit, die ich schon lange in meinen Texten zur Paarung treibe. Das Adjektiv *uncool* ist, bezeichnend genug, inzwischen vom Schimpfwort zum Lob mutiert. Der Unterschied zwischen Neuperlach und Neuschwanstein ist zugleich deren Übereinstimmung. Das Erhabene ist immer lächerlich und das Lächerliche immer erhaben.

‹8›

Lektüre: Wackenroder.

22. Juni, Mars

‹1›

E. f. P.:

Man spricht (redet) dem Dichter die Zukunft ab (aus), fordert man von ihm, er solle gefälligst nun endlich den großen DDR-Roman schreiben, den großen Wiedervereinigungsroman, den, was weiß ich – großdeutschen Roman in den Grenzen von 42. Das gleicht einer Entmündigung, sie findet statt, weil der Dichter gern einverstanden ist, Prophet gar nicht mehr sein will. Er hat gelernt, sich zu mißtrauen. Seine gesellschaftliche Aufgabe, das Zweifeln, richtet er in übertriebenem Maße gegen sich selbst und ist ganz froh, der Verantwortung des poeta vates ledig zu sein. Der große DDR-Roman? Der große Wiedervereinigungsroman? Was soll der Mist? Wer will das lesen? Diese Nachbereitung von etwas, was uns damals schon nicht interessiert hat, diese Müllmännersonderschicht mag Futter sein für Mittelmäßige, die ein Thema brauchen, weil sie in Gegenwart und Zukunft keines finden. Aber Aufarbeitungsprosa hinkt immer, Hinkjamben dulde ich höchstens bei Catull. Der große Auschwitz-Roman hätte 1933 erscheinen müssen. Spätestens. Es hat nur einige Fragmente (z. B., ausgerechnet, im ‹Abenteuerlichen Herz›) gegeben, mehr nicht, denn Auschwitz selbst war ein Roman, der fürchterlichste Roman, er markierte den Punkt, von dem ab die Realität zum Dompteur der Literatur wurde. Seither haben wir viele Gedichte über Auschwitz gehört. Seither bewegte sich die Literatur rückwärts gewandt, im Krebsgang fort, was naturgemäß zu einem enormen Geschwindigkeitsverlust geführt hat.

‹2›

Im Zug nach Klagenfurt. Der ORF hat mir ein 1.-Klasse-Ticket gezahlt, das nutz ich aus, auch wenn Ch. in der 2. Klasse sitzt. Auf halber Strecke trank ich mit ihr im Zugrestaurant ein Pils.

Sie steigert sich in den wildesten Optimismus. Die meisten Zeitungen haben mich zum diesjährigen Favoriten gestempelt. Ob das gut ist? Ch. meint, ich solle nicht so offenherzig über meine Einkünfte reden. Aber was denn? Ich habe nur M. und H. gegenüber etwas erwähnt, außerdem – wenn mich jemand explizit fragt, dann hasse ich es, ihn mit irgendeiner Floskel abzufertigen, so, als sei ich inzwischen reich.

Wackenroder – den Aufruf zur Toleranz gelesen. Herrlich! Rührend! Ergreifend!

Ein so unabgeklärtes, unberechnetes Buch, jugendlich, voll Leidenschaft, mit dem Todesmut zur Peinlichkeit – eine Begeisterung, die auf keine zweite Meinung Rücksicht nimmt und unverfälscht hinausschreit, was das übervolle Herz diktiert. Ein Buch voller Liebe, Verachtung, Entrüstung, so weltabgewandt und kosmopolitisch zugleich, so etwas läßt sich nur mit zwanzig schreiben, wenn Genie und Lächerlichkeit im selben Satz aufscheinen können.

Zwei Stunden vor Ankunft E. Falcke im Zug getroffen und mich zu ihm gesellt. Ein wirklich freundlicher Mensch, von sehr gewählter, dennoch nie gekünstelter Sprache. Er wirkt auch sehr integer: kein Klatsch, für niemanden böse Worte, und was das Verlagswesen betrifft, ziemlich unbeleckt. Es ist überhaupt erstaunlich, wie wenige Kritiker sich für Marketingangelegenheiten interessieren, für die finanzielle Situation der Autoren, für die Verkaufsstrategien der PR-Abteilung. Wir unterhielten uns sehr gut, über eine Stunde. Später gab ich ihm eins meiner Calvin & Hobbes-Alben ab, dergleichen hat er noch nie gesehen, aber es scheint ihn zu amüsieren. Ich sage noch, daß ich das Comic für eine der wichtigsten Kulturformen halte, heute. Er hat dazu keine Meinung, das ist sehr wohltuend, endlich jemand, der nicht zu allem seinen Senf bereithält.

‹3›

Im Hotel Moser-Verdino angekommen, reicht mir der Portier sofort das Telefon. Der Prinz-Redakteur ist dran. Er will den Artikel nun doch komplett drucken, ist ganz begeistert, stockt meine Gage noch auf, behauptet, man hätte wegen mir das ganze Heft umgeschmissen.

Spaziergang in Klagenfurt, reizende Stadt, Mischung aus vielem, hier italienisch, da slowenisch, dort noch ein wenig k. u. k.-Ambiente. Auf der großen Piazza ein Karussell sowie ein Zelt, in dem Bücher verkauft werden; genau so ein Bücherzelt sah ich letztes Jahr in Neapel. Warmfarbige Häuser, meist ocker- oder sandfarben, ab und an rosa. Viel Stuck, viele Giebel. Als müßte es so sein, noch mal E. F. auf der Straße getroffen; wir gingen in den Wienerwaldgarten. Mit ihm zu reden, hebt meine Stimmung ungemein. Nach zwei schnellen Bieren zum ORF, um 19 Uhr ist Auslosung, ich treffe Biller – und Altenburg, der keinen Schnauzer mehr trägt, wie noch auf den Fotos. Wirkt recht freundlich. Bei der Auslosung ziehe ich ‹Samstag – 10.00 Uhr›. Ein gutes Los, wie jeder mir versichert. Als ich für die Fotografen posieren muß, bin ich plötzlich ganz aufgeregt, seltsam. Frau Friesnegger ist sehr nett, läßt mich von ihrem Büro aus telefonieren, ich führe sieben kurze Gespräche, gebe den Termin durch. Im Garten des ORF ist ein riesiges, exquisites Büffet aufgebaut, leider hatte ich keinen Hunger, trank zu schnell drei Bier und wurde ein bißchen stumpf. Michael ist da, Antje, Peter, Hajo, Asma, sie sitzen an einem der äußersten Biertische, ich halt es nicht aus, herumzusitzen, muß aufstehn, mir alles ansehen. Christoph Buchwald sagt mir recht nett guten Tag; er weiß nicht mehr, als ich ihn darauf anspreche, daß er 1988 mal etwas von mir abgelehnt hat (ausgerechnet ‹Das Heiltum›, eine meiner Lieblingserzählungen!). Michael ist traurig, weil er meine Lesung nicht hören wird, er muß Samstag in aller Frühe nach München zurück, seine kleine Tochter hat ein Kindergartenfest und trägt etwas vor. Ein glatzköpfiger junger Mann kam her, sagte: «Tag, ich bin Thomas Hettche – der ohne Semikolon.»

Ich sagte nur: «Hallo» und fragte mich den ganzen Abend, frage mich noch: Was meinte er bloß damit? Gegen Mitternacht lebhaftes Gespräch mit Gabriele Hölzl, Wilfried Steiner und Rudolf Habringer, letzterer wirkt ein wenig verdüstert. H. H. von der AZ stand auch dabei, ich bot ihm Frieden an, er sagte, es hätte nie Krieg gegeben. Na gut. Auch C. D. ist da, wir geben uns die Hand, aber das hätt ich nicht tun sollen. Bloß weil ich gut aufgelegt bin, brauch ich nicht jedem die Hand zu geben. Und D. revanchiert sich für meine Freundlichkeit prompt mit pampigem Gestichel und dummen Redensarten. Verdammt, bin ich denn so korrumpiert, daß es überhaupt keine Feinde mehr gibt? Noch kurz mit Altenburg geplaudert, das erste Gespräch bestätigt den ersten Eindruck, ein netter Kerl, ohne Attitüden. Mir kommt zugute, daß ich weder ihn noch Hettche noch einen von den anderen je gelesen habe und ganz unbelastet bin. Gerhard Moser begrüßt mich, der, der neulich in Pasing das Interview gemacht hat. Er sagt, wir müßten unbedingt einen saufen zusammen. Klar, sag ich, bin dabei schon ziemlich an der Kante.

Die Literaten gehen begrüßenswert aufeinander zu. Jene, welche noch gar keinen Namen haben, gebrauchen übertrieben viele semantische Begriffe, als wären sie auf einem Seminar und müßten Eindruck schinden, ihre Kompetenz unter Beweis stellen – das stört etwas. Von den Juroren sah ich wenige; Volker Hage tauchte auf, grüßte nicht, setzte sich nicht – wo sind die bloß alle? Kurz, in der Ferne, Wilfried Schoeller gesehen, dabei fiel mir eine Stelle aus Achternbuschs ‹Es ist niemand da› ein, hervorragendes Buch übrigens. «... *sprang mir gleich ein Fernsehlümmel entgegen, der sich mit den Worten ‹Schoeller, wie das Eis› vorstellte. Auch so ein Stalinist, der heute noch beim Fernsehen ist. Man kann nur dafür oder dagegen sein, belehrte er mich als zweites. Dazwischen gibt es nichts, schrie er mir ins Gesicht.*»

Ich erzähle ein paar Leuten davon, jedem ist die Stelle neu. Achternbusch scheint nicht mehr gelesen zu werden. M: «Das Eis schreibt man mit ‹ö›.»

Weit nach Mitternacht mit Moser und Steiner im ‹La Vogue›, einer kleinen, etwas schmierigen Kneipe (halblegale Spielchen im Hinterzimmer), Diskussion über neue linke Utopien; gerät die Linke je wieder aus ihrer momentanen Defensive heraus oder benötigt sie dazu einen neuen Namen? Ein besoffener Achtzehnjähriger, der die grade bestandene Matura feiert, quatscht dauernd dazwischen. Als ich das Wort ‹Linkstotalitarismus› partout nicht mehr in einem Zug über die Zunge bringe, geh ich ins Hotel, trink noch eine Flasche Chianti allein mit mir, höre die Nyman-Oper: ein Rausch, eine musikalische Ekstase.

Bei wenigem, was ich sage, bin ich mir 24 Stunden des Tages absolut sicher. Vielleicht treten in meinen Texten deshalb so viele Alkoholiker auf, so kann ich immer behaupten: «Na ja, aber als er das und das gesagt hat, war er natürlich schon sturzbetrunken.»

Ärgerlich: Das Hotel hat Kabelanschluß, aber 3sat ist nicht im Menü gespeichert. Ich öffne das Gerät mit dem Schraubenzieher, bastle und pfusche daran herum, bis endlich das 3sat-Logo auftaucht, so kann ich morgen früh die Lesungen im Bett verfolgen. Ach, ich bereu es nicht, hierhergekommen zu sein, es könnte ein Fest werden. Und was soll mir denn schon passieren? Jörg Fauser, der beste deutsche Literat der 70/80er Jahre, ist auch hergekommen, man hat seinen Text vernichtet, hat ihm gesagt, daß er nicht hierhergehöre. Und? Es ist alles nicht wichtig. In den frühen Morgenstunden, wenn ich pathetisch aufgelegt bin, denke ich manchmal, es müsse irgendwann ein Strafgericht geben; diese und jene, die sich aufführen, als seien sie die zeitgenössische Reichsschrifttumskammer, müßten zur Verantwortung gezogen werden für ihre Verbrechen an der deutschen Literatur. Aber das hieße, ihnen einen größeren Rang zuzumessen, als sie verdienen.

100 Kilometer weiter südlich tobt der Krieg.

‹4›

Der Schock der Todeserkenntnis löst Furcht aus, Furcht strukturiert sich im Denken. Alles Denken ist eine Anti-Furcht-Strategie. Die Zivilisation, die Intelligenz, der Fortschrittsexploit, all das basiert auf Angst. Die Hoffnung ist ihr Schatten.

‹5›

Lektüre: s. o.

23. Juni, Merkur

‹1›

Die Lesungen des Tages, soweit ich sie verfolge, sind langweilig oder dilettantisch. Biller legt sich sofort mit den restlichen Juroren an, stolpert von einem Fettnapf in den nächsten. Was er sagt, ist zwar im Kern meistens wahr, aber er stellt sich argumentativ so ungeschickt an, daß er mit jedem Satz ins offene Messer läuft. Immerhin kann man sich über ihn wenigstens ärgern, während die anderen aalglatt zu Werke gehn, ungeheuer selbstkontrolliert.

Mittagessen im ‹Maria Loreto›, recht pittoreskes Lokal, hübsch über dem Wörthersee gelegen, mehr legendär als wirklich gut. Der ORF hat den Autoren Essensbons gegeben, die man u. a. hier einlösen kann. Der ORF war sehr großzügig, wirklich. Ich sehe einem anscheinend mittellosen Autor zu, der ein paar seiner Essensbons für ¾ ihres Warenwerts einem Lektor verkauft und wieder abzieht, ohne etwas bestellt zu haben.

Um drei gehen die Lesungen weiter, ich verfolge sie von unten, vom Café aus, das in eine Raucher- und eine Nichtraucherzone geteilt ist. Dementsprechend zwei Bildschirme.

Als Biller es zu bunt treibt und den restlichen Juroren die Fähigkeit abspricht, über jüdische Literatur, im konkreten Fall Benjamin Stein (das Talentvakuum wölbte sich beklemmend um diesen Text), zu reden, platzt Demetz der Kragen: Ob es nicht genüge, seine Mutter in Auschwitz verloren zu haben, ob er sich das alles weiter anhören müsse? Folgen einige metaphorische Blutgrätschen. Biller muß schwer einstecken, schluckt, schweigt pikiert eine Viertelstunde, aber länger auch nicht.

Mehrere Lektoren sprechen mich an, ob ich denn mit dem List-Verlag auch wirklich zufrieden sei? Abends wieder im Maria Loreto. Alle gehen dorthin, Stammsitz der Literaten, es scheint keine Alternative zu geben, will man nicht allein essen. Der Karpfen (mein erster) war zu grätenreich, Wetter schwankt, Stimmung ist gemischt aus Mief und Idylle – so was ähnliches schwebt mir als Schauplatz von *Thanatos* vor. Mit *Thanatos* werde ich ernsthaft aber erst im Dezember beginnen. Vorher müssen noch zwei Erzählungen her, für ‹Geschöpfe des Neumonds›. Christine findet den Titel zu esoterisch, hat vielleicht recht. Aus dem Text gerissen, wirkt er nicht. Jeder warnt mich, daß man den Erzählungsband größtenteils verreißen wird, es sei nun mal Gesetz des Betriebs. Andererseits findet es jeder klug, daß ich «diesem Gesetz einen Erzählungsband zum Opfer bringe». Ich bin ziemlich schockiert über ein solches Denken. Die Geringschätzung von allem, was sich nicht Roman nennt, wird unverhohlen zugegeben.

Verena Auffermann sitzt an meinem Tisch; sie hat etwas Aristokratisches, ist freundlich, mit vornehmer Zurückhaltung. Manchmal aber entfährt ihr ein kurzes, spitzes ‹Ja›, das dann ganz mädchenhaft wirkt. Buchwald erzählt mehr oder minder witzige Geschichten über seine Haschischerlebnisse. Zu diesem Thema kann ich nun wirklich wenig beitragen.

Vorm Hotel: Biller schwelgt in Selbstinszenierung, findet Klagenfurt grauenhaft und kokettiert mit dem Gedanken, schon am ersten Tag abzureisen, die Jury somit beschlußunfähig zu machen. Was soll das? Klagenfurt ist, wie es ist, das wußten wir doch. Helge Malchow, sein Lektor, und ich reden auf ihn ein, ich sage, so was dürfe er nicht machen, schon allein, weil er damit die Autoren um ihr Preisgeld bringen würde. «Bist du wegen Geld da?» fragte er, und ich log einfach: «ja», wollte die Diskussion auf materiellem, irdischem Parkett halten. Nach einer Weile begreife ich: Es ist ihm mit der Abreise gar nicht ernst, er will nur Panik verbreiten. Später artet das Gespräch erneut in eine Diskussion über Jünger aus. Ich hab es ziemlich satt. Vor allem geht mir diese Verlogenheit auf die Nerven. Eine Sekunde nach seinem Tod wird Jünger bei Goethe sein, wird ohne Wartezeit den Klassikerstatus erhalten. Jeder weiß das, und wer es nicht weiß, ist nicht satisfaktionsfähig.

Nachdem Maxim stets behauptet hat, ihn nie gelesen zu haben, beugt er sich plötzlich zu mir und sagt: «Hör mal, daß Jünger toll ist, weiß ich doch selber!» Ich staune nicht schlecht.

Ist es vielleicht so, daß er nur noch das sagt, was am meisten verblüfft?

‹2›

Auffallend: Immer wenn es sich um politisch inkorrekte Autoren handelt, haben die angeblich eine unglaubliche Machtfülle besessen, die Zeit ungeheuer beeinflußt etceterapepe.

Man darf einen Autor verfemen, nicht aber sein künstlerisches Werk. Der Tod trennt Werk und Individuum. Manche Autoren werden aber erst an ihrem hundertsten Geburtstag rehabilitiert, so wie es Céline in Deutschland bevorsteht. Es wäre schon amüsant, wenn Jünger seinen Hundertsten noch erleben würde. Gespannt wäre ich auf die Festschriften. Bei einigen Zeitungen, hab ich gehört, soll seit dreißig Jahren der Nekrolog bereitliegen.

‹3›

Biller ist voller Halbwahrheiten. Überall beschwert er sich, daß jeder Ernst Jünger und Carl Schmitt lesen würde; zwar stimmt es, die jungen Autoren interessieren sich zuhauf für Jünger, aber ich kenne keinen einzigen, der Schmitt liest.

‹4›

...die Großgosche eines Fernsehpredigers und den Horizont einer Nebelbank

‹5›

Abendspaziergang durch die Stadt. Habe einen Spielsalon entdeckt, mit drei halbwegs guten Flippern. Leider schließt er schon um halb elf, und Bier gibt's dort nur aus dem Automaten – also nicht gesellschaftsfähig. Vorm Hotel sitzen jetzt Ch., Wilfried Steiner, Robert Schindel und dessen Freundin, Sabine Gruber, eine der diesjährigen Autorinnen. Noch anderthalb Stunden Saufgelage, danach, um Mitternacht, ins ‹La Vogue›. Bin verabredet mit Michael und Peter. Ersterer erzählt von den fünf Frauen seines Lebens sowie, zum x-ten Mal, von der Ketanest-Droge, die einem suggeriert, man würde sterben (Ziel ist, das Geburtstrauma wieder zu erleben); das will er unbedingt einmal ausprobieren, unter ärztlicher Aufsicht. Peter (wettet darauf, daß ich den zweiten Preis bekomme. Ich sage, den ersten oder gar keinen. Wahrscheinlich also gar keinen.) bringt einige Achternbusch-Anekdoten, u. a. hat der gelbe VW-Käfer, der im ‹Andechser Gefühl› sich in einer langen Totalen den Heiligen Berg hinaufwindet, ihm gehört, und in seiner Gautinger Buchhandlung hat Achternbusch die allererste Lesung gegeben. Hübscher Versprecher von P.: «Berlin – Alexanderschlacht».

Ich hab so wenig Humor. Ich tu nur so, als ob ich welchen hätte. Nein, da braucht ihr jetzt gar nicht zu lachen, das ist so...

‹6›

Vom Bachmann-Wettbewerb an sich bin ich nicht enttäuscht; es ist genauso gruselig, wie ich es mir ausgemalt habe. Eine tote Kultur. Man muß nichts dagegen tun. Was so schnell fällt, braucht gar nicht mehr gestoßen zu werden. Doch das Drumrum ist ganz in Ordnung, kann mich ja auch nicht beschweren, kriege 5 Tage im Hotel bezahlt und 1000 Mark Antrittsgeld plus Reisespesen. Klagenfurt ist der Feind, aber man bringt sich um zuviel Genuß im Leben, wenn man zu ideologisch denkt. Man sollte alles mal mit- und das Beste daraus machen.

Kritiker sind Kunstpfaffen.

Stilkriterien, die hier an die Texte gelegt werden, sind altbacken, akademisch oder elfenbeinern, die eingeladenen Autoren haben zu 80% keine Zukunft, meist auch jene nicht (gerade nicht), die hier ausgezeichnet werden. Tatsächlich gilt ein erster Platz in Klagenfurt als Stigma und Fluch – aus den 1.-Preis-Trägern ist selten etwas geworden, höchstens Wolfgang Hilbig – der ist eigentlich nicht so übel, der könnte als halbe Ausnahme gelten. Zudem beginnt die Crux schon bei der Namensgebung: einen Preis, der nach der blöden Ingeborg benannt ist, möcht ich sowieso nicht. Die Bachmann steht für alles, was ich in der Literatur verachte.

Die Juroren scheinen zum großen Teil Proust-Leser (‹Bettpfannen-Prosa› sagte René immer) zu sein, ach – ich habe mit allem hier so wenig am Hut – ich lese am letzten Tag – vielleicht sollte ich mir bis dahin eine schöne Zeit machen und dann auf die Lesung verzichten? Genau, das ist gut...

‹7›

Nein, das ist doch nicht so gut, das wäre unhöflich gegenüber dem ans Licht drängenden Dichter, dem ich so den Platz weggenommen hätte. Auch wäre es Feigheit vor dem Feind. Wenn, dann müßte ich spätestens morgen abreisen. Und würde nie wissen, wie mein Text beurteilt worden wäre. Es hilft nichts, man muß der Jury ja wenigstens die Chance geben, einmal über ihren Schatten zu springen.

‹8›

Schon wieder keine Lektüre.

24. Juni, Jupiter

‹1›

Nach nur 4 Stunden Schlaf um 10 Uhr aufgewacht. Habe gestern nacht noch zweimal die Nyman-Oper hören müssen, welch Meisterwerk, eine der besten Kammeropern des Jahrhunderts, vielleicht das langersehnte Fanal – es geht wieder aufwärts mit dem bereits museal geglaubten Genre. Meine Begeisterung treibt mich zum Schreien. Ich laufe mit Kopfhörern durchs Zimmer und gebe meinen Zimmernachbarn (wer das ist, weiß ich nicht) wohl Rätsel auf.

Im TV, beim Frühstück, Michael Kleeberg gehört – gar kein so übler Text, wird unter Wert und ohne jedes Verständnis besprochen. Dann: ‹Paradebeispiel› von Dirk Brauns, und dieser Text war wirklich toll, in kargem, unmenschlichem Militärjargon geschrieben, dennoch metaphysisch komplex und äußerst witzig. Auch ist der Autor eine sehr sympathische Erscheinung. Zu meiner Überraschung wird der Text von den meisten Juroren gelobt. Da könnte ein Stipendium herausspringen. Mache mich auf den Weg ins Sendezentrum, sehe Brauns an eine Säule gelehnt. «Schöner Text», sag ich ihm. Er sagt nur «Danke» und verschwindet gleich mit seiner hübschen Freundin. Er scheint zu jenen (wenigen) Autoren zu gehören, die sich hier rar machen.

Biller ist ein wenig besser als gestern, dennoch gelingen ihm auch heute wieder unerträgliche Statements. Er schwingt sich zum Anwalt der Autoren auf, ohne die Autoren etwa um Erlaubnis gefragt zu haben. Die Flure füllen sich mit Stimmen, die Angst haben, von Biller gelobt zu werden – Konter der übrigen Jurymitglieder sind danach vorprogrammiert. Ich sage zu Verena Auffermann, daß ich auf meinen Anwalt lieber verzichten und mich gern selbst verteidigen würde.

Es ist keineswegs so, daß alles Unsinn ist, was Biller sagt, absolut nicht, und sieht man abends die Kurzzusammenfassung im Fernsehen, kommt er viel besser rüber als in Wirklichkeit. Ein neuer ‹Kosename› geht in Umlauf: «Maxim Mutzurlücke». Das find ich gemein. Ich werd ihm auch nichts davon sagen. Am besten, ich sage hier niemandem etwas und mach's mir zwischen den Stühlen so bequem, wie es nur geht.

‹2›

Knospen, in Buchdeckel gepreßt. Die blühen nicht mehr auf. Wie viele zu früh aus ihren Höhlen gezerrte Talente, wie viele Dilettanten, Scharlatanen und anderes tantenhafte Gesocks.

‹3›

In dem Porträt, das ELLE über mich gemacht hat, wird wieder einmal behauptet, daß ich Leichenbestatter gewesen sei. Hagen und ich werden anscheinend eins zu eins übersetzt. Was man mir sonst noch andichtet, füllte ein Kuriositätenalbum.

Erst war ich der deutsche Bukowski, dann der deutsche Eco, jetzt nennt mich jemand den Enkel Ernst Jüngers, das ist schon ziemlich witzig. Die Deutschen können sich noch nicht daran gewöhnen, daß ich einer der ihren bin. Bezeichnend für den hiesigen Minderwertigkeitskomplex: Ein halbwegs erfolgreicher Autor hierzulande wird dem Publikum immer als «der deutsche XY» verkauft.

‹4›

Einige hier mögen die *Melodien*, andere die *Fette Welt*, manche keins von beiden, aber jemandem, der beide toll findet, bin ich noch nicht begegnet. ‹Flau Fliedl› (Kosename stammt von Altenburg) zählt zur Fette-Welt-Fraktion – wer hätte das gedacht? Sie fragt mich unverblümt, warum ich *Melodien* geschrieben hätte, warum bloß. Ich antwortete nicht. So eine Frage finde ich impertinent.

‹5›

Mittags Essen im ‹Wienerroither Hof›. Antje aß eine nach grüner Kotze aussehende Spinatcreme und wurde so deftig geneckt, bis sie die Hälfte davon stehen ließ. Ich fühl mich schrecklich dumpf und eloquent wie Brot, bin wirklich kein guter Gesellschafter. Aber wozu auch? Bin hier nicht als Ententrainer angestellt. Alle diskutieren, aber es sind blutleere Streitereien ohne Verve, wirken seltsam abgesprochen. Ihr seid soo hohl, sagen die Spaghetti zu den Makkaroni. Das Geschimpfe und Gekeife, es ist lächerlich. Am Ende gehören sie doch alle zusammen.

Nachmittags u. a. die Lesung von Reinhard Kaiser – furchtbar harmlos, pointenarm, ich war sehr enttäuscht. Das war ein Text, der überhaupt nichts zu sagen hat, ein Text, der seelenruhig in der ‹Brigitte› erscheinen könnte. Eine angekitschte Sprache, mit mythischen Versatzstücken aus dem Katalog. Um so verblüffender die Hymnen der Jury, gaben sich alle äußerst amüsiert und lobten sogar die feine Stilistik. Wo bin ich hier? So ein Erlebnis macht ratlos. Ich sollte auf meine Lesung wirklich verzichten, müßte konsequent sein. Aber der Fehler ist schon gemacht und nicht mehr zu beheben.

‹6›

Notat – für Durach (?)
Er trug eine Halskette aus gekrümmten Wörtern, die klapperte auf seiner stählernen Brust im Takt seines Kopfnickens; klar wurde, daß er alle Anwesenden für Arschlöcher hielt, die eigene Person selbstredend ausgenommen. Er lobte sich fortwährend, sah in sein Innerstes, beschrieb es als Trauminsel des Guten, Wahren und Schönen und bot uns Tageskarten an, zum Freundschaftspreis. Einer gewerblichen Nutzung unserer dort zu erwartenden Eindrücke würden wir mit dem Betreten seines Biotops allerdings stillschweigend zustimmen, das sei ja logisch.

Mittels eines heftigen Drucks dreier Finger auf seinen Bauchnabel forderte er einen Rülpser heraus, der, wenn er auch nicht alle in ihm vorhandene Luft zutage brachte, uns doch ob seiner Phonstärke murmelnde Anerkennung abnötigte.

‹7›

Abends wieder bei ‹Maria Loreto›, ziemlich langweilig, das Kalbsgeschnetzelte erreichte kaum Kantinenniveau. Ich: «Gut war das Essen aber nicht.» Ch.: «Schon, aber es ist teuer!» Ich: «Das allein reicht nicht.»

Kurz mit Fuld geredet, wir haben *eine* Gemeinsamkeit: das Antiquariat in Weßling. Hab nicht viel Freundliches gehört über ihn, die meisten nennen ihn unverblümt einen ehrgeizigen Egomanen, der sich durch Verrisse profilieren will. Ich bin erstaunt, daß jemandem soviel Haß entgegenschlägt, das macht ihn mir erst mal sympathisch.

‹8›

Zur Frage, ob Philosophie mit der uns geläufigen Sprache überhaupt betrieben werden darf: Das Wesentliche eines Satzes ist die Bindung des Subjekts an das Verb. Ohne dieses System, das immer eine Unterwerfung darstellt, gibt es keinen Satz, was genaugenommen heißt: das Subjekt ist Objekt des Systems (analog: «Was wärest du, Sonne, ohne die, denen du leuchtest?»). Subjekt wird Supra-Objekt, ebenso verfährt die Sprache. Sie ist (alles Denken entstand aus Angst) der Gegenentwurf zum Sein, die illusionäre Bändigung des Gesichteten zur Formel. Die Sonne pfeift auf uns.

‹9›

Stumme Taxifahrt mit Hettche, den ich noch immer nicht nach dem Semikolon gefragt hab.

Luc Bondy nennt (im TV) die Wilde'sche Salome einen banalen Text. Unglaublich, was man heutzutage alles ungestraft daherplappern darf.

Verzocke im Hinterzimmer des Cafés ‹Bermuda› (Nomenomen) 7000 Schilling binnen einer Stunde, am Pokerautomaten. Wenigstens steht im Nebenraum ein annehmbarer Flipper, auch ein Tischfußball. Hajo, mit dem ich mich verabredet habe, findet leider nicht her, dafür Michael, Peter, Antje, Buchwald und Wittstock. Es kommt zu guten Kicker-Matches. «Ich guck mal vor die Tür, ob die frische Luft noch da ist.» – «Was?» – «Vorhin war da 'n Stück frische Luft, so 'n knapper Kubikmeter.» Ich merke, man wundert sich, daß ich nicht, wie alle anderen, den ganzen Tag über Literatur sprechen will. Hab's einfach satt. Will über niemanden herziehen. Kaiser zum Beispiel – warum Grundsatzgespräche führen ob eines einzigen Textes? Habe von Kaiser auch Gutes gelesen. Nur Dirk Brauns, den lob ich in den höchsten Tönen, der hatte etwas, auch abseits seines Textes, was mich instinktiv ansprach, ein Talent, eine Persönlichkeit, nicht näher zu begründen, nur zu fühlen. E. vertraut mir an, daß Drawert bei sich daheim in Leipzig nur «der Kummer-Kurti» genannt wird. Das macht sofort die Runde. Ebenso setzt sich Altenburgs «Flau Fliedl» durch. Die Belegung der Juroren mit Spitznamen kommt mir wie ein archaisches Bannritual vor, das Gefürchtetes ins Lächerliche ziehen will. Fuld wird, wegen seiner täglich wechselnden knallbunten Westen, nur noch «der Papagei» genannt. «Schoeller, wie das Eis» ist gängige Floskel geworden.

Um Mitternacht beginnt der große Flipperkampf gegen M. F. Ich gewinne mit 18:15, zu dieser Zeit waren alle anderen schon schlafen gegangen, das ist ein Beispiel, diese Literatur-Fritzen, viele führen ein so solides Leben, Klagenfurt ist etwas hybrid-apollinisches, verzärtelt, hypochondrisch, dem Rausch abgewandt. ‹Schlecht gefickt›, um es mit Reiser auszudrükken.

Ging dann noch in eine überteuerte Schummerbar, recht widerlich. Sitze am Tresen neben Bachmann-Journalisten. Toller Dialog:

«Von zuviel Popeln kriegt man Löcher in der Nase.»

«Oh, äh – ja?»

«Ich kannte mal einen, der konnte sich den Zeigefinger komplett ins Nasenloch schieben. Brain Fucking nannte er das.»

«Sagen Sie mal: Meinen Sie sich überhaupt ernst?»

«(...) Ich finde auch, daß Sie gar kein so Riesenarschloch sind, wie alle behaupten. Ich meine – ich hätte Sie mir größer vorgestellt.»

...das hochdotierte Schlankbein neben mir nestelt dezent am roten Strumpfband, und von rechts beschallt mich was mit Sturmgegacker, wie ein Huhn, das glaubt ein Pferd zu sein, keckert mir in den Nakken. Anwiehernd. Die Kellnerin heißt Tschuldigung.

The dead are dead. Dead's all.

Die Fliegen beten zur Deckenlampe... und jede trägt, auf ihren Stachel gespießt, eine Minute, die zur Mitternacht fehlt...

‹10›

Ein englischer Professor hat den großen Fermat-Satz bewiesen. Lustig ist, wie die Zeitungen ihren Lesern den Satz zu erklären versuchen.

Lektüre: Keine.

25. Juni, Venus

‹1›

Um 10 Uhr war Kummer-Kurti dran. Schnurrbartträger mit Ring im Ohr. Pseudolyrischer, altbackener Text. Eine weinerliche Ossi-Endzeit-Kolportage mit Suhrkamp-Stempel. Bricht während des Lesens in Tränen aus. Im Café lachen alle. Ich sag zu Eberhard: «Paß auf, der wird gewinnen.»

‹2›

Hans-Ulrich Treichel liest eine ziemlich gute Geschichte, wird von den Juroren aber teilweise oberlehrerhaft abgekanzelt. Werner Fuld: «Wir haben unter unserem Niveau gelacht.» (Wie soll das vonstatten gehen? Ein karibischer Limbotanz?)

Eine Kunstlandschaft voll gesalzener Äcker, gestorbener Bäume, aber wer im Boot sitzt und Bier trinkt, dem ist es egal, ob der Fluß, der einen trägt, vergiftet ist.

Biller (hält werbewirksam eine TEMPO-Ausgabe in die Kameras) setzt sich weiter in die Nesseln, scheint sich aber immer wohler zu fühlen. Nirgends steht geschrieben, daß Grenzen stacheldrahtbewehrt sein müssen – so tut es manchem auch überhaupt nicht weh, wenn er an die seinigen stößt.

Fuld – gewagt, was dieser Mensch hier bietet. Während der Lesungen denkt er sich eine bemühte Pointe aus, fällt danach ein apodiktisches, fast niemals näher begründetes Urteil, schiebt besagte Pointe nach und flüchtet sich unter den gedämpften Lachern des Publikums aus der Debatte. Will er so wirklich seine Defizite vertuschen? Sich über die Runden mogeln? Er hat nichts zu sagen. Nichts über hier und heute. Über Raabe vielleicht, das kann ich nicht beurteilen. Einige Journalisten sprechen sich dafür aus, ihm das Jurorengehalt zu streichen, oder es wenigstens zu kürzen. Immerhin hat er Dirk Brauns gelobt, vielleicht hauptsächlich deshalb, weil er ihn eingeladen hat. Wieder trägt er eine neue grellbunte Weste.

Wo er die bloß alle herhat? Fuld ist bissig und er wird protegiert, erzählt man mir.

Dumm und peinlich ist es, wenn Autoren die Öffentlichkeit dazu benutzen, ihre albernen stilistischen Fehden auszutragen. Ein jeder soll tun und schreiben, was und wie er es für richtig hält. Die Zeit wird früh genug darüber entscheiden. Die Autoren sind die falschen Zielscheiben, von heute an werde ich Schlechtes nur noch über die Toten sagen, und über die anderen schweigen – sei denn, sie kommen mir dumm.

Kritiker verdienen niemals Schonung; sie wirken hier und heute, niemals später; ihnen muß sofort geantwortet werden.

‹3›

Altenburg ist wirklich ein sympathischer Kerl. Schade, daß seine Erzählung so langweilig gewesen ist. Biller wollte an diesem Beispiel eine Lanze für den Realismus brechen – und hat den Realismus für die Dauer dieser Veranstaltung unmöglich gemacht. Ich werde hier ebenfalls zur Realistenfraktion gezählt, was eigentlich Unsinn ist. Aber daß mir etwas blühen wird, morgen, ahne ich mehr und mehr. Die Veranstaltung hat längst Dimensionen erreicht, die weit über den einzelnen Text hinausgehen.

Aufsehn erregen, heißt immer auch Aufsicht erregen, zurechtgestutzt zu werden oder zu Unrecht, das muß man ertragen können.

Biller wird immer unangenehmer. Er läßt Unglaubliches raus, beschwert sich z. B., daß sich Werner Fuld, der, wie er behauptet, Volljude sei, sich nicht mit ihm, Maxim, solidarisiere. Robert Schindel, der ihn im TV kritisiert hat, nennt B. einen ‹Hofjuden›. Ich hab die Zähne zusammengebissen und den Raum verlassen. Das sprengte alle Faßdauben.

‹4›

Es ist so eine Sache mit der Großmäuligkeit. Sie wird immer nur erwähnt, aber einem nie ernsthaft vorgeworfen. Die Presse ist natürlich dankbar dafür.

‹5›

Dialog aufgeschnappt – «Er ist nur 'n Amateur...»
 «Er hat eben bei Suhrkamp unterschrieben.»
 «Dann ist er jetzt 'n Vertragsamateur.»

‹6›

Ch. überbringt mir einen Melodien-Verriß aus dem ‹Standard›. Die Österreicher scheinen mich auf dem Kieker zu haben. Die widerlichsten Kritiken sind die, die sich an herausgelösten Zitaten aufhängen; das ist fast immer ein Zeichen von Billigkeit.

Hettche schwärmt von Christina Viraghs sehr hermetischem Text. Das meint er ernst; ich begreife wie nie zuvor, daß man vor einer wirklich ernstgemeinten Äußerung Respekt haben sollte.

Heute war eine Fotografin sehr sauer auf mich, weil ich mich ihr nicht zur Verfügung stellen wollte. Ich verweigere auch jedes Interview, spreche nur noch gegenüber den engsten Freunden, was ich von dem und dem Text halte. Ich seh die Gesichter meiner Kollegen, voll dieser gespannten Erwartung, mit diesem angstvollen Ernst. Es stimmt ja, für viele hier ist das eine Chance, die nicht so schnell wiederkehrt; man kann es ihnen nicht verübeln, wenn sie die Sache mitunter so ernst nehmen. Und es herrscht, soweit ich es mitbekomme, eine wunderbare Solidarität unter den Autoren, keiner intrigiert, es gibt keine neidischen Anfeindungen, keine Cliquenbildung. Am Nachmittag macht man Gabriele Hölzl fertig. Ihre Geschichte besaß mehr schöne Ansätze als vieles, was hier abgrundhoch gelobt worden ist.

Ein sicheres Zeichen von Geschmacklosigkeit ist, das Wort ‹geschmacklos› überhaupt im Repertoire zu führen.

Von fast der Hälfte der bisher gelesenen Texte hab ich nichts mitbekommen, das ärgert mich etwas. Regelmäßig, wenn mir die ersten 20 Zeilen nicht zusagen, laß ich den Faden fallen und bestell an der Theke ein Bier; das ist nicht recht, ich weiß es, aber ich hege den Verdacht, mancher Juror verhält sich ähnlich. Ärgerlich ist noch etwas: Ausgerechnet heute, am Vorabend meiner Lesung, ist in der Fernsehzeitschrift, die in allen Klagenfurter Hotelzimmern ausliegt, *Melodien* als Buchtip angepriesen, eine fette rosa Spalte, direkt über dem Hinweis auf den abendlichen Zusammenschnitt vom Bachmann-Wettbewerb. Daß Erfolg in Klagenfurt ein Malus ist und schärfstes Mißtrauen erzeugt, wird zwar von jedem Juror eifrig geleugnet, um so wahrer jedoch ist es. Klagenfurt ist ein Ort der Rechtfertigung für erfolglose Literatur.

Beim Spaziergang nach dem Mittagessen machte ich mir den Spaß, advocatus diaboli zu spielen und meine eigene Erzählung vernichtend zu besprechen. Das war ein Genuß, ich hätte es notieren sollen, trug aber das Diktaphon nicht bei mir. Ich bin sehr gespannt, ob auch nur eines der schönen Argumente, die ich gegen mich selber aus dem Hut zog, morgen auftauchen wird. Das hieße immerhin, daß man die Geschichte verstanden hätte. Sie ist, das ist mir inzwischen klargeworden, die gewagteste, die ich je geschrieben hab, alles ist Parodie, dabei aber surreal – wird das jemand kapieren? Nein, mit Realismus hat das wirklich nichts zu tun. Aber wie, wenn man es als Realismus begriffe? Wenn z. B. die Dokumentarfilmerin nicht als Allegorie verstanden wird, sondern als – Dokumentarfilmerin? Sie ist die Öffentlichkeit, die Selbstkontrolle des Demos, die bei Fuß stehende Verfilmungsmaschinerie, die zu Masken zwingt.

Am frühen Abend las ich ‹Wege...› noch einmal laut auf meinem Zimmer, stoppte mit und war entsetzt, als ich auf die Uhr sah: 45 Minuten, trotz sehr flüssigen Vortrags. Eine Katastrophe. Wir haben ein Limit von 30 Minuten; nimmt man guten Willen an, werd ich um höchstens 5 Minuten überziehen dürfen. Streichen läßt sich nichts, ohnehin liegt der Text im Safe. Was mach ich bloß? Es gibt nur eine Möglichkeit, ich werd noch schneller sein müssen. Oje. Um die zu Anfang sehr geschachtelten Sätze sicherer herunterhaspeln zu können, verseh ich sie mit Akzenten.

Jetzt bin ich doch nervös.

‹7›

Zur Abwechslung ein Wienerwald-Hendl vertilgt, da weiß man, was man hat. Der Kirschstrudel war aber pappsüß, nicht herunterzubringen.

Im ‹Bermuda› zwei Biere gekippt; danach gab es eine lustige Flipperrunde mit Ch., Michael, Eberhard und mir. Habe E. meinen Text vorab zu lesen gegeben. Er meint: «Großartig!», nichts daran wirkt gespielt oder schulterklopfend, er ist der größte Gewinn dieser Tage, eine Lichtgestalt, eine Ausnahmeerscheinung.

‹Wege des Brennens› ist die Geschichte eines Scheiterns, das am kleinen Finger ein erstarrtes Jahrhundert herbeizwingt, eine Geschichte, in der alles allegorisch ist, peinlich, erhaben und lächerlich, eine langsame Verwandlung der Sprache vom elitären Humanismus hin zur verzweifelten Verweigerung, vom Eingeständnis der Niederlage hin zur Gewaltbereitschaft, der alle Werte egal sind. Ja, genau: peinlich, erhaben und lächerlich. Der Knackpunkt wird sein, ob man mir Absichtslosigkeit unterstellt.

Es gibt kein Vorbild, das helfen könnte, ‹Wege…› zu schubladisieren. Der Text gleicht einem späten Bild von Chuck Close, verbunden mit einer Escher'schen Metamorphose. Wenn das Realismus sein soll, so ist die Abstraktion darin bereits enthalten.

‹8›

Lektüre: Geblättert in Moody, ‹Licht von drüben› (für *Thanatos*). Ein Kapitel Wackenroder.

26. Juni, Saturn

‹1›

Drei Stunden geschlafen, aber tief. Viel Orangensaft getrunken, Stimme war sehr trocken.

Beim Lesen und bei der Diskussion kamen mir dauernd Zitate aus der ‹Ariadne› in den Sinn:

«Es ist alles vergebens, ich fühlte es während des Singens.»

«Habe meinerseits keine Ursache, wegen meiner Leistungen vor Ihnen zu erröten.»

«Dero mißhelliges Betragen kann ich belächelnd nur einer angenommenen Gemütsaufwallung zurechnen.»

Wurde verrissen. Nur drei Juroren waren für mich, Demetz, Praesent und Biller, letzterer leider mit Vehemenz («Die absolut beste Geschichte des Wettbewerbs!»). Die anderen trieben dafür ein böses Spiel mit mir, das völlig abgesprochen schien und bar jeder Argumentation blieb.

Schöller: «Ich bin maßlos enttäuscht.»

Auffermann: «Ich habe alle meine maskulinistischen Sinne zuammengenommen, aber leider ist die Geschichte mißglückt.» (Warum muß sie bei einer Parodie auf pathetischelitären Pubertätsschwulst maskulinistische Sinne zusammentragen? Sie kann das doch nicht für ernst genommen haben?)

Hage: «Dieser Autor kann ja überhaupt keine Dialoge schreiben.» (In der Geschichte kommen sehr wenige Dialoge vor, aber darum ging es ihm wohl nicht, eher darum, daß fast alle Rezensionen ausdrücklich meine hervorragenden Dialoge erwähnt hatten. Symptomatisch für diese Prokrustesmaßnahme ist, daß er nicht «diese Geschichte», sondern «dieser Autor» sagt.)

Leonhard äußerte sich überhaupt nicht. Fuld wandte an mir seine abscheuliche Methodik in exemplo an. Erster Satz: «Diese Geschichte ist nicht schlecht, weil Biller sie gut findet.» (Plumpe Refutatio) 2. Satz: «Sie ist schlecht, weil sie haufenweise obsolete Wörter enthält, z. B. ‹Gespielin›.» (Welche Leistung, in einer Geschichte, die im Wald, bei Hölderlin, Alkaios und Retsina elegisch verzückte Jugendliche vorführt, obsolete Wörter zu entdecken! Hält er mich für einen restaurativen Krempelritter? Dennoch: ‹Gespielin› ist ein schwaches Beispiel, ist doch ein schöner, im Kontext auch sehr präziser Begriff. Was maßt sich Fuld eigentlich an, den deutschen Sprachschatz so zu reduzieren?) 3. Satz: «Ein Wort wie ‹Drahtesel› habe ich zum letztenmal bei ‹Emil und die Detektive› gelesen. (Hier zuckte ich leicht zusammen, denn tatsächlich hatte ich etwas übersehen: das Wort ist zwar beabsichtigt obsolet, besitzt aber zudem einen infantilistischen Beiklang, der tatsächlich nicht ganz passend ist. Trotzdem ist das natürlich ein idiotisches Argument, denn wäre es das, was er zu bekritteln hätte, würd ich eben Drahtesel gegen Sattel tauschen. Ist es dann für Fuld eine gute Geschichte?) Ähnlich niveaulos auch die anderen drei. Eitle Angeber, denen die Sprache vor allem als eine Art Drüse zur Reviermarkierung dient.

Iso Camartin: «Gute Literatur ist wie Champagner. Hier aber ist es bei Coca-Cola geblieben.» (Soll das Literaturkritik sein?)

Klagenfurt hat endlich den Skandal, auf den jeder gewartet hatte. Die allergrößte Dreistigkeit geschah am Schluß, als ich mich wehren wollte. Der Diskussionsleiter «vergaß», mir die Möglichkeit zu einem Schlußwort zu geben, und löste die Versammlung mit guten Wünschen fürs Mittagessen auf. Wie von der Tarantel gestochen erhoben sich alle; ich war für einen Moment zu perplex, um zu protestieren. Es gibt den Mund der Wahrheit, der steht in Rom. Dann gibt es noch den Arsch der Lüge, der furzt hier durch die Flure...

Das Publikum, anfangs völlig Anti-Biller eingestellt, ist nun ziemlich verunsichert; natürlich hat fast jeder die Sauerei bemerkt. Robert Schindel sagt zu mir: «Wir (er meint sich und seine Freundin) saßen unten im Café, und als du fertig warst, dachten wir: Jetzt haben sie ihren König. Was dann passiert ist, ist unglaublich.» Hajo meint, er habe mit meinem Text auch Probleme, aber eine so bitterböse, unter die Gürtellinie zielende ‹Hatz› habe er hier selten erlebt. Dann geschieht etwas sehr Schönes: Dirk Brauns kommt vorbei, klopft mir auf die Schulter und sagt nur: «Toller Text!», mehr nicht. Aber das hatte so gar nichts von einer Beiläufigkeit, war keine Höflichkeitsfloskel und Revanche... Plötzlich ist das Ärgste überstanden. Die Spannung sinkt ins Erträgliche. Es ist schön, zu bemerken, daß gerade jenen Leuten, die mir hier besonders positiv aufgefallen sind, mein Text gefallen hat. Da ist eine Art Bestätigung, und nicht nur darauf zurückzuführen, daß ich zu denen etwa besonders nett gewesen wäre. Christoph Buchwald hielt mit einem Urteil zurück (fand's also mies), sagte nur: «Schön gelesen!» und wollte wissen, welche Aufnahme der Glagolitischen Messe ich denn besitze (die kommt im Text vor). Ich habe fünf, sagte aber zwei, und weil er den einen Dirigenten nicht kannte, nannte ich danach den prominentesten, Simon Rattle. Den kannte er. Und lächelte. Ich lächelte auch. Merkte, daß ich wieder Herr über mich war. Lehnte trotzdem alle Interviews kategorisch ab. Der Moment ist verpaßt, verflucht, ich hätte im Saal aufschreien müssen, die Inkompetenz bloßlegen, die Literatur verteidigen müssen, und hätte ich auch gestammelt. Man hat mich überrumpelt, mit Niveaulosigkeit – meint eigentlich: untergraben.

‹2›

Ich wette mit jedem, um so ein bißchen von dem hier verschleuderten Geld zurückzugewinnen, daß Drawert den Preis kriegt. Die meisten sagen: «Nein, bestimmt nicht, das wäre zu durchsichtig.» Ja, eben. Aber leider sind sie alle keine Spielernaturen, kein Wetteinsatz geht höher als 10 Mark, wie soll man davon leben? (Meistenfalls wird auf Reinhard Kaiser getippt; Brauns, der noch nie ein Buch veröffentlicht hat, kann schon aus diesem Grund nie den ersten Preis bekommen, ansonsten scheint er aber ganz gut im Rennen zu liegen.)

‹3›

Beim Fußballspiel, dem außer Biller, und der spielt nicht mit, alle Juroren fernbleiben, gewinnen die Journalisten gegen die Auswahl aus Autoren/Lektoren mit 5:3. Alle drei Au-Tore schießt Dirk Brauns. Ich kann mich nicht überwinden mitzuspielen, fühle mich physisch am Rande des Zusammenbruchs. Nur fünf Minuten diesem Ball hinterherlaufen und ich kipp um. Biller meint zu mir, er werde mich auf jeden Fall nominieren, auch wenn das keine Erfolgsaussichten hat.

Für Stunden fühl ich mich unendlich leer.

‹4›

Ich ließ einigen Juroren ausrichten, sie möchten mir doch bitte bis Nachmittag, drei Uhr, ihre literarischen Qualifikationen aufs Zimmer bringen. Jetzt ist es fünf. Ich hab's mir gedacht, daß da nichts kommen wird. Wie auch?

‹5›

Abends war ich mit mehreren Autoren essen, darunter Jan-Peter Bremer, Christina Günther, Bettina Klix, Thomas Hettche und Dirk von Petersdorff, der einen faszinierend überfrachteten und so bildungsprotzigen Text gelesen hat, daß ich dachte, es müsse Ironie sein. Während ich mit ihm rede – über Augustinus, die Orphiker, Renaissance und Tischfußball, denke ich, das könnte mal ein guter Historiker werden oder ein Philosoph – aber ein Dichter? Rechts sitzt Wittstock, dem ich Motive und Topoi des Splatterfilms erläutere, was Hettche sichtlich amüsiert. Der redet fast nicht. Ich merke übrigens, daß einige Autoren nun, da ich der diesjährige Marsyas geworden bin, befreiter zu mir reden, weil ich in ihren Augen keine Konkurrenz mehr darstelle, und ich denke dabei, sie wissen nicht, daß Klagenfurt aus Verlierern keine Sieger macht und umgekehrt. v. Petersdorff glaubt, daß er seine Chance auf ein Stipendium oder gar den 3. oder 2. Preis besitzt.

Zufällig fand im gleichen Restaurant auch eine Sitzung der Jury statt. Keiner von denen kam her und grüßte den Tisch (Halt, doch! v. Auffermann, die eben gut erzogen ist). Die Arroganz, Eitelkeit, Selbstherrlichkeit einiger Jurymitglieder (Demetz nehm ich ausdrücklich aus) setzt sich sogar hier fort. Es ist nett, die Lernprozesse zu beobachten. Mehrere junge Autoren, sogar solche, die glimpflich oder gut wegkamen, begreifen nun, daß da vorne nicht ihre Förderer, sondern ihre Feinde sitzen.

‹6›

Michael geht mir ab. Ich rufe bei ihm zu Hause in München an und frag ihn nach seiner Meinung. Er sagt, daß er so eine bösartige Treibjagd nicht für möglich gehalten hätte, daß das andererseits das Beste war, was mir hätte passieren können, viel besser jedenfalls als nur ein sanfter Verriß. Auch hätte ich indirekt etwas erreicht: nämlich der Jury ihre Grenzen aufzuzeigen. Denn völlig unabhängig von der Qualität meines Textes – die könne man so und so bemessen – sei doch die darauffolgende Diskussion erbärmlich gewesen, auffallend erbärmlich.

Abends im Fernsehen sehe ich, daß die Kamera mir über die Schulter geguckt hat, groß erscheinen die Akzentstriche im Bild, was mir irgendwie unangenehm ist, ich weiß nicht genau, warum.

‹7›

Den Rest der Nacht äußerst sinnvoll betrunken. E. F., den ich noch mal zu seiner Meinung frage, ändert, sichtlich beeindruckt vom Sturmgewitter, das über mir herniederging, sein «Großartig!» in «Gut!» Der Skandal schlägt keine Wellen, die Aufregung verpufft bald. Jeder ist beschäftigt, jedem seine Tips für die morgige Preisvergabe zu erläutern.

Um halb vier Uhr morgens hör ich mir noch einmal den

Nyman an – und weiß plötzlich etwas, weiß etwas, das sich nicht sagen läßt, aber die, die es selber wissen, wissen bestimmt, was gemeint ist.

‹8›

Lektüre: Keine.

27. Juni, Sol

‹1›

Die Preisverleihung nehme ich vom Café aus wahr, einen ganzen Liter Orangensaft mit Eiswürfeln vor mir... andauernd schwimmen Felle an mir vorbei, katzengoldene Vliese... na ja... was soll's... Biller stimmt mit einer schönen Begründung für mich, die glauben läßt, er habe verstanden, worum es bei ‹Wege...› geht («Ich bin für H. K., weil er von einer Jugend in Deutschland erzählt, weil er (...) schildert, was es heißt, ganz allmählich die Erinnerung an die Zeit, als man noch alles wollte, zu verlieren, was es heißt, dies zu wissen und sich trotzdem dagegen nicht wehren zu können. Aus Kindern, sagt H. K., kann alles werden, Kleinbürger oder sehr moralische Menschen, Nazis oder Schriftsteller.»). Immerhin, das ist ein Aspekt. Unterschriftsreif. Das ist es, was Menschen wie Biller interessant macht: Zehnmal am Tag hauen sie in die Kacke und beim elften Mal finden sie eine Perle.

‹2›

Die Auszeichnung von Drawert, Johansen und Kellein, drei der schwächsten hier vorgetragenen Texte, weil ohne Vision, Modernität noch Risiko, ist immerhin ein durchweg konsequenter Schlag ins Gesicht der Literatur. Positiv überrascht hat mich Volker Hage, mit seinem sehr entschiedenen Votum für Hans-Ulrich Treichel. Treichel geht leer aus, wie ich, wie Laher, wie Habringer, wie alle anderen, die etwas getaugt haben (preislos geblieben übrigens auch Petersdorff und Kaiser); Dirk Brauns, der das 3sat-Stipendium einheimste, ausgenommen. Wenn man dessen großartigen Text ‹Paradebeispiel› (die – frei nach M. Koeppel – *stärckeste von denen Gescheuchten*) gegen die weinerliche Zersetzungsprosa Drawerts abwägt, werden die Waagschalen zum Katapult.

(Nachtrag: Na, so schlecht ist Drawerts Text nicht. Ich bin zornig und nicht ganz gerecht. Es bietet sich nur gerade nichts Schlechteres an. Typisches Beispiel, wie ein griffiges Bild irgendein Opfer braucht. Ich erlaub's mir ausnahmsweise, die Literaturkritiker verfahren schließlich jeden Tag so.)

Kurz noch zwei Sätze mit Fuld gewechselt, konnte mich nicht zügeln. Führte zu nichts, verwehrte mir jede Diskussion. Er wird nicht müde, zu betonen, daß beide Autoren, die er eingeladen hatte, einen Preis gewonnen haben.

Denke mir ein G'stanzl: Er wollte im Fasching so gern als Henkersschwert gehn, aber es hat halt nur zum Beckmesser gelangt.

‹3›

Rede heute apodiktisches Zeug und weiß doch – es gibt hervorragende Kritiker in diesem Sprachkreis. Man muß aber apodiktisch bleiben, weil die Schaltstellen nichts anderes verdienen. Interessant ist auch das Phänomen, daß oft eine gewaltige Bildung mit einem fürchterlichen Geschmack einhergeht.

‹4›

H. meinte, ich sei von meiner Geschichte natürlich überzeugt – weil ich eben wüßte, daß sie sich genauso zugetragen habe. Ich widersprach. Alle Männerbündelei ist pure Erfindung, zwar gibt es den Wald und den ‹Tempel›, aber allzu abgehoben waren die Feste dort nicht, außerdem bestand unsere ‹Clique› (ich hasse dieses Wort) aus etwa 6 Jungs und 3–4 Mädchen. Die Mädchen hab ich für die Geschichte weggelassen.

‹5›

Ich erfahre, daß im Piper-Dokumentationsband nur zehn der zweiundzwanzig Autorentexte abgedruckt werden. Darunter auch meiner, weil ich einmal für den ersten Preis nominiert war. Was ist das für eine Ungerechtigkeit – Autoren werden vergessen, die viel Besseres abgeliefert haben als die ausgezeichnete Strickware und nahe an einem Preis vorbeigeschrammt sind.

‹6›

Bin, wie die meisten anderen, auf den fiesesten aller österreichischen Hoteltricks hereingefallen, daß nämlich die Telefongebühr zu jeder Stunde des Tages, auch nach 18 Uhr, umgerechnet 1 Mark pro Einheit beträgt. Man präsentiert mir eine Rechnung von 280 Mark für weniger als 10 Telefonate. Frechheit. Manche der ganz mittellosen Autoren trifft es noch härter. Viele von der Jury kommen seit langem nach Klagenfurt, hätte nicht einem von denen einfallen können, auf diese Sache hinzuweisen? Natürlich nicht.

Auf dem Bahnhof prahlt Biller mit einer 2000 Mark-Uhr, die er gerade gekauft hat. «Ein Geschenk», sagt er, ich frage: «Wem machst du denn solche Geschenke?» «Na mir! Wem denn sonst?»

Dekadent. Eine zweitausend Mark teure Uhr darf höchstens der Sensenmann tragen, der muß pünktlich sein. In letzter Zeit bin ich mutiger geworden, gebe mich dreist als Trend aus. Klamotten aus der Wühlkiste, niemals Markenartikel – und stolz präsentiere ich meine Uhr, zwanzig Mark teuer – und viel, viel schöner als die von Maxim.

‹7›

Urinstinkt. Urin stinkt.

‹8›

Verbrachte die Zugfahrt ganz allein, dachte an Andrejews ‹Lazarus›. War es richtig, mich von allen höflich zu verabschieden? Eberhard sagte: «Du wirst nie ein Autor sein, der in den Gremien Mehrheiten erreicht. Sei stolz drauf!»

‹9›

Beatrice holte mich vom Zug ab, ich zog sie gleich beiseite. Während wir die Autobahn Lindau hinausfahren, wird im Radio die Nachricht vom Tode Wolfgang Grams' durchgegeben, er ist bei einem Feuergefecht mit der Polizei erschossen worden. Er war der Bruder von Beas bestem Freund, Rainer. Der behauptete immer, er hätte zu seinem Bruder keinen Kontakt mehr. Aber wahrscheinlich stimmt das nicht.

Wir gingen essen, zum Gautinger Vietnamesen, ich mußte alles ganz genau erzählen, Beatrice hat im Fernsehen nichts verfolgt, nicht mal die späten Zusammenfassungen im Österreicher. Sie sei müde gewesen, hätte an den letzten beiden Tagen je 14 Stunden arbeiten müssen. Das relativierte alles, was ich eben noch gedacht oder gefühlt hatte. Nichts ist wichtig, außer, daß sie bald nicht mehr schuften muß.

Spät nachts noch mal den ‹Lazarus› gelesen. Da werd ich einiges zu tun haben dran. Ein Balanceakt.

28. Juni, Luna

‹1›

11 Uhr 15. Palzer ruft an, gratuliert mir zu meinem Text, nennt die Jury dumm («Wissen die denn nicht, daß man eine Erzählung auch dekonstruieren kann?»). Muß er mich deswegen aus dem Schlaf klingeln? Beim Einkaufen werd ich mir sicher, alles ist ideal gekommen in Klagenfurt. Auch um das Finanzielle muß man sich nicht grämen, irgendein anderer Preis wird sich schon finden. Biller hat Klagenfurt ebenfalls nicht als Verlierer verlassen, auch wenn das viele glauben. Vor Ort kam er schlecht weg, im Fernsehen dagegen – kam er, gut zusammengeschnitten, groß raus, als der jugendliche Rebell, der sich für die Autoren ins Zeug legt.

Ich höre Cramps, The Who, Wipers. Keine Post. A. hat lange nicht mehr geschrieben. Das scheint einzuschlafen. In 4 Tagen geht die Lesereise weiter, fängt die Tortur wieder an. Dafür ist der gesamte August frei, das wird großartig. Ich schrieb die erste Seite *Thanatos*.

‹2›

Schönen Spruch gehört: «Wer raucht, stirbt eher und ist dann länger tot.»

‹3›

Abends AZ, bleibt neutral, und SZ: «Auf schiere Aversion stößt H. K., der Autor des vielfach bestaunten 800-Seiten-Romans ‹Melodien›. Seine Geschichte über die Geheimnisse und Verstörungen der Jugend wird geradezu systematisch mißverstanden.» Das bringt es auf den Punkt.

‹4›

Heute aufgefallen: achten und ächten. Zwei Pünktchen machen das Antonym aus.

‹5›

Im ‹Optimal› sah ich die CD von LSH, gebraucht, für 9 Mark 90. Jeder hat seinen Pietro Gasti, doch LSH sind viel besser.

‹6›

Ich werde den ‹Lazarus› covern. Ich werde ein Pamphlet schreiben. Ich muß in die Offensive gehen. Vorher geh ich noch 2 Stunden Tetris spielen.

‹7›

Kleiner Dreizeiler für meine Klagenfurter Kollegen:

> Harte Arbeit
> an traurigen Zeilen
> macht glücklich.

‹8›

E. f. P.:
Talent. Passion. Handwerk. Trinitas für alles Schöpferische. Choreographie ist nötig. Leider klingt oft die Passion gerade ab, wenn man eben das nötige Handwerk erreicht hat. Und Talent überlebt nur, wo es eine Elefantenhaut trägt gegen die Urinstrahlen der öffentlichen Reaktion. Ich glaube, viele Talente haben nach dem ersten Buch nichts mehr zustande gebracht, weil sie durch die Vielzahl der Rezensentenmeinungen verunsichert wurden. Man geht an der Öffentlichkeit zugrunde wie ein an Land gezerrter Fisch, es sei denn, man gehört zur seltenen Gattung, die sowohl über Lungen als auch

über Kiemen verfügt. In diesem Sinne hab ich das Schlimmste überstanden. Meine Sammlung ist komplett. Ich kann inzwischen zu jedem Roman, ja zu jeder veröffentlichten Erzählung, mindestens zwei Rezensionen vorweisen, die davon entweder als von einem Geniestreich oder einem Scheißdreck sprechen. Ist dieser Punkt erreicht, relativiert sich alles so weit, daß es wirkungslos bleibt. Ob ein Buch heutzutage bei der Kritik erfolgreich ist oder nicht, behaupte ich, ist vom Zufall abhängig, ist reine Glückssache, welche fünf Rezensenten es in den wichtigsten fünf Zeitungen zufällig bestellt haben. Das ist auch der Grund, warum es heutzutage keine guten Bücher mehr gibt, weil es nämlich auch keine schlechten gibt, weil über nichts Einigkeit herrscht, eine Lobeshymne automatisch im Konkurrenzblatt einen Verriß heraufbeschwört und somit jedes Werk in toto mittelmäßig besprochen wird.

‹9›

Wenn ich wüßte, wie gute Bücher zu schreiben wären, ich würde es für mich behalten. Wenn heute zehn Dichter in einem Raum stehen, so sind das neuneinhalb zuviel. Habe mir in den «Herzensergießungen eines kunstliebenden Klosterbruders» von Wackenroder einen schönen Satz angestrichen. Er schreibt dort, im Namen Raffaels: «Ich habe während der Arbeit immer mehr an den Gegenstand gedacht, als daran, wie ich ihn vorstellen möchte.» Dieser Satz hängt jetzt über meinem Schreibtisch.

‹10›

Als stünde ein Kind mit leeren Augenhöhlen vor einem und lächelte...

‹11›

Lektüre: Keine, bis auf ein wenig Carmen-Partitur.

29. Juni, Mars

‹1›

Thomas Hettche (es ist nicht gut, daß ein Autor über andere schreibt) nennt in der FAZ meine Geschichte schlampig erzählt, und, das ist wirklich der Hammer, amerikanisch klischiert. Würde er behauptet haben, ‹Wege...› sei die Camouflage eines Aufrufs zum Krieg gegen Amerika und die Popkultur, wäre das wenigstens ein Mißverständnis, das ich nachvollziehen könnte. (Was erwartet mich da erst bei *Thanatos*?) Er behauptet auch, es sei klar gewesen, wie gern die Jury dem Lockruf dieses amerikanisch-klischierten Realismus gefolgt wäre. Das ist bodenlos. Auf welcher Veranstaltung ist der eigentlich gewesen? Hat er denn gar nicht kapiert, worum es in Klagenfurt 1993 gegangen ist?

In der NZZ wirft mir Gunhild Kübler vor, ich hätte schöne Ansätze in prätentiösen Pauschalierungen verkommen lassen. Das genau zeigt das Mißverständnis. Sie unterstellt mir als Schwäche, was sie als Kriegserklärung nicht wahrhaben will. Habe mich, die beste Medizin gegen Melancholie, in Arbeit gestürzt. Habe ‹Wege...› auch, Zugeständnis für die Idioten, um einen Satz erweitert: «Wir reanimierten obsolete, im tiefen Rhein versunkene Wortschätze...»

In der deutschen Prosa ist ja der Zaunpfahl das beliebteste Satzzeichen.

‹2›

Schöner Euphemismus für ‹Sterben› – das große Time Out nehmen – ein Anglizismus, der mir gefällt. Denn wo immer wir sein werden, die Zeit wird aus sein, abgeschaltet.

‹3›

Am Oskar-von-Miller-Gymnasium vorbeigekommen und durch die leeren Gänge spaziert. Das herrliche Gebäude nehm ich als Vorbild für Johansers Schule in *Thanatos*. Später kam, wie von selbst, ein Gedicht.

Auffallend: Warum schreibe ich ‹Spätsommer›, wenn noch nicht mal Juli ist?

‹4›

Mit Beatrice ins Kino. Doppelpack: ‹Reservoir Dogs›, eine stark abstrahierte, mit den Kinomythen (aufs Kinoformale bezogen sind Mythen und Klischees fast dasselbe) jonglierende Abschlachtungskomödie, der die Pointen fehlen, und, zum zweiten Mal, ‹Mann beißt Hund› – verlor beim Wiedersehen stark. Dennoch seit Jahren das einzige, was, in Europa entstanden, wirklich auf der Höhe der Zeit ist, eine Klimax der Negation. Der Serienkiller wird bürgerlich, wird als alltäglich akzeptiert.

In der Pause Rätselspiele. Beatrice: «Das eine gibt's im Norden, das andere mit der Zeit, gemeinerweise bedeutet beides auch dasselbe.» Gut für die Hebung meines Selbstbewußtseins, daß ich draufkam: Rentier und Rentner.

Vor Mitternacht ein leicht ominöses Ereignis. Am ‹Addams Family›-Flipper schaffe ich 135700 Punkte. Ab 136000 hätte es das zweite Freispiel gegeben.

‹5›

Gedicht:
>Wenn es die Bilder vorbeiweht,
>die mit dem Firnis, die verstaubten,
>gelebte Welten kehren wieder,
>auf einen Duft gekrückt
>oder den Klang eines Wortes,
>absichtslos hinausgesagt,

Enzym des Erinnerns,
Gedächtnis drauffolgender
Stille.

Im Spätsommer,
wenn sich die Haut schält,
treten Schriftzeichen vor,
einer unbekannten Sprache,
deren letzter Vertrauter
starb, als man erwachsen wurde.

‹6›

E. f. P.:
Poetik ist immer auch Politik, geht aber kryptische Wege. Der Anarch, behauptet Jünger, waltet im verborgenen. Ich bin ein Anhänger der These vom Morphogenetischen Syndrom. (Man glaubt festgestellt zu haben, daß, sobald z. B. ein Meerschweinchen irgendwo irgendeine Intelligenzleistung erbracht hat, bald danach alle Meerschweinchen der ganzen Welt zu derselben Leistung fähig sind, ohne daß ein Informationsaustausch stattgefunden hätte. Dieses Phänomen wird MGS genannt.) In der Kunst gilt ein ähnliches Prinzip, Krantz kommentiert das in den Melodien so: «Was immer man macht, egal was – es existieren bestimmt fünf andere, die das gleiche machen. So ist das! Aus ist's mit der Einzigartigkeit. Gibt eben fünfmal zuviel Menschen auf der Welt, jeder hat fünf Kopien auf dem Buckel. Und die sind alle Schweine…» Picasso, glaub ich, war's, der mal gesagt hat, er könnte jedes seiner Bilder verbrennen, ohne sie irgend jemandem gezeigt zu haben, ihre Existenz sei dennoch unauslöschlich. Oder so. Früher habe ich diese Ansicht abgelehnt, heute halte ich sie zwar für unästhetisch und fast zynisch, akzeptiere sie aber.

⟨7⟩

5 Uhr 15.

Wenn ich, in niedergeschlagener Stimmung, die Wucht des Daseins komprimiert zu kosten nötig habe, lege ich die ELEKTRA auf, von Böhm dirigiert, laut über Kopfhörer, ich werde eins mit dieser gewaltigsten Musik, vor der der Mensch zugleich klein – und auch zum Riesen wird. Denn inmitten eines solch orgiastischen Gottesdienstes entfallen der Welt alle Namen, wie ein Baum sich entlaubt. Ich – ICH habe diese Musik geschrieben – unter welchem Pseudonym auch immer – ICH darf sie hören, sie verstehen. Die letzte Viertelstunde der ELEKTRA ist mir näher als alles, ist ein Notenschlüssel zu meinem Leben.

⟨8⟩

Lektüre: Wackenroder, Andrejew.

30. Juni, Merkur

‹1›

Vielleicht liege ich falsch. Vielleicht haben die recht und ich nicht. Kann sein.

Aber *ich* – um mit Anselm Glück zu sprechen – *bin in der Überzahl*. (Eben fällt mir ein: Sagt diesen Satz nicht Kinski in ‹Fitzcarraldo›? Ja, genau! So ist das mit den Wortspielen... Bestimmt ließe sich auch dazu ein Vorläufer finden.)

‹2›

Die Zeitschrift SCHACH veröffentlicht meine Analysen; bin damit in die Schachgeschichte eingegangen, eine gewisse Zugfolge im Botwinnik-System (D44) wird für immer mit meinem Namen verbunden sein. Das ist doch was. Jenes Damenopfer wurde sogar schon von Anand, Salow, Timman und Piket untersucht.

‹3›

M. L. (29) ist tot, seit Wochen schon. Ich konnte ihn nicht ausstehen, er war einer der drei Menschen, mit denen ich mich irgendwann einmal heftig geprügelt habe. Sein Tod bewegt doch. Selbstmord. C. F. weiß Genaueres: M. hat der Mutter erzählt, daß er mit dem Vater in Urlaub fährt – und umgekehrt – so war er sicher, nicht zu früh gefunden zu werden. Dann legte er sich in die Badewanne und hielt sich ein Stromkabel ans Herz.

Wie groß muß sein Haß auf den unbekannten Mitmenschen gewesen sein, der das Pech hatte, zwei Wochen später die aufgequollene grünbraune Fleischmasse zu entdecken. Es ist unhöflich, wie der Sprung vor die U-Bahn in der Stoßzeit.

Ich überlegte, wie ich mich umbringen würde. Ja, wie? Vielleicht würde ich mich in einen leeren Kühlschrank setzen, da bliebe man frisch, kaum Gestank beleidigte den Finder. Ich, den Arsch im Gemüsefach, drüber ein blaugefrorenes Grinsen – mir gefällt auch, daß ein Licht aufginge beim Öffnen der Tür.

Noch ein schöner Euphemismus für ‹Sterben›: Er ist aus seiner Haut gefahren.

Beim Sterben werden Väter zu Brüdern. Gleichzeitig alles. Gleich gültig.

‹4›

In der taz steht heute ein unglaublicher Klagenfurt-Bericht, vielleicht die vollständigste Sammlung von Lügen, Geschmacksdefiziten und Ahnungslosigkeit, die ich je in der Zeitung gelesen habe. Ich war wirklich wie erschlagen, dachte immer wieder nur, das gibt's doch nicht.

Auszug:

«Der ‹Realismus›, den er (Biller) den angetretenen Literaten unterschiedslos als Gebot der Stunde anzudienen versuchte, blieb bis zum Schluß eine Chimäre. Biller gab vor, H. K.s Beitrag ‹Wege des Brennens. Elektrische Herzen› für ein gelungenes Beispiel zu halten. Schwer zu glauben. Daß er zu diesem von ihm selbst eingeladenen Autor hielt, obwohl dessen Text so ganz und gar mißlungen war, ehrt Biller zwar, läßt sein Projekt einer neuen realistischen Literatur aber noch diffuser erscheinen.[1]

K. mimte in einer entsetzlich peinlichen Vorstellung den großen Macho-Erzähler mit tiefer langsamer[2] Stimme. Sein

---

[1] Er hätte mich bloß fragen müssen, und ich hätte ihm gesagt, daß Biller den Text schon zwei Wochen vorher gelesen, quasi ausgewählt hatte. Aber Typen wie Lau geht es nicht um Wahrheit, deshalb fragen sie erst gar nicht.

[2] Ich schaffte den Text in 32 Minuten, überschlug mich beinah beim Lesen, verzichtete sogar darauf, zwischendurch einen Schluck Wasser zu trinken...

Text über eine Jugendclique war allerdings so banal und verkitscht, daß auch eine weniger märchenonkelhafte [3] Vortragsweise nichts hätte retten können. Werner Fuld bemerkte lakonisch dazu, das Wort ‹Drahtesel› sei ihm schon seit ‹Emil und die Detektive› nicht mehr begegnet. Es war doch sehr bedauerlich, Biller, den vermeintlichen jungen Wilden, als Verteidiger des neuen literarischen Justemilieu [4] erleben zu müssen (...)
Werner Fulds erster Klagenfurter Auftritt hingegen war ein um so größerer Erfolg, als er in seiner Rezension im letzten Jahr der Jury die Konventionalität ihrer Urteile vorgehalten hatte. Nun saß er selber am Richtertisch, mischte sich immer wieder intelligent, knapp – vor allem aber: unberechenbar – in die Diskussion ein...»
Ich verstehe ja, die taz hat kein Geld, kann sich kompetente Leute kaum leisten, aber beim Kulturressort sollte eine Zeitung am wenigsten sparen.

‹5›

Per Post und per Telefon einige Solidaritätsbekundungen. Freut mich ja, aber ich werd mich wieder bei jedem bedanken müssen. Wieder ein Angebot vom ZDF. Soll in einer Talkshow über Obdachlose mitwirken. Lehne wie immer dankend ab. Anruf Michael, wegen dem Tagebuch. Schlägt einige Milderungen vor. Auch die lehne ich durchweg ab. Jetzt erst recht. Ich denke über diesen Lau von der taz nach. Dem muß ich irgendwas angetan haben. Wie kann jemand sich selbst so diskreditieren, welcher Haß treibt ihn dazu, mir z. B. meine tiefe Stimme vorzuwerfen, für die ich ja nun wirklich nichts kann. Der Typ ist mir in Klagenfurt überhaupt nicht aufgefallen, ich frage M., ob er ihn denn gesehen habe. «Na klar», sagt er, «das war dieser Milchbubi mit dem Knabensopran, sieht aus wie 15, ist aber 35.»

3 Also nun was? Macho – oder Märchenonkel?
4 Daß ich das noch erleben darf...

Es ist so lächerlich... Ich vertrödele den Tag, dabei böte *Thanatos* so viele Möglichkeiten, muß mich jetzt aber erst einmal um die Erzählungen kümmern. Lazarus: Das Problem ist das 3. Kapitel. Das werde ich ganz neu machen müssen.

‹6›

Die Leere... Keine Lust zu lesen, Versuchung, den Kühlschrank leerzutrinken. Muß mich am Riemen reißen. Nichts ist noch erreicht; Gefeiertes ist das morgen Vergessene, die Zeit frißt schnell und ohne Sorgfalt. Die eigenen Gedanken fernhalten jeder Strategie, was geschrieben wird, hinnehmen als Marginalie, belächeln, frei sein; ein neuer Start nach jedem Buch – als formte der Mund zum ersten Mal ein Wort. Etwas getan zu haben, und wär es noch so vergeblich gewesen, wiegt am Ende schwerer als die schwielenlose Leere auf der Hand, daran glaub ich. Noch im Skorpion. Wein und breit, alle flachblau. Der Despot am Tresen schenkt nicht jedem seine Gunst.

‹7›

Mitternacht überschritten, Tagebuchpflicht vorbei. Heut ist der zweiunddreißigste Todestag von Céline. Prost! Jünger sammelt letzte Worte. Die von Céline (an Lucette, seine Frau) waren sehr schön: *C'est fini. Nous irons à la mer.* Er starb am 1. Juli 1961, Stunden nachdem er seinen letzten Roman vollendet hatte.

‹C'est fini. Nous irons à la mer› ist, glaub ich, doppeldeutig. Könnte bedeuten: ‹Er ist endlich fertig (der Roman). Wir fahrn ans Meer!› oder, pathetischer ausgelegt: ‹Es ist aus – man strömt zum Ozean zurück.›

Dies verschränkte Nebeneinander von Alltag und All, das ich meinen Texten immer zu geben suche, hier ist es exemplarisch.

Finis

Nachbemerkung/
Leserschulden:

Die Sache mit ‹Hettches Semikolon› wurde im August '93 aufgeklärt, als wir uns bei einer Fotosession in Berlin trafen. Er erzählte mir, in einem Essay einmal Bedenken gegen das Semikolon geäußert zu haben, als einem unentschiedenen, daher sinnlosen Satzzeichen. Wie dem auch sei, danach habe ihm jemand erzählt gehabt, ich hätte mich in irgendeiner Zeitung darüber lustig gemacht. Dies entbehrt jeder Wahrheit, stellt eine pure Verleumdung dar, deren Grund mir unbekannt ist. Thomas konnte/wollte sich an den Namen seines ‹Informanten› nicht erinnern.

Im Dezember '93 wurde mir der Tukan-Preis zugesprochen, was meine Existenz als unausgepreister Autor beendete.

Die in *Juni* skizzierten ‹Entwürfe für ein Pamphlet› fanden allesamt Eingang in zwei *Vorlesungen zur Poetik*, gehalten an der Ludwig-Maximilians-Universität München, am 27. und 29. Juni 1994.

Beim Fahnenlesen des vorliegenden Buches mußte ich feststellen, daß einige Leute spontanen Pauschalisierungen, die das Genre mit sich bringt, zum Opfer fielen, daß ich heute, wie es das Leben mit sich bringt, vieles in (schärferem?) *anderem* Licht betrachte. Der Kiebitz einer Schachpartie sieht oft mehr als deren Spieler.

That's the way it goes. It goes that way.
    Laurie Anderson, Let X be X.
    Nicht U.

Dennoch: Wer nach bestem Wissen und Gewissen glaubt, das Recht auf eine Entschuldigung zu besitzen, den bitte ich, sich einen der untenstehenden Coupons auszuschneiden und an die Wand zu kleben.

| Entschuldigung | Entschuldigung | Entschuldigung | Entschuldigung | Entschuldigung | Entschuldigung |

Heinar Kipphardt

Aufgabe des Schriftstellers ist es, «einige Wahrheiten zu verbreiten». So lapidar und engagiert bestimmte **Heinar Kipphardt** (1922-1982) seine eigene Arbeit. Seine Theaterstücke wie «Bruder Eichmann» über den Prozeß gegen den SS-Massenmörder oder «In der Sache J.R.Oppenheimer» zur Schuld der Physiker an der Atombombe reden von solchen Wahrheiten – auch wenn es den Mächtigen in Ost und West nicht paßte.

Kipphardt stammte aus Schlesien. Sein Vater, ein Sozialdemokrat, wurde von den Nazis ins KZ Buchenwald gesperrt. Anfangs studierte er Medizin, 1949 zog er nach Ost-Berlin und wurde Dramaturg am Deutschen Theater, wo sein erstes Theaterstück «Shakespeare dringend gesucht» 1953 Furore machte. 1959 siedelte er in die Bundesrepublik über. Sein eindringlicher Roman «März», die Geschichte über das Schweigen und Verstummen eines Dichters in der Psychiatrie, machte ihn auch hierzulande bekannt. Kipphardt starb am 18.November 1982.

Bruder Eichmann Schauspiel und Materialien
(rororo 5716)

In der Sache J.Robert Oppenheimer Ein Stück und seine Geschichte
(rororo 12111)

Joel Brand und andere Theaterstücke
(rororo 12194)

März Roman und Materialien
(rororo 5877)

Schreibt die Wahrheit Essays, Briefe, Entwürfe. Band 1: 1949-1964
(rororo 12571)

Ruckediguh, Blut ist im Schuh Essays, Briefe, Entwürfe. Band 2: 1964-1982
(rororo 12572)

Shakespeare dringend gesucht und andere Theaterstücke
(rororo 12193)

Traumprotokolle
(rororo 5818)

Die Tugend der Kannibalen Gesammelte Prosa
(rororo 12702)

Umgang mit Paradiesen Gesammelte Gedichte
(rororo 12805)

Gesammelte Werke 10 Taschenbücher in einer Kassette
(rororo 34012)

rororo Literatur

Otto F. Walter

Wo andere sich in die neue Innerlichkeit und Resignation zurückgezogen haben, gibt es in seinen Büchern noch Aufbruch, Widerstand, Hoffnung, Utopie. Geboren wurde **Otto F. Walter** 1928 in der Schweiz. Nach einer Buchhändlerlehre und Tätigkeit als Verlagslektor lebt er seit 1973 als freier Schriftsteller.

«Eigentlich gehört Otto F. Walter von seinem ganzen Wesen her eher zu den Stillen im Land. Er ist kein Barrikadenkämpfer und kein Volkstribun und doch in seiner leisen Hartnäckigkeit einer der wichtigsten, der wirkungsmächtigsten Schriftsteller in der deutschen Schweiz: literarisch ebenso wie gesellschaftlich und politisch.» *Frankfurter Allgemeine Zeitung*

Herr Tourel *Roman*
(rororo 1847)
«Ein Roman, der zur Weltliteratur gehören wird.» *Walter Widmer*

Das Staunen der Schlafwandler am Ende der Nacht *Roman*
(rororo 5780)
Eine Liebesgeschichte und eine Auseinandersetzung mit der Zerstörung unserer Welt.

Der Stumme *Roman*
(rororo 12639)
Im Mittelpunkt steht die Frage des stummen Sohns, ob der Vater mit der Schuld leben kann, eine Familie zerstört zu haben.

Die Verwilderung *Roman*
(rororo 4871)
Otto F. Walter erzählt in einem Montageroman von dem Journalisten Blumer, der die Bilanz seiner gescheiterten politischen Hoffnungen zieht.

Wie wird Beton zu Gras *Fast eine Liebesgeschichte*
(rororo 5060)
«Ich kenne keinen Schriftsteller, der das Lebensgefühl der jungen Generation so ernst nimmt und so in Bilder zu übersetzen versteht wie Otto F. Walter.» *Lothar Baier, Süddeutsche Zeitung*

Zeit des Fasans *Roman*
(rororo 12940 und gebunden)
Die Familiensaga eines großbürgerlichen Clans, eine Chronik des fragwürdigen Verhaltens der Schweiz von 1933 bis in die fünfziger Jahre und ein bewegender Liebesroman.

Im Rowohlt Verlag ist außerdem erschienen:

Die ersten Unruhen *Ein Konzept*
204 Seiten. Gebunden.

rororo Literatur

Neue deutsche Literatur

Georg Heinzen / Uwe Koch
Von der Nutzlosigkeit erwachsen zu werden
(rororo 12459)
«Georg Heinzen und Uwe Koch ist die bislang treffendste Darstellung der siebziger Jahre und ihrer Folgen gelungen. Wer das Buch für ein gelungenes Kabarettstückchen hält, ist dem Wortwitz, der Situationskomik, der Selbstironie, den Stilmitteln der Autoren auf den Leim gegangen.» Der Spiegel

Georg Heinzen
Ich bin ein Krokodil und du hast Angst *Roman*
(rororo 12868)
«Kino, Fernsehen, Radio, Video, Sensationspresse: in Georg Heinzens Buch hat sich die Welt in die Medien zurückgezogen, ist alles nur noch ‹fiction›, jede Aufregung nur ‹suspense›.» Helmut Schödel im Norddeutschen Rundfunk

Thommie Bayer
Das Herz ist eine miese Gegend *Roman*
(rororo 12766)
Drei verrückte Typen und eine schöne Frau rudern ums Überleben durch die Brandungswellen der sechziger, den Seegang der siebziger und die stillen Wasser der achtziger Jahre. Die Geschichte einer großen Liebe, einer großen Freundschaft, von Träumen und Verwicklungen zwischen Menschen, die Phantasten, doch zugleich auch Realisten sind.

rororo Literatur

Klaus Modick
Das Grau der Karolinen *Roman*
(rororo 12938)
Eine fast detektivische Geschichte über die geheimnisvollen Wirkungen eines Gemäldes auf seine verschiedenen Besitzer. «Klaus Modicks großer und schöner Roman ist ein Buch, das durchaus etwas zu bieten hat: eine Geschichte, die spannend ist und noch spannender wird; Poesie und sprachliche Schönheit; Einfühlsamkeit und, nicht zuletzt, eine die Zeiten übergreifende Nach-Denklichkeit.» Norddeutscher Rundfunk

Lyrik

«Wer Lyrik schreibt, ist verrückt!»
Peter Rühmkorf

Mascha Kaléko
Das lyrische Stenogrammheft
(rororo 1784)
«Nun, da du fort bist, scheint mir alles trübe.
Hätt' ich's geahnt, ich ließe dich nicht gehn.
Was wir vermissen, scheint uns immer schön.
Woran das liegen mag –. Ist das nun Liebe?»

Mascha Kaléko
Verse für Zeitgenossen
(rororo 4659)
«Ich bin, vor jenen ‹tausend Jahren›,
Viel in der Welt herumgefahren.
Schön war die Fremde; doch Ersatz.
Mein Heimweh hieß Savignyplatz.»

Peter Rühmkorf
Haltbar bis Ende 1999 *Gedichte*
(rororo 12115)
«Ein plebejischer Poet ist er, ein handfester Spaßmacher, ein Repräsentant und Verwalter des literarischen Untergrunds, ein Dichter der Gasse und der Masse, einer, der die Lyrik auf den Markt gebracht hat. Nur: er ist zugleich ein feinsinniger Ästhet, ein raffinierter Schöngeist, ein exquisiter Ironiker.»
Marcel Reich-Ranicki

Peter Rühmkorf
Außer der Liebe nichts
Liebesgedichte
(rororo 5680)
«Dichter! schmeißt Eure Lyrik weg, der Rühmkorf kann's besser!» Jürgen Lodemann im Südwestfunk

Von Peter Rühmkorf sind außerdem lieferbar:

Der Hüter des Misthaufens
Aufgeklärte Märchen
(rororo 5841)

Die Jahre die Ihr kennt *Anfälle und Erinnerungen*
(rororo 5804)

Über das Volksvermögen
Exkurse in den literarischen Untergrund
(rororo 1180)

Strömungslehre I Poesie
(das neue buch 107)

Dreizehn deutsche Dichter
208 Seiten. Broschiert.

Einmalig wie wir alle *Gedichte*
168 Seiten. Broschiert.

Wer Lyrik schreibt, ist verrückt!
Gesammelte Gedichte
140 Seiten. Kartoniert.

Peter Rühmkorf / Michael Naura / Wolfgang Schlüter
Phönix voran! Mit Ton-Cassette
128 Seiten. Kartoniert.

rororo Literatur

Literatur für KopfHörer

Wer nicht lesen will, kann hören - eine Auswahl von Rowohlt's Hörcassetten:

Simone de Beauvoir
Eine gebrochene Frau
Erika Pluhar liest
2 Toncassetten im Schuber
(66012)

Wolfgang Borchert
Erzählungen
Marius Müller-Westernhagen liest
Die Hundeblume. Nachts schlafen die Ratten noch. Die Küchenuhr. Schischyphusch
1 Toncassette im Schuber
(66011)

Albert Camus
Der Fremde
Bruno Ganz liest
3 Toncassetten im Schuber
(66024)

Truman Capote
Frühstück bei Tiffany
Ingrid Andree liest
3 Toncassetten im Schuber
(66023)

Roald Dahl
Küßchen, Küßchen!
Eva Mattes liest
Die Wirtin. Der Weg zum Himmel. Mrs. Bixby und der Mantel des Obersten
1 Toncassette im Schuber
(66001)

Louise Erdrich
Liebeszauber
Elisabeth Trissenaar liest
Die größten Angler der Welt
2 Toncassetten im Schuber
(66013)

Elke Heidenreich
Kolonien der Liebe
Elke Heidenreich liest
1 Toncassette im Schuber
(66030)

Jean-Paul Sartre
Die Kindheit des Chefs
Christian Brückner liest
3 Toncassetten im Schuber
(66014)

Henry Miller
Lachen, Liebe, Nächte
Hans Michael Rehberg liest
Astrologisches Frikassee
2 Toncassetten im Schuber
(66010)

Vladimir Nabokov
Der Zauberer
Armin Müller-Stahl liest
2 Toncassetten im Schuber
(66005)

Kurt Tucholsky
Schloß Gripsholm
Uwe Friedrichsen liest
4 Toncassetten im Schuber
(66006)

rororo

rororo Toncassetten werden produziert von Bernd Liebner. Ein Gesamtverzeichnis der Reihe finden Sie in der *Rowohlt Revue*. Jedes Vierteljahr neu. Kostenlos in Ihrer Buchhandlung.